天道圣经注释
但以理书注释

邝炳钊 著

上海三联书店

天道圣经注释有限公司拥有天道圣经注释全球中文简体字版权
授权上海三联书店于中国内地出版本书，仅限中国内地发行和销售

献给

谊母严瑾文女士

出版说明

基督教圣经是世上销量最高、译文最广的一部书。自圣经成书后，国外古今学者注经释经的著述可谓汗牛充栋，但圣经的完整汉译问世迄今尚不到两个世纪。用汉语撰著的圣经知识普及读物（内容包括圣经人物、历史地理、宗教哲学、文学艺术、伦理教育等不同范畴）和个别经卷的研究注释著作陆续有见，唯全本圣经各卷注释系列阙如。因此，香港天道书楼出版的"天道圣经注释"系列丛书尤为引人关注。这是目前第一套集合全球华人圣经学者撰著、出版的全本圣经注释，也是当今汉语世界最深入、最详尽的圣经注释。

基督教是尊奉圣典的宗教，圣经也因此成为信仰内容的源泉。但由于圣经成书年代久远，文本障碍的消除和经义的完整阐发也就十分重要。"天道圣经注释"系列注重原文释经，作者在所著作的范围内都是学有专长，他们结合了当今最新圣经研究学术成就，用中文写下自己的研究成果。同时，尤为难得的是，大部分作者都具有服务信仰社群的经验，更贴近汉语读者的生活。

本注释丛书力求表达出圣经作者所要传达的信息，使读者参阅后不但对经文有全面和深入的理解，更能把握到几千年前的圣经书卷的现代意义。丛书出版后受到全球汉语圣经研习者、神学教育界以及华人教会广泛欢迎，并几经再版，有些书卷还作了修订。

现今征得天道圣经注释有限公司授权，本丛书由上海三联书店出版发行国内中文简体字版，我们在此谨致谢意。神学建构的与时俱进离不开对圣经的细微解读和阐发，相信"天道圣经注释"系列丛书的陆续出版,不仅会为国内圣经研习提供重要的、详细的参考资料,同时也会促进中国教会神学、汉语神学和学术神学的发展,引入此套注释系列可谓正当其时。

上海三联书店

天道圣经注释

本注释丛书特点：

- 解经（exegesis）与释经（exposition）并重。一方面详细研究原文字词、时代背景及有关资料，另一方面也对经文各节作仔细分析。
- 全由华人学者撰写，不论用词或思想方法都较翻译作品易于了解。
- 不同学者有不同的学养和专长，其著述可给读者多方面的启发和参考。
- 重要的圣经原文尽量列出或加上英文音译，然后在内文或注脚详细讲解，使不懂原文者亦可深入研究圣经。

天道书楼出版部谨启

目录

序言 ··· i

主编序言 ····································· ii

旧约编辑序 ··································· iv

新约编辑序 ··································· v

作者序 ······································· vi

简写表 ······································· vii

希伯来文音译表 ······························· xiv

绪论 ··· 1
    壹 但以理书的内容 ······················· 3
    贰 但以理书的背景 ······················· 7
    叁 但以理书的神学 ······················· 15
    肆 但以理书的目的 ······················· 17
    伍 但以理书的作者 ······················· 20
    陆 但以理书的版本 ······················· 39

注释 ·· 43

壹　但以理和三友的抉择(一 1～21) ·· 45
　　（Ⅰ）引言:但以理和三友被尼布甲尼撒掳至巴比伦
　　　　　(一 1～2) ··· 45
　　（Ⅱ）但以理和三友获尼布甲尼撒选中入宫受训
　　　　　(一 3～7) ··· 49
　　（Ⅲ）但以理和三友拒用尼布甲尼撒的膳食
　　　　　(一 8～16) ··· 53
　　（Ⅳ）结束:但以理和三友获得尼布甲尼撒厚待
　　　　　(一 17～21) ··· 58
　　总结 ··· 61

贰　尼布甲尼撒的梦(二 1～49) ·· 64
　　（Ⅰ）引言:王为梦烦乱(二 1～2) ·· 64
　　（Ⅱ）哲士不能为王解梦(二 3～16) ··· 66
　　（Ⅲ）但以理获有关王梦的启示(二 17～24) ·· 70
　　（Ⅳ）但以理向王解梦(二 25～45) ··· 74
　　（Ⅴ）结束:王提升但以理(二 46～49) ·· 81
　　总结 ··· 82

叁　尼布甲尼撒的金像(三 1～30) ··· 86
　　（Ⅰ）王设立金像让人敬拜(三 1～7) ·· 86
　　（Ⅱ）王查问但以理的三友是否拒拜金像
　　　　　(三 8～18) ··· 90
　　（Ⅲ）王下令烧死但以理的三友(三 19～23) ·· 95
　　（Ⅳ）王惊奇但以理的三友在火窑里平安无事
　　　　　(三 24～27) ··· 97
　　（Ⅴ）王提升但以理的三友(三 28～30) ··· 99
　　总结 ··· 100

肆	尼布甲尼撒的疯狂（四 1～37）	105
	（Ⅰ）尼布甲尼撒的通告之引言（四 1～3）	105
	（Ⅱ）尼布甲尼撒的梦之内容（四 4～18）	106
	（Ⅲ）尼布甲尼撒的梦之解释（四 19～27）	114
	（Ⅳ）尼布甲尼撒的梦之应验（四 28～33）	119
	（Ⅴ）尼布甲尼撒的通告之结束（四 34～37）	121
	总结	123
伍	伯沙撒的筵席（五 1～31）	127
	（Ⅰ）伯沙撒大摆筵席（五 1～4）	127
	（Ⅱ）伯沙撒吩咐哲士解释墙上的字（五 5～9）	129
	（Ⅲ）太后向伯沙撒举荐但以理（五 10～16）	132
	（Ⅳ）但以理为伯沙撒解释墙上的字（五 17～28）	134
	（Ⅴ）伯沙撒提升但以理（五 29～31）	138
	总结	139
陆	但以理在狮子坑（六 1～28）	142
	（Ⅰ）大流士重用但以理（六 1～3）	142
	（Ⅱ）但以理的同僚设计陷害他（六 4～9）	143
	（Ⅲ）但以理被扔进狮子坑（六 10～18）	147
	（Ⅳ）但以理获上帝救护（六 19～24）	151
	（Ⅴ）大流士命人民尊崇但以理所事奉的上帝（六 25～28）	155
	总结	157
柒	但以理见四兽和像人子的异象（七 1～28）	160
	（Ⅰ）异象的内容（七 1～14）	160
	（Ⅱ）异象的撮要（七 15～18）	171
	（Ⅲ）异象的解释（七 19～28）	174
	总结	178
捌	但以理见公绵羊与公山羊的异象（八 1～27）	185
	（Ⅰ）引言（八 1～2）	185

	（Ⅱ）异象的内容（八 3～14）	187
	（Ⅲ）异象的解释（八 15～26）	198
	（Ⅳ）结束（八 27）	203
	总结	204
玖	但以理的祈祷与七十个七的异象（九 1～27）	208
	（Ⅰ）但以理祈祷的背景（九 1～2）	208
	（Ⅱ）但以理祈祷的内容（九 3～19）	210
	（Ⅲ）但以理祈祷后所得的启示（九 20～27）	217
	总结	225
拾	但以理所见大争战的异象（十 1～十二 13）	233
	（Ⅰ）异象的背景：天使显现与但以理谈话（十 1～十一 1）	233
	（Ⅱ）异象的内容：天使所传递的信息（十一 2～十二 4）	243
	（Ⅲ）异象的结束：但以理再与天使谈话（十二 5～13）	266
	总结	270

附录：哪一国是真正的第四国？ ········· 274

壹	传统的看法	274
贰	时代论的看法	276
叁	希腊派的看法	278
肆	希腊派看法的评估	284
伍	为什么部分福音派学者不赞同第四国是希腊？	289

参考书目 ········· 290

序言

"天道圣经注释"的出版是很多人多年来的梦想的实现。天道书楼自创立以来就一直思想要出版一套这样的圣经注释，后来史丹理基金公司也有了一样的期盼，决定全力支持本套圣经注释的出版，于是华人基督教史中一项独特的出版计划就正式开始了。

这套圣经注释的一个特色是作者来自极广的背景，作者在所著作的范围之内都是学有专长，他们工作的地点分散在全世界各处。工作的性质虽然不完全一样，但基本上都是从事于圣经研究和在学术方面有所贡献的人。

另外，一个值得注意的地方，是这套书中的每一本都是接受邀请用中文特别为本套圣经注释撰写，没有翻译的作品。因为作者虽然来自不同的学术圈子，却都是笃信圣经并出于中文的背景，所以他们更能明白华人的思想，所写的材料也更能满足华人的需要。

本套圣经注释在陆续出版中，我们为每一位作者的忠心负责任的工作态度感恩。我们盼望在不久的将来，全部出版工作可以完成，也愿这套书能帮助有心研究圣经的读者，更加明白及喜爱研究圣经。

荣誉顾问　鲍会园

主编序言

华人读者对圣经的态度有点"心怀二意",一方面秉承华人自身的优良传统,视自己为"这书的人"(people of the Book),笃信圣经是神的话;另一方面又很少读圣经,甚至从不读圣经。"二意"的现象不仅和不重视教导圣经有关,也和不明白圣经有关。感到圣经不易明白的原因很多,教导者讲授肤浅及不清楚是其中一个,而教导者未能精辟地讲授圣经,更和多年来缺乏由华人用中文撰写的释经书有关。"天道圣经注释"(简称为"天注")在这方面作出划时代的贡献。

"天注"是坊间现有最深入和详尽的中文释经书,为读者提供准确的数据,又保持了华人研读圣经兼顾学术的优良传统,帮助读者把古代的信息带入现代处境,可以明白圣经的教导。"天注"的作者都是华人学者,来自不同的学术背景,散居在香港、台湾地区以及东南亚、美洲和欧洲各地,有不同的视野,却同样重视圣经权威,且所写的是针对华人读者的处境。

感谢容保罗先生于 1978 年向许书楚先生倡议出版"天注",1980 年 11 月第一本"天注"(鲍会园博士写的歌罗西书注释)面世,二十八年后已出版了七十多本。史丹理基金公司和"天注"委员会的工作人员从许书楚先生手中"接棒",继续不断地推动和"天注"有关的事工。如果顺利,约一百本的"天注"可在 2012 年完成,呈献给全球华人读者研读使用。

笔者也于 2008 年 10 月从鲍会园博士手中"接棒",任"天注"的主编,这是笔者不配肩负的责任,因多年来为了其他的工作需要而钻研不同的学科,未能专注及深入地从事圣经研究,但鲍博士是笔者的"恩师",笔者的处女作就是在他鼓励下完成,并得他写序推介。笔者愿意接棒,联络作者及构思"天注"前面的发展,实际的编辑工作由两位学有所成的圣经学者鲍维均博士和曾祥新博士肩负。

愿广大读者记念"天注",使它可以如期完成,这是所有"天注"作者共同的盼望。

邝炳钊
2008 年 12 月

旧约编辑序

"天道圣经注释"的出现代表了华人学者在圣经研究上的新里程。回想百年前圣经和合本的出现,积极影响了五四运动之白话文运动。深盼华人学者在圣经的研究上更有华人文化的视角和视野,使福音的传播更深入社会和文化。圣经的信息是超时代的,但它的诠释却需要与时俱进,好让上帝的话语对当代人发挥作用。"天道圣经注释"为服务当代人而努力,小弟多蒙错爱参与其事,自当竭尽绵力。愿圣经的话沛然恩临华人读者,造福世界。

曾祥新

新约编辑序

这二十多年来，相继出版的"天道圣经注释"在华人基督教界成为最重要的圣经研习资源。此出版计划秉持着几个重要的信念：圣经话语在转变的世代中的重要，严谨原文释经的重要，和华人学者合作与创作的价值。在这事工踏进另一阶段的时候，本人怀着兴奋的心情，期待这套注释书能够成为新一代华人读者的帮助和祝福。

鲍维均

作者序

但以理书是一本复杂难懂的书卷,难怪有这么多种不同的解释。另一方面,但以理书却是现今世代不可以忽视的一本经书,它教导我们在任何环境中仍要对神忠贞,矢志不渝,因神是掌管万有的主宰,是可以信赖的真神;这是现今瞬息万变世代最需要的信息。为此,我们不能因但以理书难懂而不加以研读,应该排除万难,细心探索,从但以理书获取适切的提醒和勉励,听见神为这个时代所敲奏的巨响。

《但以理书注释》是笔者的处女作。笔者知道自己属灵的理解不足够,写作的技巧有许多地方尚需改善;只盼望父神使用这本注释,帮助大家了解但以理书的信息。

除了感谢父神叫我在极困难的境况下顺利完成这本注释之外,笔者特别感谢李色艳姊妹抄写了本书大部分的初稿,以及许宝娟姊妹为本书部分初稿加以润色。笔者也感谢陈惠荣和高明发两位编辑为本书的印制付出不少心血。笔者更感谢鲍会园牧师审阅本书的初稿。最后,笔者衷心感谢史丹理基金会(特别是许书楚长老),资助了本书全部的出版费用。

简写表

一、与但以理书有关的作品

Anderson	Anderson, R. A. *Signs and Wonders: A Commentary on the Book of Daniel*. Eerdmans, 1984
Baldwin	Baldwin, J. G. *Daniel*. TOTC. IVP, 1978
Barr	Barr, J. "Daniel," in *Peake's Commentary*. Nelson, 1962
Bentzen	Bentzen, A. *Daniel*. HAT. Mohr, 1952
Bevan	Bevan, A. A. *A Short Commentary on the Book of Daniel*. Cambridge University Press, 1892
Boutflower	Boutflower, C. *In and Around the Book of Daniel*. Zondervan, 1963
Bravermann	Bravermann, J. *Jerome's Commentary on Daniel*. Catholic Biblical Association, 1978
Campbell	Campbell, D. K. *Daniel: Decoder of Dreams*. Victor, 1977
Casey	Casey, M. *Son of Man*. SPCK, 1979
Collins	Collins, J. J. *Daniel, 1-2 Maccabees*. Michael Glazier, 1981
Colloins (Form)	Colloins, J. J. *Daniel*. FOTL. Eerdmans, 1984
Criswell	Criswell, W. A. *Daniel*. Zondervan, 1970
Culver	Culver, R. *Daniel and the Latter Days*. Moody, 1962
Davies	Davies, P. R. *Daniel*. JSOT Press, 1985
Declor	Declor, M. *Le livre de Daniel*. Gabalda, 1971

Driver	Driver, S. R. *The Book of Daniel*. Cambridge UniversityPress, 1900
Ford	Ford, D. *Daniel*. Southern Publishing Association, 1978
Gaebelein	Gaebelein, A. C. *The Prophet Daniel*. Our Hope Publisher, 1911
Gammie	Gammie, J. G. *Daniel*. Knox, 1983
Ginsberg	Ginsberg, H. L. *Studies in Daniel*. Jewish Theological Seminary, 1948
Gurney	Gurney, R. J. M. *God in Control*. H. E. Walter, 1980
Hammer	Hammer, R. *The Book of Daniel*. Cambridge University Press, 1976
Hartman	Hartman, L. F. and Di Lella, A. A. *The Book of Daniel*. AB. Doubleday, 1978
Heaton	Heaton, E. W. *The Book of Daniel*. SCM, 1956
Ironside	Ironside, H. A. *Lectures on Daniel the Prophet*. Loizeaux, 1920
Jeffery	Jeffery, A. "The Book of Daniel." *IB* 6. Abingdon, 1956
Jerome	*Jerome's Commentary on Daniel*. Baker, 1958
Keil	Keil, C. F. *Daniel*. Eerdmans, 1976, reprint
King	King, G. R. *Daniel*. Eerdmans, 1966
Lacocque	Lacocque, A. *The Book of Daniel*. John Knox, 1979
Leupold	Leupold, H. C. *Exposition of Daniel*. Baker, 1969
Luck	Luck, G. C. *Daniel*. Moody, 1958
McDowell	McDowell, J. *Prophecy: Fact or Fiction. Daniel in the Critic's Den*. Campus Crusade, 1979
Montgomery	Montgomery, J. A. *The Book of Daniel*. ICC. T. & T. Clark, 1927
Porteous	Porteous, N. *Daniel*. OTL. SCM, 1965
Prince	Prince, J. D. *Mene Mene Tekel Upharsin*. Johns

	Hopkins, 1893
Pusey	Pusey, E. B. *Daniel the Prophet*. Funk & Wagnalls, 1985
Rabbi	Rabbi, I. J. *The Aramaic Section of Ezra and Daniel*. Hebrew Union College, 1982
Rushdoony	Rushdoony, R. J. *Thy Kingdom Come*. Thoubum, 1978
Russell	Russell, D. S. *Daniel*. Westminster, 1981
Stevens	Stevens, W. R. *The Book of Daniel*. Bible House of L. A., 1949
Strauss	Strauss, L. *The Prophecies of Daniel*. Loizeaux Brothers, 1969
Stuart	Stuart, M. *A Commentary on the Book of Daniel*. Crocker & Brewster, 1850
Swim	Swim, R. E. "Daniel," in *Beacon Bible Commentary*. Beacon Hill Press, 1969
Thomson	Thomson, J.E.H."Daniel," in *The Pulpit Commentary*. Funk & Wagnalls, 1909
Towner	Towner, W. S. *Daniel*. Knox, 1984
Unger	Unger, M. F. *Unger's Commentary on the Old Testament*. II. Moody, 1981
Walvoord	Walvoord, J. F. *Daniel: The Key to Prophetic Revelation*. Moody, 1971
Wilson	Wilson, R. D. *Studies in the Book of Daniel*. Putnam's Sons, 1917
Wiseman	Wiseman, D. J. et al. *Notes on Some Problems in the Book of Daniel*. Tyndale, 1965
Wood	Wood, L. J. *A Commentary on Daniel*. Zondervan, 1973
Wordsworth	Wordsworth, C. "Daniel," in *Commentary on the Holy Bible*. VI. Rington, 1876
Young	Young, E. J. *The Prophecy of Daniel*. Eerdmans,

	1949
Zöckler	Zöckler, O. "Daniel," in *Lange's Commentary on the Holy Scripture*. XIII. Zondervan, 1960
丁立介	丁立介:《但以理书考详》。绍人丛书编辑处,1965(第三版)
米勒德	米勒德:《现代中文圣经注释》。香港:种籽,1984(再版)
何慕义	何慕义:《但以理书预言的亮光》。香港:中华神学院,1970
胡里昂	胡里昂:《但以理书研经导读》。香港:天道,1985
思高	《思高:达尼尔,十二小先知》。香港:思高圣经学会,1954
唐佑之	唐佑之:《永恒》。香港:浸信会,1984(再版)
陈方	陈方:《预言之钥:但以理书预言之研究》。新加坡:加恩,1983
华勒斯	华勒斯:《万王之王》。台湾:校园,1981
贾玉铭	贾玉铭:《但以理书新讲义》。台湾:少年归主社,1972(再版)
翟辅民	翟辅民:《但以理书释义》。香港:宣道,1954
谢秀雄	谢秀雄:《爱与希望的信息》。香港:文艺,1987
苏佐扬	苏佐扬:《但以理书》。香港:天人,1983

二、其他

AASOR	Annual of the American Schools of Oriental Research
ANET	Ancient Near Eastern Texts Relating to the Old Testament, Princeton University Press, 1955
BA	Biblical Archaeologist
BASOR	Bulletin of the American Schools of Oriental Research
BDB	F. Brown, S. R. Driver, C. A. Briggs, eds., A Hebrew and English Lexicon of the Old Testament. Clarendon, 1953

BHS	Biblia Hebraica Stuttgartensia
BJRL	Bulletin of the John Rylands University Library of Manchester
BS	Bibliotheca Sacra
BSNTS	Bulletin of the Studiorum Novi Testamenti Societas
BZAW	Beihefte zur Zeitschrift fündie Alttestamentliche Wissenschaft
CAD	Chicago Assyrian Dictionary
CBQ	Catholic Biblical Quarterly
DOTT	D. W. Thomas ed., Documents from Old Testament Times New York, 1961
ed.	Editor, edited by
EQ	Evangelical Quarterly
ERT	Evangelical Review of Theology
ExpT	Expository Times
FOTL	The Form of the Old Testament Literature
GKC	E. Kautzsch, ed., *Gesenius' Hebrew Grammar*, trans. A. E. Cowley. Clarendon, 1910, 2nd edition
HAT	Handbuch zum Alten Testament
HTR	Harvard Theological Review
HUCA	Hebrew Union College Annual
IB	G. Buttrick, ed., The Interpreter's Bible
IBD	N. Hillyer, ed., Illustrated Bible Dictionary. Leicester, 1980
ibid.	ibidem, in the same place
ICC	S. R. Driver, A. Plummer, and C. A. Briggs, eds., The International Critical Commentary of the Holy Scriptures of the Old and New Testament
IDB	G. A. Buttrick et al., ed., The Interpreter's Dictionary of the Bible. 4 vols. New York, 1962; Supplementary Volume, 1976
JAOS	Journal of the American Oriental Society

JB	Jerusalem Bible
JBL	Journal of Biblical Literature
JCS	Journal of Cuneiform Studies
JETS	Journal of the Evangelical Theological Society
JNES	Journal of Near Eastern Studies
JPOS	Journal of Palestine Oriental Society
JQR	Jewish Quarterly Review
JSOT	Journal for the Study of the Old Testament
JSS	Journal of Semitic Studies
JTC	Journal for the Theology and the Church
JTS	Journal of Theological Studies
MT	Masoretic Text
NASB	New American Standard Bible
NCB	New Century Bible
n. d.	no date
NEB	New English Bible
NICOT	R. K. Harrison, ed., The New International Commentary on the Old Testament
NIDNTT	C. Brown, ed., New International Dictionary of New Testament Theology. 3 vols. Grand Rapids, 1975 - 1978
NIV	New International Version
NTS	New Testament Studies
OTL	Old Testament Library
OTS	Oudtestamentische Studiën
PEQ	Palestine Exploration Quarterly
RB	Revue Biblique
RSV	Revised Standard Version
RV	Revised Version
TDNT	G. W. Bromiley, ed., Theological Dictionary of the New Testament. 9 vols. Grand Rapids, 1964 - 1974
TOTC	Tyndale Old Testament Commentary

TWOT	L. Harris, ed., Theological Wordbook of the Old Testament, Moody, 1980
VT	Vetus Testamentum
WTJ	Westminster Theological Journal
ZAW	Zeitschrift für die Altestamentliche Wissenschaft
ZPEB	M. C. Tenney, ed., Zondervan Pictorial Encyclopedia of the Bible. 5 vols. Grand Rapids, 1975
串释	圣经——串珠·注释本(旧约全书)。香港证道,1986
和合本	新旧约全书。香港圣经公会
现中	圣经——现代中文译本。香港圣经公会,1980
新译	新约全书新译本。香港中文圣经新译委员会,1976
旧释	旧约释义全书。三一文化出版社,1978(再版)
韩承良	圣经小辞典。思高圣经学会,1983
吕本	吕振中译本

希伯来文音译表

Consonants			Vowels	
א -'	ט -ṭ	פ, פּ -p, p̄	ָ -ā, -o	ֱ -ĕ
בּ, ב -b, b̄	י -y	צ -ṣ	ַ -a	ִ -i
גּ, ג -g, ḡ	כּ, כ -k, k̄	ק -q	ֲ -ă	ִי -î
דּ, ד -d, ḏ	ל -l	ר -r	ָה -â	וֹ -ô
ה -h	מ -m	שׂ -ś	ֵ -ē	ֳ -ŏ
ו -w	נ -n	שׁ -š	ֶ -e	וֹ -ō
ז -z	ס -s	תּ, ת -t, ṯ	ֵי -ê	וּ -û
ח -ḥ	ע -'		ְ -e	ֻ -u

绪论

绪论

大多数的华人基督徒都十分重视但以理书，因为书内关乎但以理和三个朋友的事迹都是我们所熟悉和喜欢的，它的异象和预言（如七十个七），更叫我们联想起主耶稣第二次的降临。可惜，许多人虽然喜欢但以理书，却甚少读它，因为它是一本不易懂的书卷。

其实，读但以理书可以鼓励我们仿效但以理和三友对上帝的敬虔和忠贞，也叫我们明白圣经的预言如何得以应验。

但以理书是旧约启示文学的代表作，与新约的启示录有密切关系。只要我们熟悉但以理书的背景，明白启示文学的特性，便可以了解但以理书的内容和教训。

壹　但以理书的内容

但以理书是由两种材料糅合而成的。第一至六章记载了六件事迹，主角但以理以第三身出现；第七至十二章是但以理所见的异象，但以理以第一身自称。第一至六章着重叙述但以理和三友怎样在困难中仍然对上帝忠贞，遵守犹太人传统的宗教礼仪；第七至十二章却预言将来要发生的事，藉此鼓励在困境中的犹太人持守信仰，忠贞于他们的上帝。

第一章记述犹大王约雅敬第三年，巴比伦王尼布甲尼撒攻打犹大国，掳走了一群优秀的青年到巴比伦接受训练，然后在宫中供职；但以理和三友也被掳走。在巴比伦受训期间，但以理和三友拒用王膳，免得被玷污。虽然他们只吃蔬菜和饮白水，身体却比其他青年健壮，又获得上帝赐他们有胜人一等的智慧聪明。

第二章记载巴比伦王尼布甲尼撒做了一个奇怪的梦，他的顾问和谋士都不能把梦的内容和意思告诉他；于是他下令灭绝国中的智慧人，包括但以理和三友。但以理和三友为此事向上帝恳求，祈祷蒙垂听。但以理于是向王指出，王梦见了一座由不同金属铸成的大像，大像的四部分表征四个帝国，有一块非人手凿出来的石头把大像砸碎，开始了上帝永远的国度。但以理的讲解使王佩服得五体投地，立刻承认上帝是启示奥秘的真神，又擢升了但以理和三友。

第三章描述尼布甲尼撒造了一座金像，下令全国的人向金像下拜，违者格杀勿论。但以理三个朋友却本着大无畏的精神，宁死不屈，拒绝膜拜金像。那些本已嫉妒他们的巴比伦官员把握时机向王告密，王大发雷霆，下令把他们三人抛入烈火窑里；他们却没有被烧伤，且有一位面貌像神子的陪伴他们在火中走来走去。王万分震惊，立刻放他们出来，且称颂他们所信奉的上帝，又提升他们担任巴比伦政府更高的职位。他们三人坚持对上帝的忠信，上帝也按他的信实保护他们。

第四章是尼布甲尼撒颁发的谕令。他回忆曾在梦中看见一棵高大而华美的树，守望的圣者宣告把这树砍伐；王于是邀请但以理解释此梦的意思。但以理指出大树表征尼布甲尼撒王，王骄妄刚愎，必会由君王之尊沦为野兽，当他谦卑承认上帝在人间掌权时，就会复得王权。但以理的预言完全应验，尼布甲尼撒王被上帝刑罚，疯癫了七年。后来他悔改，上帝使他复原，再度作王。

第五章叙述伯沙撒王大摆筵席款待群臣，他可能饮酒过多，竟然动用耶路撒冷圣殿的器皿，又嚣张地颂赞巴比伦的神明。忽然，有一只神秘的手出现，指头在粉墙上写出奇异的字。伯沙撒王和一千名的官员十分惊慌，召了国中所有的术士来解字，术士却无法解释。最后，皇后向伯沙撒王推荐但以理。但以理来到，直斥王的不是，并指出墙上的字宣布了巴比伦将被玛代-波斯攻灭。

第六章详细记述但以理的政敌嫉妒和设计谋害他。他们怂恿大流士王颁发临时禁令，不准人在三十日内向神明或其他人祈求，只准向王祈求。但以理对上帝忠贞不理王令，仍按犹太人惯例一日祈祷三次。他的仇敌阴谋得逞，大流士王按已颁布的命令把但以理丢在狮子坑里。上帝奇妙地差派使者封住狮子的口，使但以理在饿狮群中安然无恙，控告他的人最终被狮子咬死。大流士王下令国民敬崇但以理的上帝，但以理自己则在大流士王执政期间凡事顺利。

第七章记录但以理在伯沙撒元年所见的异象，他看见四头巨兽从海中上来。它们表征四个帝国，在第四兽头上长出十角，后再有一个小角；小角表征一个要折磨犹太人的君王，犹太人要交在他手一载、二载、半载。但以理又看见上帝在天上，像一位满有威荣的大法官施行审判，毁灭第四兽和那小角，又把永远的国度赐给那位"像人子"的。本章扩充了第二章的记述，指出第四兽有"十角"和"小角"的阶段，以及"小角"会迫害选民，受迫害的选民却会与"像人子"的那位一同得国。

第八章叙述但以理在伯沙撒第三年所见的异象。他看见一只威风十足的公绵羊，向西、南、北方冲去，但它被长有一大角的公山羊触倒。公山羊的大角却忽然折断长出四只角来，而在四角之一又长出一小角，这小角亵渎上帝，迫害圣民。天使把异象的含义向但以理说明：公绵羊指玛代-波斯，公山羊是希腊帝国，大角是指亚历山大，四角乃指他四个将军，小角是安提阿哥四世，他要迫害犹太人二千三百个晚间和早晨。

第九章是但以理在大流士第一年所见的异象。当时，但以理向上帝认罪和祈祷，求上帝兑现他藉耶利米先知所宣讲的预言，于七十年届满时带领犹太人重归故土和复兴以色列国。天使加百列把七十年的真义告诉但以理，原来七十年是七十个七，七十个七分为三个阶段：第一，从出令至受膏君出现将有七个七；第二，由受膏君至受膏者被杀有六十二个七；第三，最后一个七有一王的民毁灭耶路撒冷和圣殿，而这个行毁坏可憎的王必遭遇上帝为他所定下的灾难。

第十至十二章记述但以理所见的最后一个异象。他在波斯王居鲁士第三年禁食祈祷二十一日，求上帝赐他新的启示。当他一开始祈祷，上帝便打发一位天使向他传递信息，但这位天使被波斯的保护使者阻拦，延迟了二十一日。传信息的天使很详尽地把亚历山大死后南北两国的恩怨和冲突告诉但以理，又把焦点集中于安提阿哥四世的兴起，和他残酷迫害圣民的经过，以及他的悲惨结局；天使论及安提阿哥四世的预言适用于一切自高自大、攻击上帝和他子民的人身上。虽然有些犹太人因为安提阿哥四世的迫害而放弃了信仰，但仍有一群犹太人对上帝忠贞不渝，甚至为信仰殉难，他们又鼓励和教导同胞对上帝至死忠心。这些真正认识上帝的人，虽然殉道，却会复活承受永生；不忠贞于上帝的恶人却永远蒙羞、被憎恶。最后，天使应许但以理末后将会复活和获得上帝为他所预备的产业。

有关这十二章的排列，有几件事值得注意：

（一）第一至六章采用了两种方式叙述皇帝与但以理和三友的关系：①

（1）（a）王下令拦阻或禁止但以理和三友对上帝忠贞；（b）但以理和三友选择顺从上帝而不顺从王；（c）但以理和三友愿意为了顺从上帝而殉难；（d）他们获得奇妙的拯救；（e）他们得奖赏和擢升，恶人受刑罚；（f）王因此得悉他们的上帝伟大。采用这种叙述方式的有第一、第三、第六章。

（2）（a）王做梦或见异象；（b）王的谋士不能解释；（c）但以理却能解释；（d）但以理获提升或奖赏；（e）王因此得悉但以理的上帝伟大。本书的第二、第四、第五章采用这种叙述的方式。②

（二）第七至十二章有四个异象，都提及天使向但以理讲解信息。但以理在第七和第八章先见了异象，后获天使解释；第七章天使的解释属于异象的一部分，第八章却是先见异象跟着有解释。第九章却先有但以理的祈祷，而天使的解释就是异象。第十至十二章却把异象的信息与天使的解释放在一起。③

（三）第二和第七章都是论及四个帝国，第三和第六章描述忠心于上帝的人在苦难中（火窑和狮子坑）获得奇妙的拯救，第四和第五章记述王骄傲而被上帝刑罚（唯一不同的是尼布甲尼撒有机会重得王权，伯沙撒却没有）。④ 故此，第二至七章乃是交叉平行排列；⑤第四和第五章

---

① Davies, 51 – 52.
② 有关这两种体裁的结构，参 W. L. Humphreys, "A Life-Style for Diaspora: A Study of the Tales of Esther and Daniel," *JBL* 92:211 – 213; S. Niditeh and R. Doran, "The Success Story of The Wise Courtier: A Formal Approach," *JBL* 96:179 – 197.
③ 关于这几个异象的组成，参 J. G. Gammie, "The Classification, Stages of Growth and Changing Intention in the Book of Daniel," *JBL* 95:191 – 204.
④ Ford, 28.
⑤ abc-cba；关于此种交叉平行（chiastic），参 J. Baldwin, *Haggai, Zechariah, Malachi* (IVP, 1972), 74 – 80.

乃是这几章的中心，就是上帝要求人尊重他的主权，不要自以为了不起，而亵渎和攻击上帝。

（四）第一至六章记述但以理能够为王解释异象和梦，在第七至十二章他却需要天使为他解释所见的异象或向他传递启示。

（五）第一至六章记叙但以理和三个友人，如何面对信仰的挑战和挣扎，在危机中仍然对上帝忠贞。第七至十二章却把焦点转换至犹大整个国家，全部的选民都要在危机中抉择是否不惜性命顺从上帝。当然，但以理和三友在第一、三、六章所获的恩典，对于第七至第十二章的犹太人是莫大的鼓舞。

（六）第一至六章对外邦君王有较温和的描述（伯沙撒所受的批判最严厉），第七至十二章却把外邦君王（尤其是安提阿哥四世）视作与上帝为敌的恶人。⑥

（七）第一章开宗明义地记述犹大国灭亡，圣殿的器皿被带到巴比伦，第十二章结束时提及但以理要承受上帝为他预备的产业，暗示上帝国度的建立。这种对比反映出"首尾相应"。另一方面，第一章指出但以理和三友被上帝赐智慧聪明（17、20 节），而第十二章记述智慧人必发光，二者前后呼应。⑦

贰　但以理书的背景

按照但以理书的提示，第一至六章的记述发生于巴比伦的尼布甲尼撒王至玛代的大流士王的时代，第七至十二章则记述在波斯和希腊帝国要发生的事。

---

⑥ A. Lenglet, "La Structure Littéraire de Daniel 2 - 7," *Biblica* 53:169 - 190; Baldwin, 59 - 60.
⑦ 有学者认为第一至六章的记载（与第七至十二章的异象相仿）不是真事，只是想象和虚构的故事，因这些记载都提及一些神奇怪诞的事情，只不过是叫读者或听众感到鼓舞，并不是记述事实；这说法好像假设了凡有超自然成分的记载都不是真事，岂不是等于说圣经的神迹都没有发生过？笔者不能认同这看法；Collins, 41.

(I) 巴比伦帝国

(一) 尼布甲尼撒 (604-562 B.C.)

尼布甲尼撒是新巴比伦国的创始人拿布普拉撒的儿子。⑧ 在公元前 605 年的夏天，尼布甲尼撒带军突袭迦基米斯，杀灭该处的埃及驻军。当他正要继续追杀至埃及边界时，接到父亲逝世的消息，立刻赶回国继承王位。途中，他掳去了犹大一些优秀青年，但以理也在其中。

公元前 601 年，尼布甲尼撒再次进攻埃及，却战败，他的附庸国（包括犹大王约雅敬）不再向他进贡。尼布甲尼撒于是重新装备军队，再次西征，他亲自带兵围攻耶路撒冷。尼布甲尼撒的大军于公元前 597 年攻入耶路撒冷城，约雅斤以及大部分的皇室人员和臣仆，还有很多上层社会的人物（共三千多人），都被掳到巴比伦，以西结先知也在被掳的人中。尼布甲尼撒立西底家代替约雅斤为犹大王。⑨

西底家后来依赖埃及背叛尼布甲尼撒，尼布甲尼撒因此差派巴比伦大军再次进攻犹大，终于在公元前 587 年攻破城墙，大举入城。西底家向东南方逃命，却被捉拿，眼睛被剜，带到巴比伦成了阶下囚，在监狱里度过余生。

尼布甲尼撒死后，儿子以未米罗达在公元前 562 年继位。⑩ 他继位后两年，在叛变中被杀，尼布甲尼撒的女婿尼甲沙利薛继位。⑪ 尼甲沙利薛在位不过四年便死了，国家又陷入混乱状态，他未成年的儿子拉巴施-马杜克又被杀。⑫ 最后，拿波尼度（Nabonidus）夺取了政权登上巴比伦的宝座。

---

⑧ 拿布普拉撒（Nabopolassar）本是一个迦勒底王子，于公元前 625 年在巴比伦作王，创立了一个有力的王国。
⑨ 有关尼布甲尼撒（Nebuchadnezzar）毁灭犹大国的详情，参卜鲁斯，《以色列与列国史》（香港：种籽，1983），112-127。
⑩ 以未米罗达（Evil-Merodach）曾释放约雅斤出监，赐他高位，使他高过被掳到巴比伦的其他国王（王下廿五 27~28）。
⑪ 尼甲沙利薛（Nergal-Sharezer）由公元前 560 至 556 年作王；希腊史家称他为尼力苏撒（Neriglissar）。
⑫ 拉巴施-马杜克（Labash-Marduk）继位时还是一位少年；参卜鲁斯，125。

(二) 拿波尼度(555–539 B.C.)

拿波尼度曾夺取了亚拉伯沙漠北部的提玛城,[13]把该城当作巴比伦国的第二个首都。他长期居住于提玛(552–545 B.C.),指派长子伯沙撒在巴比伦城替他摄政。拿波尼度喜欢敬拜月神"辛",忽视了巴比伦的国神马杜克(Marduk),[14]甚至把"辛"视为巴比伦国最高超的主神,取代马杜克的地位,引致马杜克的祭司和巴比伦的居民对他十分反感。

(三) 伯沙撒(550–539 B.C.摄政)

伯沙撒的母亲相传是尼布甲尼撒的女儿(五 10 称她为"太后"),[15]伯沙撒在巴比伦城代父管理国中大小事务,后因狂妄亵渎上帝被玛代的大流士用刀杀死。

(II) 玛代-波斯帝国

(一) 居鲁士(538–530 B.C.)

玛代人本居住于今日伊朗国土的北部,波斯族则居南部。玛代的居亚撒列一世曾与尼布甲尼撒联手攻打亚述。[16]当居亚撒列一世的儿子亚士帖基继位后,[17]南方的波斯兴起了雄才大略的居鲁士王。

居鲁士本是伊朗南部的安珊王,公元前 559 年统治了波斯族。当时波斯族只是玛代的附庸国,受亚士帖基诸多压制。公元前 550 年,居鲁士揭竿而起,实行叛变。他打败了亚士帖基,并吞了玛代。居鲁士接着向西出兵,所向披靡,许多国家都向他臣服。公元前 539 年,他领军进攻巴比伦,不费吹灰之力便取得了巴比伦城,因马杜克的祭司马杜克和大部分的巴比伦人,都因讨厌拿波尼度而主动打开城门迎接波斯军

---

[13] 提玛(Tema)是亚拉伯沙漠中一个绿洲,拿波尼度把它发展为一个商业中心。
[14] 相传拿波尼度出身于"辛"(Sin)的祭司阶级(他母亲是"辛"庙的一位女祭司);谢友王,《两约中间史略》(香港:种籽,1978),35。
[15] 拿波尼度娶了尼布甲尼撒的女儿李道葵斯(Nitocris)。
[16] 居亚撒列(Cyaxares)在位四十年(公元前 625 至前 585 年);谢友王,50。
[17] 有学者认为亚士帖基(Astyages)就是但以理书所说的"玛代人大流士";谢友王,51。

入城。伟大的波斯帝国正式兴起。⑱

巴比伦亡国是因为拿波尼度轻视巴比伦国神马杜克，居鲁士因此学到宝贵的功课：如果他要获得各国人民的尊重，必须先要尊重各国敬拜的神。后来他准许被掳到巴比伦的犹太人回国重建圣殿，也可能与这种心态有关（当然，他这样做是出于掌管一切的上帝的旨意）。⑲

这位留名后世的伟大君王在公元前530年战死沙场，儿子冈比西斯（Cambyses）继位。

（二）冈比西斯（530－522 B.C.）

冈比西斯在位最大的功绩就是征服了埃及。他曾因怀疑弟弟士每弟（Smerdis）叛变而把弟弟杀死。后来有一位术士自称为士每弟再世，起而叛变，自立为王；正在埃及远征的冈比西斯急速返国，途中猝然驾崩。

冈比西斯死后，国家大乱，直至大流士一世登位，内部纷争才结束。

（三）大流士一世（522－486 B.C.）

大流士一世主要事迹有三：第一，他登基后派兵到各地平定叛变，又致力开拓波斯国的疆域，他帝国的版图从印度河伸展到爱琴海，从黑海沿岸北达多瑙河。⑳ 第二，他改组政府，将帝国划分为几个大区，各区有总督管理。第三，他秣马厉兵，与希腊联邦对抗，促使亚历山大日后攻打波斯（八6～7）。

在大流士一世登位初期，先知哈该和撒迦利亚鼓励被掳归回的犹太人，恢复已搁置了十多年的圣殿重建工作。

---

⑱ 有关居鲁士如何不发一箭便占领了巴比伦城，可参考他的圆柱碑文（Cyrus Cylinder）；*DOTT*，81-92。

⑲ 当时除了在巴比伦有一群被掳的犹太人外，在埃及的伊里芬田也有不少犹太人聚居，伊里芬田文献（Elephantine Papyri）提供了许多有关他们的资料（特别是他们重建该地圣殿的事情）；参 B. Porten, *Archives from Elephantine* (Berkeley, 1968)。

⑳ 布赖特，《以色列史》（香港：文艺，1971），340。

(四) 亚哈随鲁(486－465 B.C.)

他又名薛西斯(Xerxes),曾娶以斯帖为王后。此外,他平定了在埃及和巴比伦的叛乱,且带领精锐大军攻打希腊(十一 2),但他屡次战败,再无力量出征希腊。

公元前四六五年亚哈随鲁被臣仆杀害[21],其子亚达薛西一世继位。

(五) 亚达薛西一世(465－424 B.C.)

亚达薛西一世在位期间,以斯拉和尼希米相继获准归国,协助重建耶路撒冷城墙和推行改革。

亚达薛西一世当政的时候,一方面要平息埃及的叛变,另一方面又被希腊侵略;伟大的波斯帝国开始衰落。在他以后的几个波斯王都没有什么作为;最后,大流士三世(336－331 B.C.)因逃避亚历山大而被部属刺杀,辉煌的波斯帝国就此结束。

(III) 希腊帝国

(一) 亚历山大(336－323 B.C.)

亚历山大的父亲马其顿王腓力二世(Philp II)于公元前 338 年统一了希腊各城郡,建立了希腊帝国,两年后腓力二世被人谋杀,由英勇善战的儿子亚历山大继位。

亚历山大的威赫战功人所周知;他先后占领了波斯、腓尼基、埃及,接着征讨边陲,远攻印度,直达喜马拉雅山麓;所向无敌,很快便建立了一个横跨三大洲的希腊帝国;正如马加比书作者所说:"亚历山大身经百战,夺获许多坚垒,斩杀各地国王。他跑遍大地四极,掳掠了许多民族和财物,大地在他面前哑言无声,因此他的心志高傲,妄自尊大。"(马加比壹书一 2～4)[22]

亚历山大曾师事希腊著名哲学家亚里士多德,他有一个理想,就是把所侵占的各国"希腊化";他要把希腊的文化制度、语言和一切风俗习

---

[21] 杀死亚哈随鲁的大臣名叫亚达班鲁斯(Artabanus);谢友王,64。
[22] 思高,16。

尚,灌输给被他征服的民族。他盼望把东方(包括亚述、巴比伦、波斯、埃及)的文化和希腊文化共冶一炉。

亚历山大于公元前323年在巴比伦患上热病与世长辞,他的国家被四个将军瓜分,其中两个(南国埃及和北国叙利亚)与犹太人有密切的关系(有关南北二国的恩怨,可参考第十一章的诠释)。

(二) 南国多利买王朝

多利买一世建国后的一百年(323 - 223 B.C.),巴勒斯坦都归南国所管辖。犹太人在这一百年里享有从前在波斯统治下的权利,只要按时向南国进贡,其他的事多利买王朝全不加以干预,任由大祭司统治犹太人;大祭司的地位日渐提高,祭司成为社会的领导阶层。

同时,越来越多的犹太人迁徙侨居于埃及;[23]他们在埃及享有很大的自由和安宁,而且有地位和财产。他们很快就采用希腊语为母语,不能读希伯来文的旧约圣经,故把旧约译成希腊文,成为著名的七十士译本(Septuagint)。[24]

(三) 北国西流古王朝

当安提阿哥三世于公元前200年击败埃及军后,他统治了巴勒斯坦直至埃及边界。臣服南国一百多年的犹太人为北国管辖,犹太人对此本来很高兴,因安提阿哥三世初期甚为善待他们。

只是到了他儿子西流古四世作王时,他为了付清向罗马进贡的赔款,企图掠夺耶路撒冷圣殿宝库的金银;北国迫害犹太人的序幕就此揭开。当安提阿哥四世执政后,犹太人经历到他们历史上第一次最大的宗教迫害(详细请参第七、八、九、十一章的诠释)。

安提阿哥四世的迫害使人类历史上发生了一件惊人的史事。有一群人竟然不惜以身殉道,奋起反抗宗教迫害,这就是马加比的革命。

---

[23] 据说在公元第一世纪仍有一百万的犹太人在埃及侨居;布赖特,353 - 354。
[24] 根据亚利士提斯信扎(Letters of Aristeas),多利买二世为了把犹太人的圣经收藏在他的图书馆中,故要求耶路撒冷的大祭司差派七十二位精通希伯来文和希腊文的学者往亚历山大城翻译旧约圣经,他们在七十二天内便把摩西五经译成希腊文;卜鲁斯,167。

(IV) 马加比革命军

当安提阿哥四世用武力强迫犹太人放弃原有的信仰时，在犹大西部有一位祭司名叫马他提亚，㉕他坚决不肯在安提阿哥四世军兵所建的异教祭坛向偶像献祭，且杀死了一个在偶像祭坛献祭的犹太人，又推翻了祭坛。他带着五个儿子及一班跟随者离开原居地摩丁，逃到犹大的山地，组成了一支不怕死的革命军，决心反对安提阿哥四世的迫害，为宗教自由而奋斗。

这支敢死队在犹大各城镇摧毁偶像的祭坛，杀死接受希腊信仰的犹太人，又替未受割礼的男婴行割礼。

革命开始的几个月后，马他提亚死了，临终前立他第三子犹大为总司令。犹大别号马加比（Maccabee，"锤子"的意思），他的跟随者也因此被称为马加比革命军。

革命军在犹大的领导下曾多次击败安提阿哥四世的军队，吸引了更多的同胞加入抗战的行列。他们采用游击战术击败了北国的军队，且于公元前165年占领圣殿，进行洁净圣殿的工作，把偶像和异教的祭坛都扔掉，又把圣殿原有献燔祭的祭坛拆毁，因它曾遭宙斯神像玷污。公元前164年12月25日，即是圣殿遭污染三周年，犹大人再次把圣殿奉献，恢复原有的献祭。自此，犹太人每年都守这献殿节，为期八天之久。㉖

(V) 年代表

帝王	但以理书的经文	公元前年期
(1) 巴比伦帝国		
尼布甲尼撒	一至四章，七 4	604－562

㉕ 马他提亚（Mattathias）住在摩丁（Modin）。
㉖ 这献殿节称为"献殿节"（Festival of Hanukkah），或作"光明节"，因犹太人守节时在家点燃烛光；卜鲁斯，206。

帝王	但以理书的经文	公元前年期
以未米罗达		562－560
尼甲沙利薛		560－556
拉巴施马度		556
拿波尼度		556－539
伯沙撒	五 1，七 1，八 1	552－539㉗
（2）玛代-波斯帝国		
居亚撒列一世		625－585
亚士帖基		584－550
居鲁士	一 21，十 1	538－530㉘
冈比西斯		530－522
大流士一世		522－486
亚哈随鲁	九 1	486－465
亚达薛西一世		465－424
大流士二世		423－404
亚达薛西二世		404－358
亚达薛西三世		358－338
西塞士		338－336
大流士三世		336－331
（3）希腊帝国		
亚历山大	八 5～8，十一 3～4	336－323
腓力亚力第乌㉙		323－316
（4）南国多利买王朝		
多利买一世	十一 5	323－285
多利买二世	十一 6	285－246
多利买三世	十一 7～9	246－221
多利买四世	十一 11	221－203
多利买五世	十一 14～17	203－181
多利买六世	十一 25～27	181－145
多利买七世		145

㉗ 与父亲拿波尼度同作王。
㉘ 公元前 538 年波斯帝国正式建立。
㉙ 腓力亚力第乌（Philip Arrhidaeus）乃是亚历山大同父异母的弟弟。

帝王	但以理书的经文	公元前年期
多利买八世㉚		169-164
(5) 北国西流古王朝		
西流古一世	十一 5	318-281
安提阿哥一世	十一 6	281-260
安提阿哥二世	十一 6	260-246
西流古二世	十一 7、1~9	246-226
西流古三世	十一 10	226-223
安提阿哥三世	十一 10~19	223-187
西流古四世	十一 20	187-175
安提阿哥四世	八 9、23,十一 21f	175-164
安提阿哥五世		164-162
底米丢		162-150

叁 但以理书的神学

(Ⅰ) 耶和华是至高的上帝

他是"万神之神"(二47,十一36)、"万王之主"(二47);他是"至大的上帝"(二45),是"至高者"(四24~25)。㉛

他是至高的真神,所有假神都不能与他相比;"没有别神能这样施行拯救。"(三29)

(Ⅱ) 耶和华掌管一切

他是宇宙的主宰,"智慧能力都属乎他"(二20);故此,他可改变时候季节,废王立王,也赐智慧和聪明给人,没有一件事可以瞒过他。

㉚ 多利买八世是多利买六世的弟弟,曾于公元前169年为亚历山大城的居民拥立为王,后来多利买六世死后,他再正式继位。

㉛ 称呼上帝是"至高者"多出于外邦人的口,如麦基洗德(创十四18)、巴兰(民廿四16)、亚述王(赛十四14),还有马可福音第五章七节,使徒行传第十六章十七节。

他"在人的国中掌权"(四25),"在天上的万军,和世上的居民中,他都凭自己的意旨行事,无人能拦住他手,或问他说,你作什么呢"(四35)。他暂时容让君王骄妄刚愎,甚至迫害他的子民,但他仍在统管万有,历史一切进展都在他监察下发生,至终他必完全得胜,建立永远的国度。

人的国度会随时间消逝,上帝的国却是永恒的。"他的权柄是永有的,他的国存到万代"(四34),"他是永远长存的活上帝,他的国永不败坏,他的权柄永存无极"(六26)。

因他掌管一切,所有的事都必按着所指定的时间发生(八19,九27,十一27、35),他"所定的事,必然成就"(十一36)。

他活着,又掌管一切,可以按他的心意施行神迹奇事"护庇人、搭救人"(六27)。那些在痛苦中的犹太人应该有信心和希望,因为前面的一片漆黑可能会柳暗花明,变为十分美丽的景色。

(III) 耶和华是公平的法官

他的选民犯罪背逆,他惩罚他们,使他们国破家亡,被掳到异邦(九5~14)。他也同样按着列国和列王所做的审判他们(四29~32,五22~28,七9~12,八23~26,九27,十一45)。他们遭受刑罚,是因骄傲自大,不承认上帝掌管万有;他们视自己为生命的主宰,摒弃上帝任意而行。

作为一个大法官,他不仅是公义(九14),也是满有怜悯(四26,九4、9、18)。

(IV) 耶和华要求他的选民忠贞

但以理书的作者称犹太人为"圣民"(七18、21~22、25、27,十二7、10),他们要分别出来,不为世俗玷污,才可以成为祭司和国度,带领外邦归向上帝。

无论是面对王所赐的美食,或是火窑与狮子坑,他们都不可以妥协,免得对上帝不忠。无论上帝是否拯救他们脱离当前的急难,就算牺牲生命,他们仍要忠贞(三 16~17)。这样,上帝会把永远的国赏赐给他们(七 27)。

启示录同样指出上帝是至高的,掌管一切,也是一位公平的审判官,因此信徒在任何境况中应对他保持忠贞。㉜

此外,但以理书提供了很多关于"天使"和"复活"的信息,㉝尤其是有关"天使"的介绍,乃是旧约圣经最详尽的。上帝的天使不但把他的启示传递给但以理,且在天上为选民争战(十 13,十二 1);所以,选民可以放心信靠上帝。

肆 但以理书的目的

简单来说,但以理书之目的就是教导被掳的犹太人在异邦如何生活。㉞

(I) 在异邦要对上帝忠贞(第一、三、四、五、六章)

这五章经文强调:
(1)上帝统管万有;犹太人被掳是因为上帝刑罚他们,把他们交在尼布甲尼撒手中(一 2),那些骄傲自大,不承认上帝在掌管万有的君王必会受刑罚(第四章的尼布甲尼撒、第五章的伯沙撒)。
(2)上帝既然统管万有,被掳的犹太人就可因信靠他得以面对在异邦因持守信仰所受的挑战和攻击(第一章的不洁食物、第三章拜王的金像、第六章放弃祷告)。
(3)如果被掳的犹太人对上帝忠贞,他们可能不须经历痛苦(第一章);就算遇到迫害,统管万有的上帝也会拯救他们逃离痛苦(第三章的火窑、第六章的狮子坑),而且在痛苦中与他们同在(第三章的"像神子",第六章的"使者")。

㉜ 有关但以理书和启示录神学思想的关系,参 A. B. Mickelson, *Daniel & Revelation*: *Riddles or Realities* (Thomas Nelson, 1984); G. K. Beale, "The Influence of Daniel upon the Structure and Theology of John's Apocalypse," *JETS* 27:413-424.
㉝ Walvoord, 26.
㉞ J.J. Collins, "David and His Social World," *Interpretation* 39:132.

(II) 在迫害中要对上帝忠贞(第二、七、八、九、十至十二章)

这五段与做梦或见异象有关的经文教导被掳的犹太人三件事：

(1) 上帝统管万有，人的帝国都受他掌管；人的帝国终必消灭，只有上帝的国永存。那些迫害犹太人的君王都不能逃出上帝的手掌，至终必遭毁灭。

(2) 上帝既然统管了人类的历史，受逼迫的上帝子民可因信靠他得以面对敌人的折磨，在迫害中仍然持守信仰，对上帝忠贞；因为迫害他们的敌人都在上帝掌管之下，甚至烈火也无力伤害上帝子民的身体(三27)。迫害只是暂时性的，万事都会按上帝所指定的成就。

(3) 如果他们在迫害中仍然坚守对上帝的忠心，就算统管万有的上帝不拯救他们，以致他们为信仰殉难，上帝也会使他们复活，得着永远的生命和永远的国度(七14、18、22、27，十二1～3)。另一方面，那些在迫害中不忠于上帝的恶人却会永远受辱和被人憎恶。上帝要求他的圣民选择"荣耀地殉难"，不要"玷污地生存"(马加比贰书六19)。

(III) 怎样可以对上帝忠贞？

答案十分简单，就是做一个有智慧的人。

第一章指出但以理和三友"智慧聪明"远胜其他人(20节)。第二章记述但以理得到上帝赐他智慧(23节)，胜过巴比伦的所有术士。第四和第五章描述但以理有"圣神的灵"，可以为尼布甲尼撒解梦(四18)，又有"聪明和美好的智慧"(五14)为伯沙撒读出和解释墙上的字，而巴比伦的哲士却不能解梦和解明墙上的字。第十一和第十二章指出："惟独认识上帝的子民"才能在迫害中"刚强行事"(十一32)，而"智慧人"不但自己刚强，还会教导人学效他们一样刚强(十一33)，这些智慧人"使多人归义"，必发光，如同天上的光和星宿(十二3)。

一个有智慧的人必会真正认识和相信上帝，他知道在最绝望的环境中，上帝仍然掌权，故他可以坦然无惧面对信仰的挑战和迫害，无论在什么境况下仍然矢志不渝，至死忠心。

(Ⅳ) 怎样可以成为一个有智慧的人？

第一和第二章都指出上帝才是智慧的源头，是他自己把智慧赐给但以理和三个朋友（一 17，二 21）。

但以理和三友通过祈祷和读经获得上帝赐下智慧和启示（二 18，九 2，十 2～3、12），难怪第六章强调但以理一日三次祷告。当一个人愿意藉着读经和祷告与上帝相交，他自然可以透过与上帝相交更认识他，获得真智慧。如果我们真正认识上帝，并且有属灵的透视，我们就可以在上帝好像沉默时仍对他有信心和忠贞（三 16～17）。

总括来说，但以理书教导被掳的犹太人要过敬畏上帝的生活，且看重与上帝的相交，藉此真正认识上帝、得着真智慧，知道上帝不受环境限制。这种属灵的透视导致人对上帝有信心，有胆量面对信仰的挑战和迫害，继续忠贞于上帝。如果他们忠于上帝，有三种可能的结果：

（1）上帝不让他们遭受任何痛苦，反而得到莫大的恩典或尊荣（第一章）。

（2）上帝容许他们经历痛苦，但在痛苦中与他们同在，甚至拯救他们脱离痛苦，赐予恩福（第三和第六章）。

（3）上帝暂时任由他们被痛苦吞噬，不加以拯救，甚至让他们殉难，但末后会叫他们复活、得享永远的福乐（十一 33，十二 2～3）。而且，他们会叫人得着帮助，也叫那些自以为绝望的人重见希望的曙光。[35]

对于今天的信徒来说，上帝同样要求我们：

（1）恒久地顺服遵行上帝的旨意（一 8，三 16～18，六 11）；

（2）从心里承认上帝掌管万有，不在他面前骄妄自大，以自己为上帝。我们要谨记：他是万物的创造者，被造之物离开了他，就不能经历生命的真意（二 20～23，三 28～30，四 31～34，六 27～28）；

（3）愿意为所信的付出代价，甚至殉难（三 12，六 11～12）；

---

[35] "To Give hope to those who are losing their hope," W. S. Towner, "The Preacher in the Lion's Den," *Interpretation*，39:167.

(4) 鼓励和帮助别人信靠和忠于这位独一的真神(十一 33，十二 3)。

要做到上述四项，我们必须与上帝有密切的关系，以致我们真正认识他，并且有智慧和属灵的透视力，剖析当前的环境，明白事情背后那更深一层的意义(一 17～20、二 11、21～23、28、47，四 27～34，五 11～16、18～22)。我们对上帝有信心，就可以洞察和"顾念那看不见的"(林后四 18，新译)。

另一方面，上帝并没有要求我们为了对他忠贞而离开这罪恶的世界，就如上帝并没有吩咐但以理和三友放下他们在巴比伦的官职，以致他们不用面对挑战和困难。上帝要求我们在自己的岗位上对他忠心，虽然我们可能因此受别人的讥讽奚落甚至为难。

现在我们虽然不用遭受像尼布甲尼撒和安提阿哥四世强加于犹太人的残酷逼迫，但我们却不能因此放松，因为世俗主义(尤其是物质的诱惑)正在侵蚀我们的信仰，试图使我们在对上帝忠贞的事上妥协，这种潜移默化"非暴力式"的迫害有时候比身体所受的逼迫更难抵挡。

伍　但以理书的作者

有两种说法：

(一) 本书作者是公元前第六世纪的但以理，理由如下：

(1) 耶稣基督引用但以理的预言时(太廿四 15)，指出那些预言是但以理所说，故他是但以理书的作者。[36]

(2) 但以理在本书多处采用第一身的说法，并声称获得上帝的启示(七 2、4、6，八 1、15，九 2，十 2，十二 5～8)，且他受命"隐藏这话，封闭这书"(十二 4)。

(3) 本书的记载与尼布甲尼撒的生平吻合；例如：(a)第四章十七节"卑微的人"正好是描述尼布甲尼撒"卑微的背景"。[37] (b)巴比伦城的伟大壮丽，真是名副其实的"大巴比伦"(四 30)，且有碑文证实尼布

---

[36] 杨以德，《旧约导论》(香港：道声，1974)，407；Keil, 57.
[37] Boutflower(89‑91)引用拿布普拉撒(Nabopolassar，尼布甲尼撒的父亲)的碑文证明尼布甲尼撒出身寒微。

甲尼撒如何"用大能大力把它建为京都"(四30)。㊳（c）伯沙撒替父亲在巴比伦摄政，故只能答允让但以理在国中"位列第三"。综合来说，正如这一位学者所指出："但以理书的作者熟悉巴比伦宫廷一切的事"，故是在巴比伦国任高官的但以理所写。㊴另有一位学者曾比较过第五章的内容和巴比伦历史有关伯沙撒的记载，作出这样的结论："第五章一定不是在公元前第二世纪（马加比时代）所撰写的。"㊵

（4）这本书在公元前第六世纪撰写比在公元前第二世纪合理；因为(a)死海古卷包括了十七本但以理书的抄本（虽然不见全本但以理书），㊶其中有些肯定是在公元前120年，㊷甚至公元前165年抄写的，㊸故但以理书不可能是公元前第二世纪的作品，因为一本书卷由完成至流传，再被人接纳抄写，必须经过一段很长的时间。㊹（b）七十士译本的译者不了解第三章二节那些官衔，如果但以理书在公元前第二世纪才写成（即与七十士译本同时），译者没有理由不懂那些官衔的意思。㊺

（二）不同意本书是但以理于公元前第六世纪撰写的学者却认为：

（1）主耶稣在马太福音第廿四章十五节并不是讨论作者的问题，只是指出他引用的经文出自但以理书；㊻这并不是说主自己错解而是仿照当时犹太人一般说法，称但以理书源自但以理，虽然这不是事实。㊼

㊳ J. Free, *Archaeology and Bible History* (Scripture Press, 1969), 228; G. A. Barton, *Archaeology and the Bible* (American Sunday School Union, 1937), 479.

㊴ J. D. Wilson, *Did Daniel Write Daniel?* (Cook, n.d.), 88.

㊵ R. P. Dougherty, *Nabonidus and Belshazzar* (Yale, 1929), 200.

㊶ A. Dupont-Sommer, *Dead Sea Scrolls: A Preliminary Study* (Blackwell, 1952), 36; Baldwin(73-74)列出死海古卷中的但以理书抄本。

㊷ W. H. Brownlee, *The Meaning of the Dead Sea Scrolls* (Oxford, 1964), 36.

㊸ F. M. Cross, *The Ancient Library of Qumran and Modern Biblical Studies* (Doubleday, 1961), 199.

㊹ B. K. Waltke, "The Date of the Book of Daniel," *BS* 133:321.

㊺ G. L. Archer, *A Survey of Old Testament Introduction* (Moody, 1973), 388.

㊻ 有学者却认为马太用了希腊文的[dia]加上一个 genitive，故一定是作者；G. L. Archer, *Encyclopedia of Bible Difficulties* (Zondervan, 1982), 284.

㊼ J. H. Raven, *Old Testament Introduction* (Fleming H. Revell, 1910), 329; S. A. Cartledge, *A Conservation Introduction to the Old Testament* (Zondervan, 1943), 221.

(2) 用第一人称的说法只是一种文学技巧，并非表明看见异象的但以理就是作者；何况，第一至六章的但以理都采用第三人称。

(3) 有关历史的记述，但以理书对于公元前第二世纪的描写比公元前第六世纪更准确和详尽（下文将评论）。㊽

(4) 死海古卷包括但以理书在其中，因为撰写死海古卷的昆兰团体与但以理书的作者有密切的关系，大家都是反对希腊化的犹太人，故很重视但以理书，他们甚至可能是本来的作者。㊾

本书是安提阿哥四世执政时，一位（或一群）忠贞于上帝的犹太人所写，他们就是第十一章卅三节所提到的"智慧人"；公元前167至前165年，作者把当时的一些传说（有关但以理和三个朋友）加以删改编成第一至六章，再借用但以理的名字加添了第七至十二章，完成了但以理书。㊿也有学者认为本书出自多位在公元前第三和前第二世纪作者的手笔（可能是六位），最后由一位编者于公元前165年把它编汇而成。[51]

学者指出下列理由支持但以理书是第二世纪的作品：

（一）正典位置

这些学者指出：但以理书在希伯来圣经乃是被列入"圣书"而不是在"先知书"内，[52]他们认为"先知书"的正典在公元前200年完成；故此，属于公元前第五世纪的玛拉基书也可以被放置在"先知书"内，如果但以理书写于公元前第六世纪，为什么它却没有列在"先知书"内呢？这岂不证明但以理书写于公元前第二世纪吗？当时，"先知书"的正典早已结束，但以理书于是被列入"圣书"内。

这说法并不绝对正确；因为：

㊽ 谢秀雄，136。

㊾ Delcor, 17 - 19.

㊿ S. R. Driver, *An Introduction to the Literature of the Old Testament* (World Publishing Co., 1956, reprint), 497 - 514; O. Eissfeldt, *The Old Testament: An Introduction* (Blackwell, 1965), 527; H. H. Rowley, "The Unity of the Book of Daniel," in *The Servant and Christian Apocalypse from Daniel to the Revelation* (Blackwell, 1965), 260f.

[51] Montgomery, 88 - 99; Ginsberg, 27 - 40; Bentzen, 5 - 10; Delcor, 10 - 13.

[52] Driver, op. cit., 467; 韦瑟，《韦氏旧约导论》(香港：道声，1967)，356；A Collins, *Schemes of Literary Prophecy Considered* (London, 1927), 153 - 154.

（1）旧约圣经的排列（"律法书""先知书""圣书"）并不只是根据写作日期的先后（例如诗篇、箴言这些不是后期的作品也被放在"圣书"内），也受其他的因素影响；但以理是巴比伦的官员，并不是专门作先知的（虽然他有先知的恩赐），[53]故他的作品不像那些专职先知的写作放列在"先知书"内。此外，但以理书也没有像其他"先知书"一样常提到"这是耶和华说"或"耶和华的话临到我"；另一方面，所有"先知书"的内容都直接提及犹太人，而但以理书（除了第九章）却没有这样直接提及。这都是它被列在"圣书"的原因。

（2）但以理书可能原属"先知书"，只是后来有人因他不是专职作先知，故把他的作品列在"圣书"内。公元175年梅力多在他著作中指出："论到先知书，有以赛亚、耶利米，论到十二小先知书，其中一卷是但以理，此外还有以西结、以斯拉。"[54]在叙利亚残卷中，这目录也出现，次序亦相同。[55] 约瑟夫也把旧约分为二十二卷，包括五卷律法书、十三卷先知书、四卷圣书，而但以理书属于十三卷先知书之一。因此，但以理书早期乃被列在"先知书"中。[56]

（3）我们不但无法确定旧约三十九卷原来排列的情况，更不能证明"先知书"的正典乃在公元前200年确定。譬如犹太史家约瑟夫指出公元前424年以后，再没有任何书卷存入旧约正典内；所以，"先知书"的正典不是在公元前200年才确定的。[57] 其实，关于旧约正典，我们所有的资料十分有限；[58]怎可以因为但以理书被放在"圣书"，就下结论说它是公元前第二世纪的作品呢？

---

[53] Raven, op. cit., 41; R. K. Harrison, *Introduction to the Old Testament* (Eerdmans, 1969), 1123.

[54] 梅力多（Melito）是撒狄的主教。

[55] 杨以德，418。

[56] 其实，新约圣经有时候把旧约圣经只划分为两部分（而不是三部分），例如"律法和先知"（路十六16）；主耶稣在约翰福音第十章卅四节也说："你们的律法上岂不是写着"，这"律法"却指诗篇（诗八十二6）。故此，我们不能说，旧约圣经只分为"律法""先知书""圣书"三部；夏里斯，《圣经的灵感与正典》（香港：种籽，1976），55 - 66。俄利根和以柔米也把但以理书列入"先知书"中。

[57] E. Jenkins, *The Authorship of Daniel* (Th. M. Thesis, Talbot Theological Seminary, 1955), 23.

[58] Driver, op. cit., 447.

（二）便西拉智训书(59)

便西拉于公元前200至前170年间撰写了智训书，其内容是以“智慧”为出发点，探讨宗教、国家的法律、社会和家庭的制度、待人处世的方法。便西拉在智训书后半部描述许多旧约人物（尤其是第四十九章论述耶利米、以西结和十二位先知），却没有提及但以理。主张但以理书写于公元前第二世纪的学者因此推论：当便西拉写智训书时，但以理书还未写成，它是公元前170年后的作品。(60)

有关这种说法，我们要注意三件事：

（1）智训书提到许多伟人，包括以诺、挪亚、亚伯拉罕、以撒、雅各、摩西、亚伦、非尼哈、大卫、约书亚、迦勒等，但也有许多名人它没有提及，例如以斯拉、末底改、约伯、士师记所有士师等等。便西拉只随自己的喜欢列下一些伟人，这并不表明：第一，他没有列出的伟人并不存在；第二，他没有列出的伟人是在他写完智训书后才出现，就如他没有包括以斯拉在他列出的名单内，这并不证明以斯拉是虚构的人物，或以斯拉比便西拉迟出现；(61)更不能因此下结论，以斯拉记是写于智训书之后。

（2）如果我们研究便西拉的名单，便可发觉他不重视那些在犹大国土以外有贡献的伟人，例如往尼尼微传道的约拿、书珊城的末底改。(62) 另一方面，就算在他名单内提到的人物，他也不重视这些人在犹大国以外的遭遇，例如亚伯拉罕下埃及，雅各、约瑟在埃及的经历都只字不提，甚至连摩西在埃及长大的事也全不提及。故此，他不提说在巴比伦的但以理，并不等于但以理在他以后才出现。

（3）就算便西拉不知悉但以理书的存在，这也不能证明它当时未写成，因便西拉不一定熟悉当时所有的作品。

---

(59) 便西拉（Jesus ben Sirach）是智训书（Eccleiasticus）的作者，天主教称这本次经为德训篇。

(60) Prince，16.

(61) McDowell，43.

(62) Wilson，54－55；便西拉却有提及在巴比伦生活的以西结，可能因为他工作对象乃是在犹太地的余民。

(三) 神学思想

学者认为但以理书论述天使和复活的真理,表明它是被掳归国后的作品,因这两方面的讨论都比较旧约其他书卷精深得多。[63] 而且,但以理书有关这两方面的真理与公元前 100 年的以诺壹书相似,故但以理书应是公元前第二世纪的作品。

这种观点存在几个问题:

(1) 有关天使的讨论,但以理书和以诺壹书相似之处只是他们都提及加百列和米迦勒的名字;其他方面,以诺壹书所提供的资料远超过但以理书。

(2) 复活的教义在旧约的一些地方也有提及,尤其是以赛亚书第廿六章十九节(还有列王纪上第十七章、列王纪下第四章)。另一方面,但以理书论及复活,与以诺壹书第廿五章九十节和第三十章的讨论截然不同。

(3) 这观点假设了圣经记载的教义是不断进化得来的,包含有比较精深的教义和著作都属于后期;这种假设是否正确呢? 例如摩西时代中东一带都相信多神论,而摩西五经却提出一神论的思想,是不是就表明摩西五经不是摩西的作品呢? 上帝可否把独一真神的道理向摩西启示呢(虽然他同时代的人都相信多神的存在)? 其实,学者们有时候判断某一卷书为后期作品,论据仅是它包含了后期才频繁出现的教义;但又怎样可判断某教义属于后期呢? 他们的回答是,该教义频繁出现于后期的书卷内。这种"兜圈子"的思想犯了"循环论证"的逻辑错误。[64]

(4) 其实但以理书对天使的描述与撒迦利亚书类似,它们的写作日期不会相差太远(撒迦利亚是在公元前 520 年左右作先知);[65]另一方面,但以理和以西结对天使的刻画也十分接近,[66]这更证明但以理书(像以西结书)都是公元前第六世纪的作品。

---

[63] Driver, op. cit., 477.
[64] Wilson, 155.
[65] P.C. Craigie, *The Twelve Prophets*. II (St. Andrew, 1985), 154-155.
[66] Harrison, op. cit., 1131.

(四) 启示文学

但以理书(尤其是第七至十二章)和启示录都是启示文学。(67) 除了这两本外,旧约以赛亚书第廿四至廿七章、以西结书第卅八至卅九章、撒迦利亚书第九至十四章、新约马太福音第廿四章、马可福音第十三章、路加福音第廿一章都蕴藏了浓厚的启示文学色彩。两约之间所产生的次经和伪经有许多启示文学的作品,例如巴录书、禧年书、以诺壹书、十二列祖遗训、摩西升天记、亚当夏娃传、所罗门诗篇等。(68)

启示文学的特点包括:(69)(1)多数是记下一个伟人所见的异象或做梦的经历。(2)他在异象中看见将要发生的正邪大冲突。(3)他的描写蕴藏了许多的象征(如"动物""数字"和"天空上的变化")。(4)这种作品多数在迫害中孕育而成,目的乃是鼓励和安慰一群受迫害的人。(5)这些作品与先知书最大分别就是很少提"耶和华如此说",又缺少伦理方面的教导。

主张但以理书是写于公元前第二世纪的学者认为:但以理书既是一本启示文学,而产生启示文学最多的乃是公元前第二和前第一世纪(就是次经和伪经出现的日期);故此,但以理书应是公元前第二世纪写成。

这说法有下列可质疑之处:

(1) 如果我们接受但以理书的一致性,把第一至十二章看为一体,则第一至六章明显与公元前第一和第二世纪的启示文学截然不同。但以理书与撒迦利亚书相仿,都是分两大部分,只有第二部分才是启示文学。(70) 故但以理书和撒迦利亚书写作时期比较接近(公元前第六

---

(67) 唐佑之,2;有关启示文学的背景和神学,参 R. J. Bauckham, "The Rise of Apocalyptic," *Themelios*, 3:10-23.

(68) 有关这些书卷的内容,参谢友王,433-501;他把"伪经"(Pseudepigrapha)翻作"托名外典"。

(69) 有关启示文学各种特色,参 C. M. Kempton Heuitt, "Guidelines to the Interpretation of Daniel and Revelation," in *Dreams, Visions and Oracles* (Baker, 1977), 103-105; L. Boadt, *Reading the Old Testament* (Paulist, 1984), 513-514,他列出启示文学十四种的特色; G. W. Machae, "Eschatology," in *A Pastoral Guide to the Bible* (Gill and Macmillian, 1979), 62-64; H. McKeating, *Studying the Old Testament* (Epworth, 1979), 202-210.

(70) Baldwin, 50; J. B. Green, *How to Read Prophecy* (IVP, 1984), 63-64.

世纪)。

(2) 但以理书除了结构方面与公元前二世纪的启示文学不相同之外,还有三方面的不相同:第一,但以理书强调道德方面的教训(四27,五20～23,六4,九1～20,十一32～35,十二10)。第二,但以理书没有太多描写天空和大地的变化(如日月变色、地震等)。第三,但以理书少提"到那日"。

(3) 无疑,公元前第四至前第二世纪,犹太民族的启示文学最为发达,这却不是说任何启示文学都是这时期的产品,因为圣经早期已有启示文学了(就如以赛亚书第廿四至廿七章、以西结书第卅八和卅九章),连一些赞成但以理书是公元前第二世纪作品的学者都承认,启示文学源于公元前第六世纪或更早期,[71]其实远在公元前第十二世纪(1126 - 1105 B.C.),已有类似但以理书第八章廿三至廿五节和第十一章三至四十五节的启示文学作品出现。[72] 总括来说,我们不能因为公元前第二世纪有较多启示文学的作品,便坚持但以理书必是此时期的产品。[73]

(五) 语言问题

但以理书第二章四节下半至第七章廿八节是用亚兰文字的,其他用希伯来文。作者为何采用两种文字,原因不详。(1)有学者认为本书原用希伯来文写成,后来其中一部分遗失,故用亚兰文的译本填补。[74] (2)有说本书原是亚兰文,希伯来文那部分是译本。[75] (3)有猜想作者先用亚兰文,为一般普罗大众写第二至七章;后用希伯来文撰写第八至第十二章,再用希伯来文写第一章作为全书的引言,用希伯来文是针对

---

[71] F. M. Cross, "New Directions in the Study of Apocalyptic," *JTC* 6:161f.
[72] 就是所谓"朝代式的预言"(Dynastic Prophecy);参 A. K. Grayson, *Babylonian Historical-Literary Texts* (Toronto, 1975), 13 - 27; Baldwin, 55 - 59.
[73] 唐佑之(3)这样说:"虽然启示文学的发展确是在公元前与公元之二、三百年时间内,然而在任何历史阶段中都会出现,因为神常会进一步启示他历史的计划。"
[74] 杨以德,426。
[75] Ginsberg, 38 - 61; Hartman, 14 - 15;这说法假设本来的希伯来文不是很好的希伯来文,而且不大流畅,故是翻译;Davies, 36.

犹太人的知识分子。(76) (4)有假设作者本来是用希伯来文写的,但到了第二章,因尼布甲尼撒说话本用亚兰文,故直接用亚兰文字。(77) (5)而赞成本书是出自不同作者的手笔,就会假设不同的文字代表背后不同的作者。

虽然我们不知道为什么作者采用两种语言撰写但以理书,有两件事不能忽略:(1)被掳的犹太人是说亚兰文的。亚兰文在波斯和希腊帝国初期乃是中东的国际语言,有如今日的英语。第二至七章因论及各大帝国和外邦君王的事情,用亚兰文写很合常理。第一、第八至十二章却着重于犹大亡国,以及犹太人会受的迫害,用希伯来文写甚为适切。(2)上古时代的文学作品有时候会采用所谓 ABA 的形式,(78)例如汉谟拉比法典的引言和结束是用诗体,中间的法律却用散文;约伯记的引言和结束用散文,中间的辩论却是诗体。所以,但以理书开始(一 1～2、4a)和结束(八～十二章)用希伯来文,中间(二 4b～七 28)用亚兰文,这也符合 ABA 的格式。此外,正如上文所指出,第二至七章本身也反映出 ABCCBA 的格式(第二和第七章,第三和第六章,第四和第五章的内容都相似)。

学者究竟怎样用本书的语言证明这是公元前第二世纪的著作呢?

(1) 亚兰文

他们认为本书部分用亚兰文写,而亚兰文是比希伯来文较后通用的语言,证明本书是后期的作品。

这说法忽视了几件事:第一,创世记第卅一章四十七节和耶利米书第十章十一节都包括了亚兰文。第二,以斯拉记第四章八节至第六章十八节也是用亚兰文写的。第三,列王纪下第十八章廿六节表明远在公元前第八世纪,亚兰文已是国际间通用的语言。第四,根据考古学发掘的结果,我们知道巴比伦宫廷的官方语言乃是亚兰文。(79)

故此,公元前第六世纪的巴比伦高官但以理用亚兰文写文章,是绝

(76) Rowley, op. cit., 249 - 280.

(77) Davies, 36.

(78) C.H. Gordon, *The World of the Old Testament* (London, 1960), 83.

(79) IBD, 878.

对有可能的。我们不能因为但以理书部分是用亚兰文写的,便硬说它是公元前第二世纪的作品。

(2) 西部的亚兰文

第十九世纪末,许多学者认为但以理书的亚兰文是一种较后期的西部亚兰文,[80]就是公元前第三至前第二世纪在巴勒斯坦地所用的,而不是巴比伦和波斯帝国用的那种"东部亚兰文"。故此,但以理书是一位居住在巴勒斯坦的犹太人撰写,而不是公元前第六世纪被掳到巴比伦的但以理所写。

这说法现已不为人接受,因为上一世纪的学者只拥有极少的亚兰文资料,而过去几十年考古学家发掘出大量用亚兰文字写的文献,证实由公元前 600 至前 300 年,中东各地都采用一种"皇家的亚兰文",[81]就是但以理书和以斯拉记所用的;[82]这种亚兰文源于东方的巴比伦和波斯。[83]

另一方面,但以理书的亚兰文有一些拼字和文法结构比较特别,[84]赞成本书是公元前第二世纪作品的学者,用它来强调本书不可能是公元前第六世纪所写。现在,学者们发现这些特殊的拼字和结构类似乌加列(Ugarit)文献中的亚兰文(乌加列文献是公元前第十五世纪的著作),故不可能用它证明本书是属于公元前第二世纪;[85]况且,但以理书所用的亚兰文有百分之九十在公元前第五世纪用亚兰文写的文献中出现过。

死海古卷于 1947 年被发现时,学者们就留意到但以理书的亚兰文与公元前第二和前第一世纪死海古卷的亚兰文截然不同,[86]这又一次

---

[80] "Western Aramaic," Driver, lix.
[81] "Imperial Aramaic," Baldwin, 31.
[82] K. A. Kitchen, "The Aramaic of Daniel," in *Notes on Some Problems in the Book of Daniel*, D. J. Wiseman et al. (Tyndale, 1965), 33.
[83] Raven, op. cit., 326; G. L. Archer, *A Survey of Old Testament Introduction*, 389.
[84] 例如许多地方都用[d]代替了[z](就像 dehav 代替 zehav);有关但以理书的亚兰文与伊里芬田文献的类似,参 Harrison, op. cit., 1125。
[85] 杨以德,421。
[86] Archer, op. cit., 378; G. L. Archer, "The Aramaic of the Genesis Apocryphon Compared with the Aramaic of Daniel," in *New Perspectives on the Old Testament*, ed. Barton Payne (Word, 1970), 169.

表明我们不能用但以理书的亚兰文去确定它的写作日期。

（3）波斯字

本书有二十一个波斯字。学者们提出本书所提到大部分的日期都是在波斯帝国兴起以前，如果但以理在巴比伦时代撰写本书，不可能采用波斯字。

这说法最基本的问题，就是假设但以理书是在巴比伦时代完成的，其实，第十章一节告诉我们，但以理看见最后一个异象是在居鲁士王第三年，故他撰写此异象的时间一定在见异象之后，就是在波斯国期间。所以，毫无疑问，本书一定是在波斯朝代完成，故但以理采用一些波斯字汇实不足为奇；何况，他曾在波斯皇朝任高官，自然精通波斯文。

另一方面，这些波斯字多数与"官衔"和"国家政制"有关；但以理在他著作中用专有的波斯字描述官衔和政制，叫读者更易明白。再者，根据一位学者研究的结果，我们知道这二十一个波斯字乃是"古波斯字"，是公元前 300 年以前所流行的（即便是公元前第二世纪七十士译本的译者都不能完全明白这些波斯字的意思），[87]故但以理书不应是公元前第二世纪的作品。

（4）希腊字

本书第三章五节采用了三个希腊字，[88]都是乐器的名称，学者们因此下结论说本书是公元前第二世纪写成，故此搀杂了希腊字。

这说法忽视了希腊文化远在公元前第八世纪开始已传入中东，[89]亚兰文借用一些希腊乐器名称是很自然的，就如英文借用意大利文的"钢琴"一字、中文借用英文的"凡雅铃"。[90] 我们没有任何证据显示，但以理书所用的三个希腊字是在亚历山大之后才被使用。

另一方面，我们知道公元前 206 年在巴勒斯坦的犹太人已开始说

---

[87] Kitchen, op. cit., 35-44.
[88] 这三个希腊字和合本翻作"琵琶""瑟""笙"。
[89] Baldwin, 33；根据哥顿博士的看法，希伯来和希腊文化都受迦南本地文化影响，故许多地方都相同；C. H. Gordon, *The Common Background of Greek and Hebrew Civilizations* (Norton Library, 1965), 9-21, 128-205.
[90] 英文的"钢琴"(piano)源自意大利文，中文的"小提琴"以前根据英文的 violin 译作"凡雅铃"，中文的"盘尼西林"也是音译自英文的 Pennicillin.

希腊话;(91)事实上,在巴勒斯坦地掘出来属于公元前第二世纪的碑文,差不多全部是用希腊文刻的。(92) 故此,如果但以理书是一位居住在巴勒斯坦的犹太人于公元前 167 至前 165 年所写,为什么本书只有三个希腊字呢?(93)

(5)希伯来文

主张但以理书写于公元前第二世纪的学者,认为本书的希伯来文属于后期的希伯来文,比尼希米记的希伯来文还迟很多,故此本书不可能是公元前第六世纪的作品。(94)

这说法近年来已被推翻,因为:第一,但以理书的希伯来文与同时代旧约经文的希伯来文没有什么大的分别,可能但以理是在巴比伦受教育,且常用巴比伦文、亚兰文、波斯文,故用希伯来文所写出来的著作与一个只懂希伯来文的作者稍有分别。(95) 第二,但以理书的希伯来文,与公元前第二世纪便西拉智训书的希伯来文有很大的差别,(96)表明本书不是该时代的作品。

总括来说,但以理书的希伯来文不可以用来证明,本书写于公元前第二世纪。(97)

(六) 历史问题

主张但以理书属于公元前第二世纪的学者,指出本书有关公元前第七、前第六及前第五世纪的史实有很多明显的错误,而公元前第三和前第二世纪的大事却记载得十分准确。所以,作者一定是活在公元前第二世纪的人,不大熟悉公元前第七至前第五世纪的史实。(98)

他们提出下列的错误:

---

(91) M. Hengel, *Judaism and Hellenism*. V.I. (Fortress, 1974),104.

(92) Ibid., 58.

(93) E. Yamauchi, *Greece and Babylon* (Baker, 1967),94.

(94) Driver, op. cit., 473.

(95) W.J. Martin, "The Hebrew of Daniel," in *Notes on Some Problems in the Book of Daniel*, D.J. Wiseman et al. (Tyndale),28-30.

(96) G.L. Archer, *A Survey of Old Testament Introduction*, 378.

(97) 杨以德(421)认为但以理书的希伯来文可能曾被以斯拉润饰。

(98) 旧释,3。

（1）"约雅敬在位第三年"（一 1）⁹⁹

他们提到两种错误：第一，历史没有记载尼布甲尼撒曾于公元前605年攻打耶路撒冷。第二，耶利米书第四十六章二节指出迦基米施大战乃在约雅敬第四年，如果尼布甲尼撒于大战结束后由埃及回国路经耶路撒冷，也应是约雅敬在位第四年。

有关这方面的解答，参考第一章一节的诠释。

（2）"迦勒底人"（二 2、4～5、10）

他们认为此处的"迦勒底"人不是指迦勒底族的人民，乃指国中的"哲士"，而这狭义的用法是巴比伦亡国后（公元前第四世纪）才演变出来的，但以理书的作者因此不会是公元前第六世纪的但以理。

这说法有下列的问题：第一，但以理书也用"迦勒底人"一词描述迦勒底的人民（一 4，三 8，五 30，九 1）。⁽¹⁰⁰⁾第二，公元前450年的史学家希罗多德提到"迦勒底人"一词在居鲁士时代可指"祭司"。⁽¹⁰¹⁾第三，"迦勒底人"一词源于苏美尔文，根据一些公元前688至前648年的苏美尔文碑文，我们可知该词当时已有"哲士"的意思。⁽¹⁰²⁾

故此，但以理书的作者用"迦勒底人"描述哲士，一点也不奇怪；我们没有任何证据显示，公元前第六世纪的人从没有用这词称呼"哲士"。

（3）"他〔尼布甲尼撒〕被赶出离开世人，吃草如牛"（四 33）

他们指出历史上并没有提到尼布甲尼撒疯癫一事，证明但以理书的作者弄错了，他们认为疯狂的乃是拿波尼度。

这说法不准确；因为：第一，此处的记载与"拿波尼度祷文"描写拿波尼度的疯狂截然不同（可参考第四章的总结）。第二，优西比乌曾指出尼布甲尼撒有一段日子，"被某种东西所迷，上到皇宫顶上说预言，说了以后，就失踪了"，这吻合他被赶离世人的情况。⁽¹⁰³⁾第三，毕斯罗也说

---

⁹⁹ B. W. Anderson, *The Living World of the Old Testament*（Longman，1978），581.

⁽¹⁰⁰⁾ BDB（1098）却认为第三章八节"几个迦勒底人"乃指几个哲士，这不是最自然的解法。

⁽¹⁰¹⁾ 杨以德，414；希罗多德（Herodotus）在他的著作 *The Histories*，181‑183 论及这些祭司在节期的烧香一千他连得。

⁽¹⁰²⁾ 有关苏美尔文的〔Gal-du〕怎样演变为〔Kasdîm〕，特别是〔l〕变为〔s〕的过程，参 Wilson，382.

⁽¹⁰³⁾ 优西比乌（Eusebius）是引用阿庇底奴（Abydenus）的一段话；杨以德，415。

尼布甲尼撒作王四十三年以后,在开始建造城墙时,患病死亡;而他用的"患病死亡"一词乃描写尼布甲尼撒被一种很特别的病魔侵袭。[104] 第四,即使历史对尼布甲尼撒疯癫一事只字不提,也不能因此断定但以理书的作者弄错了。

(4)"伯沙撒王"(五1)

他们提出两方面的质难:第一,为什么伯沙撒被称为"王"? 第二,为什么他称尼布甲尼撒为"我父"(13节)?

伯沙撒被称为"王"没有什么不妥,因他代父王在巴比伦摄政十年,对于在巴比伦城居住的犹太人来说,他就是巴比伦国的王(参五1的注释)。

伯沙撒是拿波尼度的儿子,故严格来说,尼布甲尼撒不是他的父亲。此外,希伯来文和亚兰文的"父"一词有多方面的涵义,包括祖先、祖父、父老、师傅等,[105]而伯沙撒的母亲乃是尼布甲尼撒的女儿,故尼布甲尼撒本是伯沙撒的外祖父,伯沙撒称前者为"我父"(可指"我的祖父")最恰当不过。另一方面,巴比伦的皇帝惯称王位继承者为"我儿",无论二人是否有血统的关系;所以,伯沙撒称以前的皇帝尼布甲尼撒为"我父"也很适切。[106]

考古学的发现证实伯沙撒实有其人,学者们不能再说但以理书的作者因为活于公元前第二世纪,故误把伯沙撒当作拿波尼度。

(5)"玛代人大流士"(五31)

他们指出这是但以理书历史记载最严重的错误;[107]因为:第一,攻取巴比伦的乃是居鲁士,不是大流士;第二,亚哈随鲁的儿子是亚达薛西一世(九1),而不是大流士。他们因此认为但以理书的作者不大熟悉波斯的历史,把居鲁士、大流士一世(公元前522至前486年作王)、亚达薛西一世几个皇帝混淆,"玛代人大流士"根本不存在。

究竟这个"玛代人大流士"是谁呢? 历史上有没有这个人呢? 根据但以理书的记载,第一,他是玛代人(五31,十一1)。第二,他六十二岁

---

[104] 杨以德,416。
[105] 以利沙称以利亚为"我父"(王下二12)。
[106] Archer, op. cit., 382–383.
[107] Rowley, op. cit., 9.

时攻取了迦勒底国(五 31)。第三,他曾下禁令不准人在三十日内向神明或其他人祈求,他颁布的禁令不能更改(第六章)。第四,但以理在大流士在位和波斯王居鲁士在位的时候大享亨通(六 28)。第五,他是玛代族人,父亲是亚哈随鲁(九 1)。第六,他是被"立"为迦勒底国的王(九 1)。

"玛代人大流士"可指历史上两个人物。

(a) 他是居鲁士手下巴比伦的省长迦巴鲁,"大流士"乃是他的波斯名字。(108) 支持这说法有几个理由:第一,考古学家发掘出来的文献证实,迦巴鲁在巴比伦担任省长一职。(109) 第二,他被居鲁士王指派出任巴比伦的省长,与第九章一节的"立为迦勒底国的王"相吻合。第三,他有两个名字(迦巴鲁和大流士)是很平常的事,就如亚述王提革拉毗列色又名普勒一样(王下十五 19～29)。第四,居鲁士王准许巴比伦犹太人归国的谕旨,是在玛代省亚马他城宫内寻回的(拉六 1),可能是迦巴鲁只做省长几个月,便把责任交给另一个官员哥巴亚施,他离开时把重要的文件(包括居鲁士的谕旨)一同带走,放在玛代省首府亚马他城内。(110)

可是,这理论未能解决三大问题:第一,迦巴鲁只是一个省长,怎可以称为"王"(六 2)? 第二,他作为一个省长,怎可以"随心所愿,立一百二十个总督","又在他们以上立总长三人"(六 1～2)? 第三,没有任何证据显示他是玛代人,父亲名叫亚哈随鲁。

(b) 他就是波斯王居鲁士,"大流士"乃是他另一个名字。(111) 这理论有几个理由支持。第一,居鲁士王统治玛代-波斯,故可算为"玛代族人"(拿波尼度于公元前 546 年也被称为"玛代王")。其实,希罗多德认为居鲁士的母亲是一个玛代公主,居鲁士因此算为"玛代人"。第二,他

---

(108) 主张"玛代人大流士"就是迦巴鲁(Gubaru)最出名的学者是韦琴博士,参 J. C. Whitcomb, *Darius the Mede* (Prebysterian and Reformed Publishing Co., 1975, third printing).

(109) Ibid., 10 - 16.

(110) A. Hsieh, *Some Problems in the Aramaic Portions of the Book of Daniel* (Th. M. Thesis, Talbot Theological Seminary, 1961), 144 - 145.

(111) 英国楔形文字权威威斯曼是这理论的倡导者;D. J. Wiseman, "Some Historical Problems in the Book of Daniel," in *Notes on Some Problems in the Book of Daniel*, D. J. Wiseman et al. (Tyndale, 1965), 9 - 18.

侵占巴比伦城年约六十二岁。第三，第六章二十八节“这但以理当大流士王在位的时候，和波斯王居鲁士在位的时候，大享亨通”可作“这但以理当大流士在位的时候，即是波斯王居鲁士的时候，大享亨通”。其实，第一章三节“从以色列人的宗室和贵胄中”，应作“从以色列人的宗室，即是贵胄中”；第六章九节原文作“文件与谕令”，第十节却说“文件”，故第九节可作“文件，即谕令”，(112)第七章一节“在床上做梦，见了脑中的异象”也可作“在床上做梦，即是脑中见的异象”。(113) 事实上，把第六章廿八节的“和”视作“即是”，也是历代志上第五章廿六节应有的翻译（和合本“以色列的上帝激动亚述王普勒和亚述王提革拉毗列色的心”；现中“上帝使亚述皇帝普勒（又叫提革拉毗列色）来侵略他们”；吕本：“以色列的上帝激动了亚述王普勒的心，就是亚述王提革拉毗列色的心”）。(114) 第四，七十士译本把第十一章一节的“当玛代王大流士元年”翻作“当居鲁士王元年”。第五，当称呼居鲁士为大流士时，加上“玛代人”一词，免得与公元前 522 年作王的“大流士一世”混淆，因后者常被称为“波斯王大流士”（尼十二 22）。第五，“亚哈随鲁”（九 1）可以是一个皇帝的称号（如法老、凯撒），不一定是人名。(115)

虽然这理论有不少优点，但它有一个很难解决的问题；为什么作者在但以理书内要用两个名字去描写一个人呢？第一章廿一节称他为“居鲁士”，第五章卅一节却叫他作“玛代人大流士”呢？

虽然我们不能百分之一百肯定谁是“玛代人大流士”，我们仍可下结论说：赞成本书是公元前第二世纪作品的学者并没有足够证据，坚持历史上没有“玛代人大流士”这个人（他们以前也否认历史上有伯沙撒），也不能说本书的作者不熟悉波斯帝国的历史，故他不是活在公元前第六世纪。

（6）第十一章的预言

他们认为第十一章的预言，尤其是与公元前第三和前第二世纪有

---

(112) Baldwin，27.

(113) Barr，373.

(114) 思高：“天主激起了亚述王普耳，即亚述王提革拉特丕肋色尔的心。”

(115) Wiseman 15；约瑟夫在他的《犹太古史》也暗示“亚哈随鲁”乃是亚士帖基的皇号。

关的预言惊奇地准确和太详细，故它不是预言，乃是目击者在事后用预言的形式写出来。⑯

乍看之下，问题好像围绕着上帝能否在公元前第六世纪，清楚预言公元前第二世纪要发生的事？其实，学者并不一定反对全能的上帝可以这样做，只是他曾否这样做？⑰

他们觉得上帝并没有藉着公元前第六世纪的但以理，详细预言公元前第二世纪安提阿哥四世的事情，因为这些事对于公元前第六世纪但以理的同胞意义不大，太遥远，没有切肤的感觉。

有几件事值得注意：第一，但以理书用这么多的篇幅，论及安提阿哥四世，因他乃是犹太人历史中第一个在信仰问题上残酷迫害他们的外邦王。第二，如果说第十一章的记载对公元前第六世纪的犹太人来说无关痛痒，那么，第二、第七、第八、第九章的记载岂不是同样与他们关系不大？第三，设若本书真是公元前第二世纪的作品，第一、第三、第四、第五、第六章的记载与公元前第二世纪巴勒斯坦的犹太人又有何关系呢？难道他们会愿意像但以理和三友一样去侍候外邦君王？他们会承认外邦君王可以像尼布甲尼撒和居鲁士那样善待犹太人吗？他们会盼望安提阿哥四世像第四章的尼布甲尼撒悔改吗？而且，这几章记述犹太人采用了"被动的抵抗"去回应异邦君王的迫害，岂不是正与马加比革命的哲学成了最强烈的对比吗？第四，但以理书本身指出它的内容是有关将来的事，"故要封闭，等候应验"（二 29，八 26，十二 4、9）。第五，对于公元前第六世纪被掳到巴比伦的犹太人来说，第七至十二章的内容蕴藏着丰富的意思，因为他们可透过这几章了解到上帝掌管万有，一切与上帝作对和迫害上帝子民的敌人都会被他审判和刑罚；因此，他们只需在困境中保持对他的忠贞和倚靠。他们所受的苦难原有炼净的作用，且不会超过上帝所定的时间。另一方面，这本写于公元前第六世纪的但以理书，对于安提阿哥四世时代的犹太人也有莫大的意义，它带给他们极大的鼓励和劝勉，特别是它一再强调，上帝是掌管历

---

⑯ Ex eventu prophecy；张明佑等，《与希伯来哲士对话》（台湾：长老会青年事工委员会，1980），146。

⑰ 问题不是"他能否"（Could He），乃是"他曾否"（Did He）？

史的神，迫害他们的暴君，上帝早已预先知道，也会按他的时候加以干预。[118]

(7) 但以理真有其人吗？

赞成本书是公元前第二世纪作品的学者，不少是主张但以理只是一个传说中的虚构人物，因为旧约其他地方（包括被掳后的书卷）都没有提到他，只有以西结书两次把他和挪亚、约伯共列（结十四 14、20），也说但以理是一个智者（结廿八 3）。他们认为以西结的描述暗示但以理是位远古时代公义、智慧的人物，应是乌加列文献中那位公元前第十四世纪的但以理王，他以公义和智慧驰名；[119]以西结用这位古代闪族传奇人物作为公义智慧的典范。而但以理书的作者就利用以西结所塑造但以理那公义智慧的形象，鼓励公元前第二世纪的犹太人效法但以理的智慧和忠贞。[120]

福音派的学者有些认为以西结书所提的但以理不是乌加列文献的但以理王，[121]但也有学者同意他们是同一个人。[122] 无论如何，就算以西结书所记述的但以理不是但以理书的主角，仍不能因此下结论，说但以理书的主角只是一个传说中的人物。

其实，犹太人素来都以但以理为一个历史上的人物。约瑟夫的犹太古史中，有两篇是记载但以理的事迹，且指出但以理是一个伟大的先知，是犹大王西底家的后代。[123]马加比革命党的创始人马他提亚临终时，劝勉子孙效法但以理，指出"但以理因着自己的纯洁，才从狮子口中获救"（马加比壹书二 60）。[124] 当然，最重要的是主耶稣论及但以理（太廿四 15），就像论及摩西一样（太十九 8）。[125] 另一方面，"但以理"本是

---

[118] 华勒斯，15。
[119] 谢秀雄（135）指出乌加列文［Dnl］可发音为"Dan'el"或"Danil"，前者乃与圣经的但以理同一的字，后者却是乌加列王的名字，也是以西结书采用的拼法。
[120] 同上。
[121] Walvoord, 19；他反对以西结书所提到的但以理乃是乌加列文献所记载的但以理，因后者是拜巴力偶像的。
[122] *ZPEB*，II，23。
[123] Josephus, *Antiquities* X, 10；11。
[124] 希伯来书第十一章卅三至卅四节也暗示但以理的确存在过。
[125] 思高，38。

犹太人常用的一个名字;大卫王有一个儿子名叫但以利(代上三 1),以斯拉记第八章二节也提到一个祭司名叫但以理。

有一件事值得留意,就是但以理和约瑟生平类似:第一,约瑟被卖到埃及,但以理被俘掳到巴比伦。第二,约瑟不敢犯罪得罪上帝,但以理也不敢妥协、对上帝不忠。第三,约瑟因为不肯得罪上帝而被下在监里,但以理也同样被丢在狮子坑中。第四,约瑟后来冤情大白,升为宰相,但以理也被救出狮子坑,为王器重。第五,约瑟有智慧为法老解梦,但以理有智慧为王解梦与读墙上隐晦难明的字。[126]

我们相信但以理正如他的著作所描述,乃是公元前第六世纪在巴比伦任高官的一位犹太人,就如约瑟在埃及作宰相一样。

(III) 结论

(1) 如果我们认为但以理书不是他自己的作品,怎样解释作者冒认但以理的问题呢?虽然学者会说,冒认别人乃是公元前第二世纪启示文学的特征,[127]但这些借用假名的启示文学并没有列入圣经正典里面。我们可否接受旧约圣经有冒充别人名字的作品?[128] 新约圣经的启示录是一本启示文学,却没有借用别人的名字,使徒约翰清楚表明他就是作者。

让我们借用杨以德博士一段很严峻的话:"但以理书意味着本书乃是严肃的历史,它声称是从天上的上帝而来的启示,是与人类和各国将来的幸福有关。如果本书作于马加比时代,目的只是要坚固那个时代之人的信心,但故意使人在印象中认为作者乃是一位前第六世纪的犹

---

[126] 有关但以理、约瑟,以及智慧文学的关系,参华勒斯,20 - 21;关于但以理和约瑟的比较,可比较下列经文:但一 4 与创四十一 2("没有残废"与"壮");但一 10 与创四十 6("肌瘦"与"愁闷");但一 9 与创卅九 21("蒙恩惠"与"蒙恩");但一 17 与创卅七 5~10("梦兆");但一 20 和创四十 5~8(但以理和约瑟的智慧胜过巴比伦和埃及的术士)。

[127] P. F. Ellis, *The Men and The Message of the Old Testament* (Liturgical, 1975),534; D. Aune, *Prophecy in Early Christianity and the Ancient Mediterrean World* (Eerdmans, 1983),109 - 110.

[128] 有人或会觉得传道书的作者也是冒充所罗门,这忽视了:第一,传道书可能真是所罗门所写;第二,传道书的作者从没有自称为所罗门;J. G. Baldwin, "Is there Pseudonymity in the Old Testament," *Themelios* 4:6 - 12.

太人但以理,那么不管我们是否喜欢,本书都是一个骗局。冒名写一篇小说是一件小事,但冒名写一篇自称为上帝的启示,与人类的行为有关,并归入圣经正典的原则完全是另一件事。"[129]

(2) 无可否认,上古犹太人对于"作者"的定义与我们现代人的看法并不相同。根据他们的定义,但以理可以先撰写了本书大部分的内容,后来虽有编者在圣灵感动下(可能不止一个)加以修订,但以理仍算是本书的作者。杨以德博士也承认:"但以理用希伯来文写成的那部分被以斯拉和文士们加以现代化了,用亚兰文字写成的那一部分也能有同样情形。"[130]

(3) 圣经不重视书卷的作者,只要我们注意书卷中的信息,难怪不少旧约书卷,我们都不能肯定作者是谁。

陆 但以理书的版本

(I) 版本与译本

就现存的马索拉抄本来看,[131]但以理书希伯来文部分比起亚兰文较为完好。死海古卷的但以理抄本和现存的马索拉抄本十分接近。[132]

七十士译本与马索拉抄本颇有出入,可能是所依据的原文是另一版本,或意译而非直译。[133]

拉丁文译本与马索拉抄本接近;耶柔米所依据的原本与现存的马索拉抄本没有太大差别,他也采用了七十士译本的一些翻译。[134]

叙利亚文译本约于公元 250 年完成,主要是依据马索拉抄本翻译

---

[129] 杨以德,410-411.
[130] 杨以德,421;思高(50-51)认为在波斯国初期有关但以理和他同伴的轶事已著作成书(第一至第六章),到了公元前第二世纪,有一位编订者把但以理的轶事与他写的文章(第七至第十二章)合订为一书。
[131] 马索拉抄本(Massoretic text)乃是旧约最可靠的抄本。
[132] Baldwin, 69. F. M. Cross, "Editing the Manuscript Fragments from Qumran," *BA*, 19: 86.
[133] 有关但以理书的希腊文翻译,最详尽的讨论是 Montgomery(24-29,35-55);Hartman(76-84)有很多较新的资料。
[134] Hartman, 75.

的,但也受七十士译本的影响。⑬

(II) 译本附加的材料

七十士译本包括了一些附加的资料:

(1) 在第三章廿三节后面加插了六十八节经文(参第三章的总结)。

(2) 在第十二章后面加添了第十三章,就是著名的苏撒拿传(Story of Susanna)。故事说到一位敬虔的犹太妇人被两位垂涎于她美色的长老恐吓,诬告她犯了淫乱的罪,结果被判处死刑。就在最紧急的关头,少年的但以理出现;他用机敏的询查揭穿了两位长老的假面具,证实他们恶意诬告苏撒拿。在场的犹太人都感谢上帝拯救全心信靠他的苏撒拿,又把两位长老杀死。这故事强调苏撒拿的贞洁和上帝奇妙的拯救。

(3) "彼勒"的故事属于十四章一至廿二节。⑭ 传说当居鲁士王在位的时候,巴比伦人敬奉一个神明名叫"彼勒",每天都献上多种的祭品。居鲁士王询问但以理为什么不敬拜"彼勒",但以理说他只敬拜又真又活的耶和华。居鲁士王回答:"彼勒"也是一位活神,因他每天把供奉的祭品都吃光。但以理却指出祭品乃是给那七十位"彼勒"的祭司吃光;居鲁士不相信,于是但以理晚上在庙中的土地上撒下粉末;翌日,粉末上布满了祭司和他们家人的脚印,显然是他们前一天晚上入庙偷食祭品所留下的。居鲁士王大怒,下令杀死全部"彼勒"的祭司,又让但以理将庙和庙中的"彼勒"偶像拆掉。

(4) "大龙"的故事是第十四章廿三至四十二节。王命令但以理敬拜巴比伦人所拜的大龙,但以理拒绝,坚持自己只拜永活的耶和华。王向但以理挑战,可否赤身空拳杀死"大龙"。但以理将那不能消化的沥青脂油与毛发制饼给"大龙"吃,导致"大龙"肚腹爆裂死亡。巴比伦人大怒,把但以理扔入狮子坑;但以理在狮子坑困了六日,七只狮子却不伤害他。天使于是把哈巴谷和他凑巧准备好的午餐由犹大国用风吹至

---

⑬ M.J. Wyngarden, *The Syriac Version of the Book of Daniel* (Drugulin, 1923).

⑭ "彼勒"(Bel)与希伯来文的"巴力"相等,此处乃指巴比伦国至高的马杜克。

巴比伦,把食物送给在狮子坑中的但以理。翌日,就是但以理困在坑中的第七日,王因看见但以理没有被狮子伤害而大受感动,于是放了但以理,又把那些陷害他的人抛入坑中,立刻被饿狮吞吃。

这四种附加的资料可能源于埃及的亚历山大城,马索拉抄本并没有这种资料,死海古卷的但以理抄本也没有包含这种附加的资料。

注释

壹　但以理和三友的抉择（一 1～21）

(I) 引言：但以理和三友被尼布甲尼撒掳至巴比伦（一 1～2）

1 犹大王约雅敬在位第三年，巴比伦王尼布甲尼撒来到耶路撒冷，将城围困。
2 主将犹大王约雅敬，并上帝殿中器皿的几份交付他手，他就把这器皿带到示拿地，收入他神的庙里，放在他神的库中。

　　一 1　"犹大王约雅敬在位第三年，巴比伦王尼布甲尼撒来到耶路撒冷，将城围困。"

　　"犹大王约雅敬"　他是约西亚王的儿子。约西亚在米吉多阵亡后，犹太人便膏立了他的幼子约哈斯作王（王下廿三 30）。约哈斯在位仅三个月，便为埃及王尼哥所废，且被掳到埃及，死于该地，这件事正好应验了先知耶利米的预言（耶廿二 11～12）。于是埃及王尼哥另立约哈斯的二哥以利亚敬作王，把他的名字改为约雅敬（王下廿三 34）。

　　约雅敬生平有几件大事。第一，他为了要向尼哥进贡，故向百姓征收极重的人头税（参王下廿三 35）。第二，虽然百姓极度穷困，他仍然耗费巨资，且劳役他们为自己建造新皇宫（耶廿二 13～17）。第三，他杀害许多无辜的人，包括先知乌利亚（耶廿六 23）。第四，他曾用刀割碎耶利米口授巴录的书卷，丢进火炉烧毁，又派人逮捕耶利米（耶卅六 23～26）。① 犹太史家约瑟夫描叙约雅敬性情奸恶，对上帝、对人都

---

① 有关约雅敬的详细资料，可参考布赖特：《以色列史》（香港：文艺，1971），402；**IBD**, 738.

不敬。②

公元前605年,那立约雅敬为王的法老王尼哥,在迦基米施被巴比伦的尼布甲尼撒击败。尼布甲尼撒旋即南下至耶路撒冷,强迫约雅敬和其他国家的君王臣服,且到处搜罗优秀的青年,带回巴比伦。但以理和他的三个朋友,也因此而被掳至巴比伦。

"在位第三年" 许多学者用这句话证明但以理书有错误,③因为尼布甲尼撒第一次攻陷耶路撒冷乃在公元前597年(代下卅六6),即是约雅敬第十一年,不是第三年。但是,这里只提到部分犹太人和圣殿的器皿被带到巴比伦,并没有指出耶路撒冷被攻陷,故不一定等于公元前597年那一次。巴比伦著名历史学家曾指出当尼布甲尼撒在公元前605年围攻耶路撒冷之际,他接到父亲病重的消息,故没有攻下耶路撒冷,便匆匆赶回巴比伦。④

设若尼布甲尼撒于公元前605年击败尼哥后,曾围攻耶路撒冷,而约雅敬又于公元前609年作王,公元前605年应是约雅敬第四年;为什么这里却说"第三年"而不是"第四年"呢?耶利米岂不也指出迦基米施大战发生于约雅敬第四年吗?(耶四十六2)我们可考虑下列的理由:

(a)尼布甲尼撒的确曾在约雅敬第三年攻打过耶路撒冷,⑤只是圣经(王上、王下、代上、代下)没有记载此次战役。但是,为什么其他历史文献也没有记录呢?故这理由看来比较牵强。

(b)这里说的"尼布甲尼撒来到耶路撒冷"应解作"他准备前往耶路撒冷"。⑥提倡这种理论的学者多用创世记第四十五章十七节、民数记第卅二章六节、列王纪下第五章五节证明"来到"不一定指"到达",可指"开始起行"。可是,问题并不是这么简单,因为:第一,"来到"有"前去""去到"之意,就算在上述三处经文也不须解作"准备起行"。⑦第

---

② Josephus, *Antiquities* X, 10:83.
③ 参 Montgomery, 115; Hartman, 129; Porteous, 25,他认为但以理书写作目的独特,历史正确与否是无关重要。
④ Josephus, *Antiquities* X, 11:1
⑤ Leupold, 51.
⑥ Keil, 62 - 71.
⑦ Walvoord, 32.

二，假设这字有"开始出发"的意思，则尼布甲尼撒在约雅敬作王第三年出兵，第四年才来到耶路撒冷，岂不是用了很长的时间才抵达？第三，为什么但以理书的作者只提尼布甲尼撒出兵的日期，而不记下抵达的日期呢？第四，同一个希伯来字在第二节"他就把器皿带到示拿地"明显是"来到""抵达"之意，故在第一节却有完全不同的意思是不大可能。

（c）这里的"第三年"是根据巴比伦的历法计算，而用巴比伦方法计算的"第三年"，相等于犹太人的"第四年"。⑧ 因为巴比伦新王登基那一年，只算是"皇帝登基年"，在位满一年后才真正"在位第一年"。故此，列王纪下的作者指出巴比伦王尼布甲尼撒在位第八年和第十九年围攻耶路撒冷（王下廿五 1、8）；⑨耶利米书根据巴比伦计算方法，则说尼布甲尼撒侵略耶路撒冷是他在位的第七和第十八年（耶五十二 28～29）。⑩ 根据这个道理，巴比伦历的"约雅敬第三年"相等于犹太历约雅敬第四年。这解释比较合理。

"巴比伦王" 有学者认为公元前 605 年尼布甲尼撒进攻耶路撒冷之时，他还未登基为王，⑪故这称号是错误的。这种说法忽视了本书写作时，尼布甲尼撒已作王多年，且已经逝世；故作者用了文学上的预期说法来描述他，有如今天的作家说："当美国总统里根三岁的时候"，里根三岁时，当然未成为总统。

"尼布甲尼撒" 有学者认为但以理书这里所用的拼法是不正

---

⑧ Young, 269；犹大王由登基那天至该年年底已是第一年。
⑨ 西底家王第九年即是尼布甲尼撒作巴比伦王第八年；A. R. Millard, "Daniel 1–6 and History," *EQ* 49:69,清楚列出如何按巴比伦计算方法处理约雅敬作王的年期。
⑩ 有关犹大和巴比伦计算法的差异，参 E. R. Thiele, *A Chronology of the Hebrew Kings* (Zondervan, 1977)，尤其是 Ch. 8,以及 J. Finegan, *Handbook of Biblical Chronology* (Princeton University, 1964). 以色列学者 Tadmor 也接受这种解释；H. Tadmor, "Chronicles of the Last Kings of Judah," *JNES* 15:227. 巴比伦的记录曾如此说："尼布甲尼撒在位第七年，他进攻赫人之地，围攻犹大城（耶路撒冷）；亚达月第二日，他占领了该城，掳走犹大王。"参 D. J. Wiseman, *Chronicles of Chealdean Kings* (British Museum, 1956)，73。
⑪ 因为他进攻耶路撒冷应该是公元前 605 年 6 月左右，9 月才正式为王；参 Walvoord, 31; Baldwin, 20。

确；⑫事实上，这样的拼法没有什么不妥。⑬

一2 "主将犹大王约雅敬，并上帝殿中器皿的几份交付他手，他就把这器皿带到示拿地，收入他神的庙里，放在他神的库中。"

"主" 本书除了第九章但以理的祈祷文以外，都是用"主"或"上帝"，而没有用"耶和华"一名。这叫人想起先知何西阿所指出，选民离开了上帝，他就主动与他们脱离关系；他们不再是他的子民，他也不作他们的耶和华（何一 9）。⑭ 这里的"主"强调他才是真神，是万物的主宰。⑮

"器皿的几份" 圣殿器皿的一部分，不是全部；尼布甲尼撒只带走了一些器皿。

"示拿地" 巴比伦的古称；作者称巴比伦为示拿地，暗示这城从古时就与神为敌（参创十 10，十一 2），撒迦利亚曾描绘天使把罪恶和刑罚从犹大国搬迁到"示拿"（亚五 11）。

"收入他神的庙里"⑯ "他神"可能指巴比伦至高神"马杜克"，把耶和华殿中的器皿（战利品）放入马杜克神庙，藉此向马杜克表示感恩，多谢马杜克帮助巴比伦军所向无敌，每战皆捷。另一方面，耶和华殿中器皿放入马杜克神庙中暗示马杜克比较耶和华更威武，更厉害；上古二国交战，它们所敬拜的神也仿佛在相斗，那一个得胜，也表示它的神胜过战败国的神（参赛卅六 18～20）。

"他神的库中" 神庙的仓库，用来放置庙内的贵重器具；圣殿也有一库房（王上七 51）。

---

⑫ Montgomery, 118；Porteous, 26；他们认为 Nebachanezzar 不正确，应是 Nebucharezzar.

⑬ 七十士译本也作 Nabachodonosor；把 nabu-kuddurri-usur 翻作 Nebuchadnezzar，因其希伯来字母数值是 423，刚好与安提阿哥以比芬尼的数值相等；J. H. Hayes, *Introduction to the Bible* (Westminster, 1976), 286.

⑭ "耶和华"一名源于"自有永有"，参出埃及记第三章十四节。

⑮ Lacocque, 21.

⑯ 多数的希腊文旧约抄本都没有这句话；英文圣经 JB 和 NEB 也把它删掉。现中却译作"把俘房带到巴比伦的神庙去，又把夺来的宝物存放在神庙的仓库里"，但原文并没有"俘房"一词，只是"它们"，指"器皿"。

小结

但以理书的作者开宗明义指出：第一，本书的记载关乎约雅敬王第三年以后的事情。第二，本书的背景乃在巴比伦，是选民被掳之地。第三，本书的重点是耶和华仍坐着为王；许多犹太人无法了解：为什么上帝的百姓竟然被掳？上帝的圣殿会被毁？甚至圣殿的器皿也被带走，存放在外邦假神的庙中？答案是：这并不表示耶和华比不上外邦假神，也不是耶和华失去了力量；这些惨剧发生乃因耶和华把约雅敬并圣殿中的器皿交付尼布甲尼撒的手。耶和华这样做，为的是要惩罚选民的背逆，对他不忠。换言之，尼布甲尼撒只是耶和华管教选民的工具，就如后来的波斯王居鲁士被上帝所用，促成犹太人归国；真正掌管一切的乃是耶和华自己，他是"主"。

(II) 但以理和三友获尼布甲尼撒选中入宫受训（一 3～7）

3 王吩咐太监长亚施毗拿从以色列人的宗室和贵胄中带进几个人来，
4 就是年少没有残疾、相貌俊美、通达各样学问、知识聪明俱备、足能侍立在王宫里的，要教他们迦勒底的文字言语。
5 王派定将自己所用的膳和所饮的酒，每日赐他们一份，养他们三年。满了三年，好叫他们在王面前侍立。
6 他们中间有犹大族的人：但以理、哈拿尼雅、米沙利、亚撒利雅。
7 太监长给他们起名，称但以理为伯提沙撒，称哈拿尼雅为沙得拉，称米沙利为米煞，称亚撒利雅为亚伯尼歌。

一 3 "王吩咐太监长亚施毗拿从以色列人的宗室和贵胄中带进几个人来，"

"太监长""太监"一词源于亚甲文，⑰本指"皇帝的头"，即皇帝的顾问。"太监长"是"皇帝的宠臣"，是皇帝的得力助手，负责皇宫大小事务。故此，巴比伦的"太监"并不像中国古时的太监，不能娶妻生儿育女；和合本把创世记第卅九章一节的同一个字译作"内臣"，因那里的"波提乏"是有妻室的。犹太史家约瑟夫认为但以理和他的三个朋友既然隶属于太监手下，便没有娶妻生子；⑱这只是臆测。如果他们是太监，则与第四节"没有残疾"不相吻合。

"亚施毗拿" 有解作"客店"，⑲或"客人"，⑳意义不详。

"宗室和贵胄" "宗室"直译是"王国的种子"，乃指皇室的后代，"贵胄"即是贵族。㉑被选入宫侍候尼布甲尼撒的必须是出身于皇室或贵族的犹太人。为什么要拣选这样背景的人呢？因为这些人在巴比伦皇宫侍立，可反映出尼布甲尼撒的威武；犹大国皇族的后代竟然成为他的奴仆。另一方面，从优生学来说，这些青年应该较为优秀。

一4 "就是年少没有残疾、相貌俊美、通达各样学问、知识聪明俱备、足能侍立在王宫里的，要教他们迦勒底的文字言语。"

"年少" 不是儿童，乃是十四、五岁的青年；㉒也有学者以为起码十六至十八岁，因创世记的作者用这希伯来字称呼十七岁的约瑟（创卅七2）。㉓另一方面，如果他们年纪太小，就不可能"通达各样学问、知识聪明俱备"(4节)。

"没有残疾" 身体没有残缺，"不是瞎眼、瘸腿、五官不正、畸形、手脚残废、驼背、矮小等"，（利廿一 18～19，现中）；这是以色列人的祭司要具备的条件，他们所献上的祭牲也要这样完美无瑕疵（利廿二18～25）。

---

⑰ 亚甲文[ša rēši]。后成了希伯来文的[sārîs]；参 TWOT，634；和合本在列王纪下第十八章十七节与耶利米书第卅九章三、十三节却把"太监长"按其读音翻作"拉伯沙基"。

⑱ Young, 39. 俄利根也赞同约瑟夫的看法，Lacocque，22.

⑲ Lacocque, 22；这是根据叙利亚文['ašpazza]而得的解释。

⑳ Hartman, 129.

㉑ "贵胄"一词源自波斯文，除了这里，只有在以斯帖记第一章三节、第六章九节出现。根据约瑟夫的研究，但以理是西底家王的后代；Josephus, Antiquities X, 10：1.

㉒ Young, 40；犹太拉比 Ibn Ezra 也持同样的看法；Lacocque，22.

㉓ Ford, 80，米勒德认为是十二或十三岁；米勒德，773。

"相貌俊美" 古时中东强调皇宫的侍从必须身体没有残缺,而且英俊高大;中东的人认为有美好的外表,就有精明的头脑。㉔ 直到十九世纪,土耳其和波斯的皇帝仍然沿用这标准拣选侍从。另一方面,在希伯来人王国初期,"英俊"也是君王(如扫罗和大卫)的特点(撒上九2,十六12)。

　　"通达各样学问,知识聪明俱备" 这两句话原文直译乃是:"精通各种智慧,满有知识、聪明、学问",强调这一群青年不但才智过人、易于吸收新的知识,并且一学即晓;他们本身也有良好的学养和知识。㉕

　　"足能侍立" 有能力和资格在宫廷工作,因具备上述一流的外表和头脑。㉖

　　"迦勒底的文字言语" "迦勒底"一词在但以理书可指"巴比伦人"(五30)或"占星家"(二2～5,四7,五7、11)。迦勒底人善于侦测天象、研究命理和占卜,故"迦勒底"一词被用来描述这一类学问的专家。有学者认为本节"迦勒底的文字言语"乃指这种卜卦和占星的学问。㉗ 这讲法不对,因此处"迦勒底的文字言语"不单包括占卜的学问,更包括了巴比伦的文字和该国的一切文化资源。㉘ 正如香港政府从前任命的华人高官,都必须具备精深的英文造诣,且对英国文化有所认识;但以理和三友必须精通巴比伦的言语和文化,方能任职巴比伦宫廷。

　　一5 "王派定将自己所用的膳和所饮的酒,每日赐他们一份,养他们三年。满了三年,好叫他们在王面前侍立。"

　　"自己所用的〔王〕膳" 原是一个波斯字,㉙指"分派的一份",㉚此处明显指分派给这群青年的膳食;王御用的膳食当然是山珍海味,能获得其中的一份是一个特权。约雅斤王被掳多年之后,方获提升,享用王

㉔ 撒母耳也采用此标准(参撒上十六7)。
㉕ "智慧和聪明"正是所罗门求上帝赐他的东西,以致他能治理国家(代下一12);参 D. W. Thomas, "Additional Notes on the Root yd'in Hebrew," *JTS* 15:54-57.
㉖ "足"可指身体的力量(士十六6;伯卅九11)。
㉗ Hartman, 129; Millard, op. cit., 69-71 对"迦勒底"一词有深入的研究。
㉘ Young, 41.
㉙ 〔pat-bāg〕源于 Sanskirt 的〔pratibagha〕;Leupold, 62.
㉚ Montgomery, 127f.

的珍馐(王下廿五 27～29)。

"养他们三年" 柏拉图曾提及波斯青年受正规教育三年。㉛尼布甲尼撒相信他们若接受三年巴比伦文化的训练,便可肩负宫廷的重任。㉜波斯可能承袭了巴比伦"三年训练"的措施。

一 6 "他们中间有犹大族的人:但以理、哈拿尼雅、米沙利、亚撒利雅。"

"但以理" 原意是"上帝审判"(代上三 1;拉八 2;尼十 6;结十四 14)。

"哈拿尼雅" 原意是"耶和华施恩"(尼十 23)。

"米沙利" 原意是"谁像上帝"(尼八 4),或"谁属于上帝"。

"亚撒利雅" 原意是"耶和华帮助"(尼十 2)。

一 7 "太监长给他们起名,称但以理为伯提沙撒,称哈拿尼雅为沙得拉,称米沙利为米煞,称亚撒利雅为亚伯尼歌。"

"太监长给他们起名" 在旧约时代,"名字"有很重要的地位,所以,改名象征生命历程的改变(比如亚伯拉罕、雅各、使徒保罗等);另一方面,当一个人在异国的皇宫里工作,也另改名字(比如约瑟、以斯帖)。太监长把他们的希伯来名字改成巴比伦的名字,除了工作上的方便,也暗示着彻底的洗脑,要他们忘记自己的国家与信仰。他们原来的名字本包含"上帝"与"耶和华"的意思,现在取而代之的却是巴比伦偶像的名字。

"伯提沙撒" 原意是"马杜克之妻(女神),求你保护皇帝",马杜克是巴比伦的大神。㉝

"沙得拉" 原意是"我害怕神",㉞这神明可能也是马杜克。㉟

"米煞" 原意是"我没有任何价值"。㊱

㉛ Young, 42;据阿维斯陀(Avesta):"学子须在贤师下受教多少时候? 答:应历时三载。"
㉜ 犹太拉比约斯(Jose)本根据民数记第四章卅一节与第八章廿四节制定利未人须受训五年,后却受本节(但一 5)影响,把五年减为三年;Lacocque, 29.
㉝ Millard, op. cit., 72.
㉞ Baldwin, 81.
㉟ Montgomery(129)认为沙得拉(Shadrak)叫人想起马杜克,二字除了首字母不同,后面都用 d、r、k,三个辅音(consonant)。
㊱ Baldwin, 81;米勒德,773。

"亚伯尼歌" 原意是"尼波的仆人",㊲"尼波"是巴比伦偶像的名字(赛四十六1)。

小结

对于被掳至巴比伦的犹太人来说,但以理和他的三个朋友是蒙福的幸运儿。他们有好的背景(出身于皇室或贵族)、吸引人的外表、令人钦佩的头脑和学识;不但如此,他们又被太监长选中,得以进入皇宫受训三年,毕业后,就可在皇宫侍候皇帝,前途无可限量。这四个人虽然被掳,却算得上是不幸中最幸运的一群。

但以理书的作者用短短几节经文,介绍了本书的主角,也为接着要发生的事情埋下伏笔。作者同时也透过这四个人本身的条件(尤其是他们的智慧),暗示他们敬拜真神耶和华,因为希伯来人强调:敬畏耶和华是智慧的开端;他们的智慧乃是源于敬拜耶和华。

这四个属上帝的青年人在巴比伦的官场上会否会平步青云、步步高升呢?

(III) 但以理和三友拒用尼布甲尼撒的膳食(一8～16)

8 但以理却立志不以王的膳和王所饮的酒玷污自己,所以求太监长容他不玷污自己。
9 上帝使但以理在太监长眼前蒙恩惠,受怜悯。
10 太监长对但以理说:"我惧怕我主我王,他已经派定你们的饮食,倘若他见你们的面貌比你们同岁的少年人肌瘦,怎么好呢?这样,你们就使我的头在王那里难保。"
11 但以理对太监长所派管理但以理、哈拿尼雅、米沙利、亚撒利雅的委办说:

㊲ Lacocque, 29.

¹² "求你试试仆人们十天,给我们素菜吃,白水喝,
¹³ 然后看看我们的面貌和用王膳那少年人的面貌,就照你所看的待仆人吧!"
¹⁴ 委办便允准他们这件事,试看他们十天。
¹⁵ 过了十天,见他们的面貌比用王膳的一切少年人更加俊美肥胖。
¹⁶ 于是委办撤去派他们用的膳、饮的酒,给他们素菜吃。

一 8 "但以理却立志不以王的膳和王所饮的酒玷污自己,所以求太监长容他不玷污自己。"

"立志" 直译是"放在心上"(赛四十七 7,五十七 1、11;玛二 2),而"不放在心上"即是"不介意"(赛四十三 25;和合本、吕本),"麻木不仁"(现中)。但以理对于"玷污自己"很敏感,决心不让这事发生。后来大流士王也"一心"(原文与此处的"立志"相同),即是立定心意要救但以理(六 14)。对于希伯来人来说,"心"是掌管人"思想"与"意志"的器官。

"不以王的膳和王所饮的酒玷污自己" "玷污"指"污染",成为污秽、不洁净(尼十三 29;赛五十九 3;玛一 7)。㊳ 为什么享用王的膳与酒会导致不洁净呢? 理由如下:

第一,王的食物必先祭过偶像才供人食用(出卅四 15;申卅二 38),故但以理和三友不愿吃(林前十 20)。㊴ 但是,其他非王膳的食物也有可能是献过给偶像的;倘若如此,但以理和三友岂不是什么都不能吃用?

第二,王的食物含有许多以色列人认为不洁净之物,例如猪肉、马肉;㊵若享用,便干犯了摩西的律法(利三 17,十一 1~47)。㊶ 老多比曾自诩说:"当我被掳至尼尼微,我所有的兄弟与亲属都吃外邦人不洁的食物,我却坚持不吃,因全心记念神。"(多比传一 10~11)马加比壹书

㊳ 现中把本节译作:"但以理决心不沾王宫的食物和酒,免得自己在礼仪上不洁净。"可能是根据玛拉基书第一章七节,但此处不须单指礼仪的不洁,也可包括其他方面的不洁。
㊴ 赞成这论点的有 Young, 45;Keil, 96.
㊵ H.W.F. Saggs, *The Greatness That Was Babylon* (Sidgwick and Jackson, 1962),176.
㊶ Walvoord, 37.

也有类似的记载；当安提阿哥四世于公元前167年迫害犹太人，强令他们吃猪肉，许多人"立志不吃这些不洁之物，宁死也不愿为食物所玷污；他们果真因此被杀"（一62～63）。㊷ 另一卷次经犹滴传也如此劝诫："我儿雅各啊！你要与外邦人有分别，不要与他们同吃饭，因他们的行径会玷污人，使人不洁。"（廿二16）㊸

但以理和三友誓死不吃王的膳，乃因不愿干犯上帝藉摩西颁布给以色列人的吩咐；但"酒"不属不洁之物，为何也拒绝享用呢？

第三，吃用王的食物和酒代表与王联合、结盟，因为在本书第十一章廿六节提及"吃王膳的，必败坏他"，而"吃王膳的"是代表与王结盟的人。㊹ 上古中东的人喜欢立盟约表示彼此支持和忠心相待，立约后通常一起吃饭以示庆祝（创卅一54；出廿四11；尼八9～12）；故此，"同桌吃饭"逐渐演变成"互为友好"的意思。正如诗人所说："连我知己的朋友，我所倚靠、吃过我饭的，也用脚踢我"（诗四十一9）；基督曾借用此节经文来形容加略人犹大和他的关系（约十三18）。

对于但以理和他三个朋友来说，吃王的膳，喝王的酒表示他们与王有亲密的关系，王成了他们的倚靠，他们要对王忠心。这是不可以接受的，因为他们唯一的倚靠和忠心的对象，乃是创造天地的耶和华。

一9 "上帝使但以理在太监长眼前蒙恩惠，受怜悯。"

"蒙恩惠，受怜悯" "恩惠"与"怜悯"在旧约常用来描写上帝的属性，"恩惠"指上帝忠于他和选民所立的盟约，拯救落在患难中的子民；㊺"怜悯"与"母腹"有关，强调上帝那种像母亲对新生婴儿所产生的怜爱。但以理所得到的，虽然是太监长的恩惠与怜悯；但有一件事不能

㊷ 谢友王，《两约中间史略》（香港：种籽，1978），247-324，详细讨论了马加比的革命。

㊸ R. H. Charles, *Pseudepigrapha*, 46；这些不洁的食物可能沾有血（申十二23），参 Hammer, 20.

㊹ Baldwin, 83.

㊺ 第一本研究"恩惠"这词的著作乃是 Glueck 在1927年所写的论文，参 N. Glueck, *Hesed in the Bible*, trans. by A. Gottschalk (Hebrew Union College, 1967). 后来有一位学者不赞成 Glueck 过分偏重盟约，指出了不同的看法，K. D. Sakenfeld, *The Meaning of Hesed in the Hebrew Bible*; *A New Inquiry* (Scholar Press, 1978).

㊻ M. Dahood, "Denominative *riḥham*, to conceive, in womb," *Biblica* 44:204-205.

忽视,就是上帝自己在工作,以致但以理可以获得太监长的恩惠与怜悯(比较王上八50,诗一○六46)。

上帝插手帮助但以理,因他动机纯正,作出合他心意的选择。

一10 "太监长对但以理说:'我惧怕我主我王,他已经派定你们的饮食,倘若他见你们的面貌比你们同岁的少年人肌瘦,怎么好呢?这样,你们就使我的头在王那里难保。'"

"太监长对但以理说" 此句应作"只是太监长对但以理说";他虽然恩待但以理,却害怕失职,遭王惩罚。他好像有心无力,不能以任何实际的行动援助但以理。

"肌瘦" 这词本描写波浪翻腾(拿一13),也用来描述人因内心翻腾所导致的沮丧和害怕,以致脸容憔悴枯槁,色泽全无(创四十6译作"满脸愁容")。此词在这里指但以理如果不用王膳,会落得瘦弱干瘪,面如菜色,无精打采(太六16)。

为什么吃王的膳就不会肌瘦呢?中东的国家与我国传统相同,认为多吃好膳食,尤其是富有脂油的珍馐,身体便肥胖,肥胖象征了强健(中国人注重进补和炖鸡汤也属同一道理,因脂肪溶于汤里,喝后容易肥胖)。⁴⁸ 故太监长认为:如果但以理只吃素食,则必会因脂油不足而面黄肌瘦。

一11 "但以理对太监长所派管理但以理、哈拿尼雅、米沙利、亚撒利雅的委办说:"

"委办" 监护人、看管者;他是太监长指派监管但以理和他三个朋友的官员。太监长既然拒绝帮忙,但以理只有转而请求"委办"加以援手,因委办的官职较低,所冒的险也较小。加尔文猜想但以理得上帝启示向委办求助,这是经文没有提及的。⁴⁹

一12 "求你试试仆人们十天,给我们素菜吃,白水喝,"

---

⑰ [Melṣar]源自巴比伦文[Maṣṣaru],是"看守者",至于[ṣṣ]如何演变成[lṣ],参 von Soden, W., *Grundriss der akkadischen Grammatik*, AnOr 33, § 30 f - g.

⑱ 现代医学持守截然不同的论点:一个人越少吃用脂肪,则胆固醇较低,患心脏病的机会也相对降低;参"One for the Heart," *Newsweek* (June 29,1987),42 - 43.

⑲ Young, 46.加尔文用此段经文教训人不要稍遇挫折便立下结论:一切门户都关闭,不用持守信心。

"十天" 这是一个约数(参摩五3;亚八23),下文的"十倍"(20节)也是一样,因"十"代表完整(人有十根手指)。[50] 保罗曾指出十种不能使我们与上帝的爱隔绝的能力(参罗八38f),以及十种叫人不能进入上帝国的罪行(林前六9～10)。但以理求委办"试他们十天",基督对士每拿教会也提及:"叫你们被试炼,你们必受患难十日"(启二10);"十日"与试炼连在一起。[51]

"素菜" 由种植而得的食物(与赛六十一11的"使所种的发生"同一字根);犹太教认为种植的籽粒是圣洁的,就算它与已死的不洁净物体接触,仍是洁净(利十一37)。故此,"素菜"象征圣洁,反映出但以理和三友决心在污秽的环境中持守圣洁。[52] 这是本书重要的中心思想。"素菜"包括大麦的籽粒和豆类。[53]

一15 "过了十天,见他们的面貌比用王膳的一切少年人更加俊美肥胖。"

"俊美肥胖" "俊美"原是"更好",故现中译作"更健康",描绘他们红光满脸,迸发出健康的气息;"肥胖"指他们满身肌肉、体格结实魁梧,是名副其实的"大块头"。

有人喜欢用本节经文支持"素食"的好处。虽然根据现代营养学的研究,平衡的素食会使人更健康,但这不是本节经文的原意。但以理和三友看起来比吃王膳的年轻人更健康和强壮,因为他们愿意付代价顺从上帝,得他恩宠,而不是因为所食用的素菜和白水。

小结

这四个羡煞旁人的幸运儿碰上第一个试验:顺从王吃王的膳食玷

---

[50] J. B. Segal,"Numerals in the Old Testament," *JSS* 10:2-20.
[51] Bentzen, 21;次经与伪经也喜欢用"十日"表征受试炼的期间,犹滴传十九8,十二列祖遗训(Testaments of Twelve Patriarchs)中的约瑟遗训二7。
[52] G. F. Moore, *Judaism in the First Century of the Christian Era* (Harvard University Press, 1927-1930), V. I. 71, n. 4.
[53] 米勒德,773。

污自己,或是顺从上帝而加以拒绝呢?[54] 如果选择后者,不但前途尽失,无法在巴比伦大展才华,且会丧失宝贵的性命。他们却决定冒死也要顺从上帝,不让自己受染污,[55]因忠于上帝远比忠于选用他们的尼布甲尼撒更重要。结果,上帝让他们得偿心愿,在未来的三年里安心吃素菜、喝白水。

(IV) 结束:但以理和三友获得尼布甲尼撒厚待 (一17~21)

17 这四个少年人,上帝在各样文字学问(学问:原文是智慧)上赐给他们聪明知识,但以理又明白各样的异象和梦兆。
18 尼布甲尼撒王预定带进少年人来的日期满了,太监长就把他们带到王面前。
19 王与他们谈论,见少年人中无一人能比但以理、哈拿尼雅、米沙利、亚撒利雅,所以留他们在王面前侍立。
20 王考问他们一切事,就见他们的智慧聪明比通国的术士和用法术的胜过十倍。
21 到居鲁士王元年,但以理还在。

一17 "这四个少年人,上帝在各样文字学问上赐给他们聪明知识,但以理又明白各样的异象和梦兆。"

"聪明知识" 不但很快学会巴比伦的学问,更能加以分辨;无可置疑,他们所学的包括了巴比伦有关占星预兆的学问。[56] 另一方面,他们的"聪明知识"乃源于上帝,是他赐给他们的(参西一9,二9)。上帝的手不断工作,让他们经历到敬畏耶和华所带来的智慧与聪明。

"但以理又明白各样的异象和梦兆" "明白"这字在但以理书出现

---

[54] Collins, 24.
[55] "拿细耳"的原文[nāzîr]很自然叫人联想起拿撒勒(Nazareth),而在拿撒勒长大的主耶稣也是真正把自己献给上帝的拿细耳人,有关但以理和拿细耳人的关系,参 Hartman, 133.
[56] 加尔文不肯承认这件事,参 Keil 的反驳,83。

了廿七次，⁵⁷指解释和分辨异象与梦兆的才能。"异象"本描写一个人魂游象外所见的东西，不是一般人肉眼所能看得见的，这词后来包括了上帝的启示(赛一1，和合本多作"默示")。"梦兆"也是上帝向人显明心意的工具(包括向以色列人，例如王上三5；以及外邦人，创二十3)。故此，"异象"与"梦兆"分别不大，都是上帝启示的渠道(民十二6)。⁵⁸

但以理获上帝格外的恩典，除了精通巴比伦的学问(如摩西精通了埃及的一切学问，徒七22)，还可以像其他的先知一样透过见异象得上帝的启示(参七至十二章)，又有约瑟讲解梦兆的能力(参第二、四章，第五章则解释墙上的字)。

一18 "尼布甲尼撒王预定带进少年人来的日期满了，太监长就把他们带到王面前。"

"日期满了" 三年受训完毕，太监长带领完成训练的青年入宫见尼布甲尼撒，让他亲自考问他们。口试结果，但以理和三友脱颖而出、独占鳌头，获选留在皇宫侍候皇帝。

一20 "王考问他们一切事，就见他们的智慧聪明比通国的术士和用法术的胜过十倍。"

"术士和用法术的" "术士"这词源于埃及，描写在宫廷服务的魔术师(参创四十一8、24)；⁵⁹这些埃及魔术师可以用法术把拐杖变为蛇，再把蛇变回拐杖(出七8~12)；使海水变成血(出七22)，使青蛙从水跳到地面(出八7)，但却不能用法术使虱子出现(出八18)，反而像其他埃及人一样浑身长了疮(出九11)。简单来说，"术士"是懂得邪术的巫师。

"用法术" 以前被解作占星家，现多视为懂得法术的术士；⁶⁰这字在巴比伦文可指"驱魔人"，后为叙利亚人借用描写用音乐驱使蛇跳舞

---

⁵⁷ M. A. Beeks, "Zeit, Zeiten und halbe Zeit," in *Festsch, Th. Vriezen* (Wageningen, 1966), 19-24.

⁵⁸ 第七章一节"梦"与"异象"同用。

⁵⁹ [ḥarṭōm]是借用埃及文[ḥrj-tp]，参 W. A. Ward, "Egyptian Titles in Genesis," *BS* 114: 40-59; R. B. Zuck, "The Practice of Witchcraft in the Scriptures," *BS* 128: 352-360; E. Langton, "The Reality of Evil Powers Furthered Considered," *HTR* 132: 605-615.

⁶⁰ Young (51) "astrologer"; Baldwin (85) "enchanter".

的魔术师。[61]

“术士”和“用法术的”在巴比伦都被视为绝顶聪明的人，他们是智者，能够以奇异的法术行普通人认为不可能的事；但是，真智慧和聪明乃源于耶和华，他们自然不能与属于他的但以理相比。

一21 “到居鲁士王元年，但以理还在。”

“居鲁士王元年” 这是公元前539年；但以理由公元前605年一直做官至居鲁士王元年。有学者以为本节与第十章一节有矛盾，因该处说：“波斯王居鲁士第三年，有事显给称为伯提沙撒的但以理”，看来但以理于居鲁士王第三年仍在世，而非止于“元年”。[62] 事实上，本节乃说但以理到居鲁士元年仍在，并不是说他在该年逝世；作者所用的表达方式暗示但以理在居鲁士元年后还继续存在；[63]作者故意强调“居鲁士元年”，乃因那一年是犹太人从巴比伦回国的日子。但以理经历了整段被掳的日子，直至同胞归国。[64]

小结

上帝赐福给这四个愿意为了顺从他而不顺从王的青年，使他们不但在体格上，较其他青年强健，在聪明智慧上，更超出其他青年一等。结果，他们获选侍候尼布甲尼撒王，这是一项至高的荣誉。但以理更获上帝格外恩典，可以透过异象和梦兆去了解他的心意，且有一段很长的政治生涯，直到选民归回。

这四个青年选择了对上帝忠心，得到他的奖赏！

---

[61] 巴比伦文[ašipu] “exorcist”在叙利亚文则解为 snake-charmer.

[62] Lacocque (33)因此认为第一章与第十章是源自不同的作品。

[63] Young, 51；类似的表达可参路得记第一章二节、耶利米书第一章三节。现中把本节译作“但以理一直留在王宫，到波斯王居鲁士征服巴比伦为止”，表明看起来这解决了与第十章一节的冲突，因第一章廿一节只是说但以理在王宫工作直至居鲁士王第一年，但这翻译没有根据。

[64] Barr, 593，他认为这里提到“居鲁士王元年”，因这是波斯国的开始，是中东历史的一件大事。他也不相信这里乃暗示但以理只存在到居鲁士元年；Criswell, 21.

总结

(一) 本章记录四个犹太青年经历了战火洗劫,以及国破家亡的悲剧之后,在被掳之地巴比伦获选入皇宫服务,但这却带来第一个信心的考验。虽然他们愿意接受巴比伦文化的熏陶,以及巴比伦名字(新的名字带有外邦偶像的色彩);(65)但是,他们却因保持自己免受玷污,拒绝享用王的食物和酒。

第一个试验便是"食物"的考验,因食物占了人生很重要的地位,如我国古语所说:"民以食为天",又说:"食色性也"。亚当、夏娃以及在旷野流浪的以色列人,都曾在食物的试验上失败;而主耶稣所胜过的第一个试探,也与食物有关。直至今日,食物仍是人类很大的诱惑。(66)

对于被掳的犹太人来说,食物是他们和四周的巴比伦人之间的"分水线",(67)表明他们没有完全被巴比伦人所同化(正如今日在美国的部分犹太人坚持只吃按正规犹太教礼仪宰割的肉类);一个忠于上帝的犹太人虽然在巴比伦为奴,仍要在吃的事情上表明他们属上帝的身份。

但以理和三个朋友珍惜他们犹太人的身份,不愿意接受那些会导致丧失特殊身份之标记的食物;虽然摩西律法没有禁止喝酒,但他们却有拿细耳人的精神,不肯饮用王的酒,表明自己是分别出来献给上帝的(民六 1～4)。(68)

总括来说,本章指出上帝要求被掳的犹太人在没有圣殿的巴比伦仍然要忠于他,遵从他的命令,以致和巴比伦人有所分别;他们"在"巴比伦,却不"属于"巴比伦。

今日华人教会面对一个重大的危机,就是信徒与非信徒之间没有多大的分别,除了参加主日崇拜之外,其他方面十分相似。难怪非基督

---

(65) 有关文化与教育对青年人所造成的影响,参 W. Moberly, *The Crisis in the University* (SCM, 1949),52.

(66) 暴饮暴食是文明社会的通病,是人类健康的刽子手,参 W. Backus, *Finding the Freedom of Self-Control* (Bethany House Publishers, 1987),129－150.

(67) 除了食物,还有守安息日与割礼,都是被掳犹太人的特征;Collins, 24.

(68) 可比较利甲族不饮酒的原因(耶卅五 6～8)。

徒看不到要成为基督徒的必要。当信徒"属于"世界时，所产生的影响力自然是万分微弱。

但以理和三个朋友为了保持他们的身份付出代价，冒着丧失前途及生命的危险。我们是否也愿意为信仰和基督徒的身份作出同样的牺牲呢？谁又愿意学习那出电影《烈火战车》所描写的主角的榜样，为守主日放弃奥运会的金牌呢？

（二）为什么但以理和三个朋友愿意冒着各种危险仍忠于上帝，不让王的食物玷污自己呢？因为他们深信所事奉的耶和华是全地的主宰；他们虽然被掳到巴比伦，但他仍然掌管一切。⑥⑨ 创造万物之耶和华的能力不会局限于耶路撒冷或犹大全地而已，他的能力可伸展至巴比伦，甚至地球的每一个角落。难怪被卖到埃及的约瑟，可以升高成为该地的首相，因为耶和华掌管全地，他把他兄长的毒计变为赐福的工具（创五十19～20）。这是"万事都互相效力，叫爱上帝的人得益处"（罗八28）最佳的诠释：无论环境怎样恶劣，上帝仍然掌管，使他在所爱的人身上所定下的旨意得以成就。

除非我们有这样的信念，否则，我们不能真心"称耶稣基督为主"（腓二11）。

（三）在第一章，但以理和三友，因忠于掌管全地的耶和华而蒙福，包括在太监长眼前蒙恩（9 节）、体格健壮（15 节）、聪明过人（17 节）、为王赏识（19 节）。这却不是说，人每次忠于上帝就会立刻得着他的赐福，尤其是物质方面的福泽。可惜，近代有不少传道人强调：只要爱上帝，他必会在物质上大大赐福，物质的丰裕又象征他的赐福。⑦⑩ 约伯记已指出这论调的错谬：一个爱上帝的人可以家徒四壁，空无一物，不一定得到他赐予许多财物。我们爱上帝，忠心于他，也不是为了从他得到恩典和福泽，而是因他配受我们的爱。

---

⑥⑨ 能够超越环境去看出上帝仍然坐在宝座上，这需要信心，更需要上帝所赐予的智慧。圣灵的降临，就是把一切事指教我们，以致我们有智慧看出各事后面的属灵意义（约十四26；林前二14）。

⑦⑩ 参"Saving Souls-On a Ministry," *Newsweek*（July 1987），44；该文特别指出美国电视的布道家常常偏重藉爱上帝去获得金钱，导致美国人觉得这些布道家不诚实。那些强调物质丰裕代表上帝赐福的传道人，这样做是为自己惊人的奢华生活方式砌镶借口与托词。

但以理书将会让我们看见:一个人信靠上帝,忠心于他,可以有不同的结果,并不是每次均立刻获得福泽。

(四)但以理书第一章以"时间"("犹大王约雅敬在位第三年")作开始,也以"时间"("居鲁士王元年")作结束。约雅敬年间是被掳的开始,居鲁士则是其结束。换言之,但以理经历了整段被掳的时期。更奇妙的是,他在这段被掳期间,始终坚守着他对这位掌管万有之耶和华的信心和忠心。

贰　尼布甲尼撒的梦
（二 1～49）

(Ⅰ) 引言：王为梦烦乱（二 1～2）

1 尼布甲尼撒在位第二年，他做了梦，心里烦乱，不能睡觉。
2 王吩咐人将术士、用法术的、行邪术的和迦勒底人召来，要他们将王的梦告诉王，他们就来站在王前。

二 1　"尼布甲尼撒在位第二年，他做了梦，心里烦乱，不能睡觉。"
"尼布甲尼撒在位第二年"　这似乎与第一章五、十八节前后矛盾，因但以理和三友须受训三年，难道这事发生于他们受训期间吗？假若是的话，为何他们已被视作"哲士"必须被杀呢？（二 13）有学者更以此矛盾说明本书各章乃源于不同的作者，由编辑堆砌而成，而非但以理一气呵成之作，故有此矛盾之处。①

对于"第二年"，可有以下的解释：
(a) "二"是"十二"之误，文士抄写错了；②这不是全无可能。
(b) "二"是作者弄错了，这却被视为无伤大雅，因作者写作的重点不是记载历史，年份正确与否无关重要。③ 另一方面，有人认为这里的错误是故意造成的，以衬托出但以理的智慧，能于未完成训练之前解梦。有学者更认为圣经常用"二"来强调某个皇帝统治期的短少。④ 但是，笔者不认为圣经作者在圣灵感动下会犯错误。

---

① Anderson, 10. 有关 P. R. Davies 所提出的理论，参 Baldwin, 86, n. 1.
② 赞同此说有不少著名的圣经文字校订专家如 Ewald, Kamphäusen, Prince, Marti, Cornely, Linder, 思高也接纳这说法 (68)。值得注意是 LXX[967] 也是"第十二年"，而不是"第二年"；Hartman, 138.
③ Porteous, 39；Hartman, 138.
④ 参 Lacocque, 36 n. 4, 引自 O. Plöger, *Das Buch Daniel* (Gütersloh, 1965).

（c）"第二年"本不是指尼布甲尼撒在位第二年，乃是指他战胜埃及后第二年，⑤或指他成为全中东的大王后第二年，⑥或是耶路撒冷被攻陷后第二年。⑦可是，经文却明显说"尼布甲尼撒在位第二年"，没有加以任何注解。

（d）"第二年"依巴比伦历法计算，即是但以理被掳的第三年；⑧因为但以理被掳第一年，是尼布甲尼撒的登基年，被掳第二年才是尼布甲尼撒在位第一年，故被掳第三年，是尼布甲尼撒的第二年。⑨ 这理论最为合理，因为巴比伦人不把登基年算作皇帝在位的第一年，已是不容置疑的事实。⑩

总括来说，但以理刚受训完毕，归入了"哲士"的行列，尼布甲尼撒做了第一个梦。

"心里烦乱" 心神被搅扰而感到烦躁不安，导致失眠（诗七十七4）。埃及的法老也有类似的经验（创四十一8）。⑪

二2 "王吩咐人将术士、用法术的、行邪术的和迦勒底人召来，要他们将王的梦告诉王，他们就来站在王前。"

"术士、用法术" 参第一章二十节的诠释。

"行邪术" 懂巫术的巫师，"巫术"是上帝所禁止的（申十八10）。

"迦勒底人" 此处指占星家（即狭义的解释），而不是指统治了巴比伦国的民族。

---

⑤ Josephus, *Antiquities* X, 10:3.
⑥ Jephet, Ibn Ali; Young, 55.
⑦ 犹太拉比 Rashi, Ibn Lizra 却支持这说法。
⑧ Young, 55; Baldwin, 85; Ford, 89; 米勒德, 774; Barr 也支持这种说法, Barr, 593.
⑨ J. Finegan, *Handbook of Biblical Chronology* (Princeton University, 1964), 38, 我们可以得出以下的结论：
　公元前605年6月至8月：但以理和三友被掳。
　公元前605年9月至前604年3月：但以理被掳第一年，是尼布甲尼撒登基年（Year of accession）。
　公元前604年4月至前603年3月：但以理被掳第二年，尼布甲尼撒第一年。
　公元前603年4月至前602年3月：但以理被掳第三年，尼布甲尼撒第二年。
⑩ Barr, 593; 登基年[rēsh sharrûti]独立计算。
⑪ 此处与创世记第四十一章八节用同一个希伯来字[pa'am]描写烦躁凌乱的心境。

小结

大君王尼布甲尼撒因所做的梦心烦意乱以致失眠;他虽然拥有统管强大的军队,以及雄伟的巴比伦的权力,但让自己安然入睡却不是他能力范围以内的事。

因此,他派人召来国中一流的解梦高手,就是那些善于占卜、观兆、占星,以及弄法术使符咒的人,命令他们解梦,好使他的烦恼一扫而空,得以享受酣甜的睡眠。但结果却是出人意表。

(II) 哲士不能为王解梦(二3~16)

3　王对他们说:"我做了一梦,心里烦乱,要知道这是什么梦。"
4　迦勒底人用亚兰的言语对王说:"愿王万岁!请将那梦告诉仆人,仆人就可以讲解。"
5　王回答迦勒底人说:"梦我已经忘了(或译:我已定命;8节同),你们若不将梦和梦的讲解告诉我,就必被凌迟,你们的房屋必成为粪堆;
6　你们若将梦和梦的讲解告诉我,就必从我这里得赠品和赏赐,并大尊荣。现在你们要将梦和梦的讲解告诉我。"
7　他们第二次对王说:"请王将梦告诉仆人,仆人就可以讲解。"
8　王回答说:"我准知道你们是故意迟延,因为你们知道那梦我已经忘了。
9　你们若不将梦告诉我,只有一法待你们,因为你们预备了谎言乱语向我说,要等候时势改变。现在你们要将梦告诉我,因我知道你们能将梦的讲解告诉我。"
10　迦勒底人在王面前回答说:"世上没有人能将王所问的事说出来,因为没有君王、大臣、掌权的,向术士,或用法术的,或迦勒底人问过这样的事。
11　王所问的事甚难,除了不与世人同居的神明,没有人在王面前能说出来。"

12 因此，王气忿忿地大发烈怒，吩咐灭绝巴比伦所有的哲士。
13 于是命令发出，哲士将要见杀，人就寻找但以理和他的同伴，要杀他们。
14 王的护卫长亚略出来，要杀巴比伦的哲士，但以理就用婉言回答他，
15 向王的护卫长亚略说："王的命令为何这样紧急呢？"亚略就将情节告诉但以理。
16 但以理遂进去求王宽限，就可以将梦的讲解告诉王。

二 5 "王回答迦勒底人说：'梦我已经忘了（或译：我已定命；8 节同），你们若不将梦和梦的讲解告诉我，就必被凌迟，你们的房屋必成为粪堆；'"

"梦我已经忘了" 应作"这事我已决定"，⑫或"我颁布这命令"。⑬ 不少学者曾根据这错谬的翻译，误以为尼布甲尼撒忘记了梦的内容；其实，他是记得梦的内容，否则，他不会对这些巴比伦的专家说："你们先把梦说出来，我就知道你们是否真能解梦"（9 节）；如果他真的忘了，又怎能知道专家所言是否纯属虚构，并非他所做的梦呢？况且，如果他确实忘了，为什么会如此心烦呢？

"凌迟" 四肢被斩断。⑭

"粪堆" 亚兰文原意乃是"拆毁"，可译作"废墟"。⑮ 无可否认，废墟有用作解决便溺之地，而变成粪堆。

二 6 "你们若将梦和梦的讲解告诉我，就必从我这里得赠品和赏赐，并大尊荣。现在你们要将梦和梦的讲解告诉我。"

"赏赐" 指礼物；这词从前被误认为源于波斯文，现在确认是来自

---

⑫ ['azdā']前被解作"离开"或"出去"，因在塔木德（Talmud）这字与['azal] "to go"相同（"l"改作"d"），现知道这本是一个古波斯字（[azda], sanskirt[addhâ]），意思是"坚决""肯定"；参 Young, 60；Leupold, 89；Baldwin, 88；思高, 70；和合本的小字"我已定命"。
⑬ 这解释吻合第六章三节，参 Lacocque, 34；Hartman, 138。
⑭ [dāmin]源自波斯文[handāma]，指四肢。
⑮ Montgomery, 145-147，但 Hartman（138）却提议参考列王纪下第十章廿七节仍把这字作粪堆。

巴比伦文。⑯ 王软硬兼施，一方面威吓，另一方面用奖赏作饵。

二 8 "王回答说：'我准知道你们是故意迟延，因为你们知道那梦我已经忘了。'"

"那梦我已经忘了" 参第五节的诠释；尼布甲尼撒认为他们知道他已定意施行严刑，故拖延时间，伺机逃生。

二 9 "你们若不将梦告诉我，只有一法待你们，因为你们预备了谎言乱语向我说，要等候时势改变。现在你们要将梦告诉我，因我知道你们能将梦的讲解告诉我。"

"谎言乱语" 这群专家宣称：如果知道梦的内容，就可以解梦；尼布甲尼撒却说这是不可信的谎话，因他们既然连说出梦的内容的能力都没有，更谈不上能解梦了。"乱语"：恶毒的说话。王对自己的心腹产生怀疑，不再予以信任。

"时势改变" 指尼布甲尼撒政权倾覆，或因其他事情忘记刑罚这群专家。值得留意的是，真正可以"改变时势"乃是耶和华自己（21节）。⑰

二 10 "迦勒底人在王面前回答说：'世上没有人能将王所问的事说出来，因为没有君王、大臣、掌权的，向术士，或用法术的，或迦勒底人问过这样的事。'"

"没有君王、大臣、掌权的" 应作"没有任何伟大和有权柄的君王"。⑱ 他们认为像尼布甲尼撒这样的君王，不会如此不近人情，命令他们解释毫无头绪的梦。

二 11 "王所问的事甚难，除了不与世人同居的神明，没有人在王面前能说出来。"

"不与世人同居的神明" "世人"原作"肉体"（吕本："血肉之躯"，思高也这样翻译），强调人的软弱与可朽坏（参诗五十六 4；赛卅一 3；耶

---

⑯ Young，61；Leupold，90；Walvoord，50；却把这字当作波斯文。Baldwin（88）却指出它源于巴比伦文[nibzer]。
⑰ 两句说话原文完全一样。
⑱ 参思高、吕本、现中的翻译；"伟大的君王"[šarru rabū]是亚述和巴比伦王惯用的称号。

十七5)。⑲"神明":指巴比伦所敬拜的偶像。⑳

这些占卜专家坦白地告诉尼布甲尼撒,他的要求不是人能满足的,因人的智慧有限,只有灵界的神明才可以把没有告知的梦加以讲解。

二 12 "因此,王气忿忿地大发烈怒,吩咐灭绝巴比伦所有的哲士。"

"王气忿忿地大发烈怒" 两个希伯来字加强描写王的烈怒,意即谓他怒发冲冠,大发雷霆。"大发烈怒"曾被用来形容法老恼怒他的臣仆(创四十2,四十一10)再一次反映但以理和约瑟的相似。

"哲士" 原作聪明人,包括第二章二节那些在宫廷服务的占卜家和术士;㉑当时的外邦人认为测天象和弄法术的人须有高人一等的智慧,故称这等人为"聪明人"或"智者"。

二 13 "于是命令发出,哲士将要见杀,人就寻找但以理和他的同伴,要杀他们。"

"人就寻找但以理和他的同伴,要杀他们" 但以理和三友曾接受巴比伦文化与各种智慧的训练,以致可以侍候皇帝,并成为皇帝的顾问,故也属"哲士"之级,因而遭池鱼之殃。

二 14 "王的护卫长亚略出来,要杀巴比伦的哲士,但以理就用婉言回答他,"

"婉言" 原文是两个词:"谨慎"和"机警",这反映出但以理的智慧,在危急之中保持镇定,且以合宜的话与护卫长亚略磋商。

二 15 "向王的护卫长亚略说:'王的命令为何这样紧急呢?'亚略就将情节告诉但以理。"

"紧急" 本指"严厉"或"残酷"。但以理不明白为什么尼布甲尼撒要杀尽巴比伦所有的哲士。

二 16 "但以理遂进去求王宽限,就可以将梦的讲解告诉王。"

---

⑲ [biśrā'] "flesh"在此处没有任何消极或审判的含意,只给个人与上帝的分别;参 D. C. Russell, *The Method and Message of Jewish Apocalyptic 200 B. C. - A. D. 100*（SCM, 1964),399.

⑳ Montgomery (153)却认为这字虽然是复数,但可指一位上帝,即是耶和华。

㉑ TWOT, 1020.

"**但以理遂进去求王宽限**" 这里虽然没有提到亚略，但以理可能是透过他的安排才得以见王。[22]

小结

本段让我们看见尼布甲尼撒的残酷，他两次要求顾问讲解没有告知他们的梦；当他们办不到时，又下令把他们杀尽（虽然他们两次都请他将梦说出）。暴君发怒，理智全失，后果不堪设想。

另一方面，本段也让我们看见那群占卜专家，面对危机时，束手无策；他们只不过是人，他们有限的智慧并不能满足尼布甲尼撒的要求。

当他们的生命危在旦夕，千钧一发之际，但以理挺身而出，勇敢地求王暂缓灭绝他们。为什么但以理有把握办到只有"不与世人同居的神明"才办得到的事呢？因为他充满信心，知道他所事奉的上帝会帮助他。况且，他里头有上帝的灵（四8），能藉着上帝的启示，解释尼布甲尼撒没有讲出来的梦。再一次，他在困境中坚守了自己的信念。他的信心乃建基于"上帝是智慧之源"这个知识的基础上，他知道全知的上帝能启示奥秘。

（III）但以理获有关王梦的启示（二17～24）

17 但以理回到他的居所，将这事告诉他的同伴哈拿尼雅、米沙利、亚撒利雅，
18 要他们祈求天上的上帝施怜悯，将这奥秘的事指明，免得但以理和他的同伴与巴比伦其余的哲士一同灭亡。
19 这奥秘的事就在夜间异象中给但以理显明，但以理便称颂天上的上帝。
20 但以理说："上帝的名是应当称颂的，从亘古直到永远，因为智慧能力都属乎他。

---

[22] 有学者认为第十六节与第廿四节不吻合，故证明本章是由不同的资料砌合而成；Hartman，139；这只是一种臆测。

21 他改变时候、日期，废王、立王，将智慧赐与智慧人，将知识赐与聪明人。
22 他显明深奥隐秘的事，知道暗中所有的，光明也与他同居。
23 我列祖的上帝啊，我感谢你、赞美你，因你将智慧才能赐给我，允准我们所求的，把王的事给我们指明。"
24 于是但以理进去见亚略，就是王所派灭绝巴比伦哲士的，对他说："不要灭绝巴比伦的哲士，求你领我到王面前，我要将梦的讲解告诉王。"

二 17 "但以理回到他的居所，将这事告诉他的同伴哈拿尼雅、米沙利、亚撒利雅，"

"同伴" 这词原指"结连"或"绑在一起"，用以描写朋友，甚至夫妇之间关系的紧密。但以理与同伴可说是患难之交，大家同心祷告，并肩面对生命的危机。

二 18 "要他们祈求天上的上帝施怜悯，将这奥秘的事指明，免得但以理和他的同伴与巴比伦其余的哲士一同灭亡。"

"天上的上帝" ㉓亚伯拉罕首次用此名字来称呼上帝（创廿四 7）；被掳前的以色列人为了避免与腓尼基人称巴力神为"天上的主"产生混淆，故少用这称呼，而被掳后的选民则较多使用（拉一 2，六 10，七 12；尼一 5，二 4）。这名号表明上帝的伟大，他创造了天，更掌管天。由此可见，天只是受造之物，但外邦人却以天为敬畏的对象。

"将这奥秘的事指明" "奥秘"原指"秘密"，㉔希伯来人相信上帝和他的使者，常在天上举行高峰会议，会议的决定不是公开的，只向属上帝的人（包括先知）显明（耶廿三 18）。此处的"奥秘"就是但以理所寻求有关王梦的答案。

撰写死海古卷的昆兰团体喜欢提及"上帝的奥秘"，㉕这奥秘特指

㉓ 明末天主教传入中国，用"天主"称呼上帝，与"天上的上帝"相近。
㉔ [rāz]是一个波斯字，七十士译本把此字翻作[mystērion]（英文的 mystery 即源于此）。
㉕ 参 E. Vogt, "Mysteria in textibus Qumran," *Biblica* 37：247－257；R. E. Brown, "The Pre-Christian Semitic Concept of Mystery," *CBQ* 20：417－443. 但以理书的"奥秘"可指上帝为世界和人类所定下的永恒计划；Russell，480.

他在人类历史里，如何奇妙地完成他定下的计划，尤其是如何得胜罪恶。[26] 尼布甲尼撒所做的梦，也是述说上帝如何使用历史上的四个国家，完成他为选民所定的计划，故与死海古卷中的"奥秘"的用法吻合。

二 19 "这奥秘的事就在夜间异象中给但以理显明，但以理便称颂天上的上帝。"

"夜间异象" 强调但以理当时是清醒的，不是睡着做梦而得启示（伯四 13，七 14）。[27]

二 20 "但以理说：'上帝的名是应当称颂的，从亘古直到永远，因为智慧能力都属乎他。'"

"上帝的名" 即是"上帝自己"（诗七十四 10，一一八 10）；在旧约，一个人的名字代表这个人自己，二者如一。[28] 此处的"名"也可指上帝启示他自己。

"智慧能力" 上帝的两种属性，他洞察一切，[29] 也掌管一切，每一件事情都必先经他准许才可发生。第廿一至廿二节将会举例描绘他的智慧和能力。

二 21 "他改变时候、日期、废王、立王，将智慧赐与智慧人，将知识赐与聪明人。"

"改变时候、日期、废王、立王" 上帝能力的彰显，"改变时候、日期"指出自然界和人类历史均为上帝所掌管，"废王、立王"指出一切政治活动都为他所控制。他既然可以立王废王，表明他胜过君王。

"将智慧赐与智慧人，将知识赐与聪明人" 与第廿二节连在一起，阐明第二十节"智慧属乎他"；上帝不但是智慧，他更将智慧聪明赐给人。人的智慧聪明乃本于他，是他的恩赐。但以理得着上帝所赐的智

---

[26] Lacocque, 43；参 IQS 三 23，IQ Hab 七 8。
[27] Montgomery（156）认为透过梦而得的启示，比较异象次等，这是没有根据的。无论是梦抑或异象，最主要是看它的来源，若是来自上帝，同样重要。令人惋惜的是 Leupold（98）竟然也视"梦"的启示多数显给较次等的人（参创廿八 12～17；王上三 5～14）。
[28] W. H. G. Thomas, "The Purpose of the Fourth Gospel," BS 125：253－262 写出上帝的名与上帝自己的关系。
[29] 诗篇第一三九篇是描写上帝的智慧（尤其是对人完全洞悉）的最佳著作。

慧，故能胜过巴比伦的占卜专家。

二 22　"他显明深奥隐秘的事，知道暗中所有的，光明也与他同居。"

"他显明深奥隐秘的事"　"深奥"是不易明白的，"隐秘"指还未发生的事。

"暗中所有的"　即是人所不知晓的事。"深奥、隐秘、暗中"逐渐加强不易明白的程度。

"光明也与他同居"　没有任何事能在他面前隐藏；他就是光，㉚连最黑暗隐蔽的角落也被他照得明亮。㉛

二 23　"我列祖的上帝啊，我感谢你、赞美你，因你将智慧才能赐给我，允准我们所求的，把王的事给我们指明。"

"我列祖的上帝"　第二十至廿二节歌颂上帝的智慧与能力，现在直接向他发出赞美和称颂。"列祖"是但以理的祖先，即是犹太人（上帝的选民）；㉜故此，但以理暗示他所敬拜的上帝不仅是现在向他施恩，也曾在历史里不断向选民显出他的能力和智慧。

"智慧才能"　指知道和讲解尼布甲尼撒所做的梦之能力，以及解决问题和面对困境、试验的力量。"智慧才能"与第二十节的"智慧能力"在原文完全一样。但以理属于上帝，他得到上帝的智慧和能力。

"允准我们所求的"　但以理并不要独自领功，因他知道自己之所以蒙上帝启示王的梦，乃是他的同伴和他一起同心祈祷，向上帝恳求的结果；故他说"我们"。

小结

为了面对生命的危机，但以理和三友在住所里举行了紧急的祷告会（七十士译本说他们禁食祈祷）。他们同心合意，满有信心的祷告蒙

㉚ 这是约翰福音的一个重要主题，参约一 9，三 19，八 12，九 5，十二 46。
㉛ 有关光明与黑暗的斗争，参 C. F. Pfeiffer, *The Dead Sea Scrolls and the Bible* (Baker, 1975), 79f.
㉜ "列祖"也可指亚伯拉罕、以撒、雅各；这样，重点变成但以理现有的经验，就像这些祖先与上帝相交的经验。

上帝垂听,得知王的梦之内容和解释。但以理并没有因此自鸣得意,反而立刻涌出赞美。

但以理高歌称颂上帝,因他满有智慧和能力,他的能力在大自然和人类历史中彰显,证明他在掌管一切;他有智慧,故可以知道一切的事(包括未发生或隐蔽的事)。更奇妙的是,他愿意把他的能力与智慧赐给属于他的人,例如但以理;因此,但以理有智慧知道王所做的梦,也有能力去面对摆在前面的挑战与难处。

第二十至廿三节是一首美丽动人的赞美诗。它以上帝的"智慧能力"作开始(20节),也以他的"智慧才能"结束(23节)。㉝ 其中但以理先举例阐释上帝的"能力"(21节上),然后再发挥他的"智慧"(21节下至22节),而上文却是"智慧"在先,"能力"在后;这是希伯来诗歌常用的梅花间竹的交叉格式。㉞ 这篇赞美诗,无论是在描写的技巧,或内容的丰富,都可媲美诗篇中伟大的赞美诗。㉟

但以理获得启示,便请求亚略带他进去见王,以便替王解梦。

(Ⅳ)但以理向王解梦(二 25～45)

25 亚略就急忙将但以理领到王面前,对王说:"我在被掳的犹大人中遇见一人,他能将梦的讲解告诉王。"

26 王问称为伯提沙撒的但以理说:"你能将我所做的梦和梦的讲解告诉我吗?"

27 但以理在王面前回答说:"王所问的那奥秘事,哲士、用法术的、术士、观兆的都不能告诉王,

28 只有一位在天上的上帝,能显明奥秘的事,他已将日后必有的事指示尼布甲尼撒王。你的梦和你在床上脑中的异象是这样:

29 王啊,你在床上想到后来的事,那显明奥秘事的主把将来必有的事指示你。

㉝ 这是希伯来诗歌的特色之一,首尾互相呼应(Inclusio)。
㉞ 又称为"交错排列法",参居佛,《圣咏》(华明书局,1978),38。
㉟ 参房志荣,"四首赞美天主的圣咏",《神学论集》33:335-346。

30 至于那奥秘的事显明给我，并非因我的智慧胜过一切活人，乃为使王知道梦的讲解和心里的思念。
31 王啊，你梦见一个大像，这像甚高，极其光耀，站在你面前，形状甚是可怕。
32 这像的头是精金的，胸膛和膀臂是银的，肚腹和腰是铜的，
33 腿是铁的，脚是半铁半泥的。
34 你观看，见有一块非人手凿出来的石头打在这像半铁半泥的脚上，把脚砸碎，
35 于是金、银、铜、铁、泥都一同砸得粉碎，成如夏天禾场上的糠秕，被风吹散，无处可寻。打碎这像的石头变成一座大山，充满天下。
36 这就是那梦，我们在王面前要讲解那梦。
37 王啊，你是诸王之王，天上的上帝已将国度、权柄、能力、尊荣都赐给你。
38 凡世人所住之地的走兽，并天空的飞鸟，他都交付你手，使你掌管这一切。你就是那金头。
39 在你以后必另兴一国，不及于你。又有第三国，就是铜的，必掌管天下。
40 第四国，必坚壮如铁，铁能打碎克制百物，又能压碎一切，那国也必打碎压制列国。
41 你既见像的脚和脚指头一半是窑匠的泥，一半是铁，那国将来也必分开。你既见铁与泥搀杂，那国也必有铁的力量。
42 那脚指头既是半铁半泥，那国也必半强半弱。
43 你既见铁与泥搀杂，那国民也必与各种人搀杂，却不能彼此相合，正如铁与泥不能相合一样。
44 当那列王在位的时候，天上的上帝必另立一国，永不败坏，也不归别国的人，却要打碎灭绝那一切国，这国必存到永远。
45 你既看见非人手凿出来的一块石头从山而出，打碎金、银、铜、铁、泥，那就是至大的上帝把后来必有的事给王指明。这梦准是这样，这讲解也是确实的。"

二 25 "亚略就急忙将但以理领到王面前，对王说：'我在被掳的

犹大人中遇见一人,他能将梦的讲解告诉王。'"

"我在被掳的犹大人中遇见一人""遇见"应作"找着"(六5);亚略把握机会归功于自己,说但以理是他找着和发现的。其实,但以理是毛遂自荐。另一点值得注意的是,亚略将重点放在但以理身上("一人"),而没有提及但以理所敬拜的上帝。

二27 "但以理在王面前回答说:'王所问的那奥秘事,哲士、用法术的、术士、观兆的都不能告诉王,'"

"观兆" 占星家透过探察星象算命和预测未来。㊱

二28 "只有一位在天上的上帝,能显明奥秘的事,他已将日后必有的事指示尼布甲尼撒王。你的梦和你在床上脑中的异象是这样:"

"只有一位在天上的上帝" 但以理承认人的有限,只有掌管宇宙的上帝才能启示奥秘,预告将来。但以理强调他能够向王解梦,乃因得着这位上帝的帮助,并非自己有什么过人之处(30节)。这与亚略那种把功劳归给自己的态度有天渊之别(参创四十一—16,约瑟类似但以理的表现)。

"日后必有的事" 不少学者认为这是弥赛亚时代要发生的事;㊲但也可指将来要发生的事(29节"后来的事")。㊳ 其重点乃指出但以理所敬拜的耶和华,可以且愿意预告后来要发生的事,因为他掌管历史。启示录四次提到"将来必成的事"(参启一1、19,四1,廿二6),用这句话可把该书分作四大段:一1、一2～三22,四1～廿二5,廿二6～21。

"脑中的异象" 但以理是第一个将异象和头脑连在一起的人(四2、7、10);㊴人见异象时,头脑是清醒的,并没有失去理智。

二31 "王啊,你梦见一个大像,这像甚高,极其光耀,站在你面前,形状甚是可怕。"

㊱ [gāzar]基本意思是"决定",故凭天象变化决定将来运程,用这种占星术算命是基督徒不能接受的。

㊲ Young,70;Leupold;105;Walvoord,60;Culver,107.

㊳ Baldwin, 91; R. L. Harris, "The Last Days in the Bible and Qumran," in *Jesus of Nazareth*, *Saviour and Lord*, ed. Carl Henry (Eerdmans, 1966),74-79. 赞成"日后"乃指弥赛亚时代的学者不同意"日后"与第廿九节的"后来"是相同的。他们认为第廿九节只是尼布甲尼撒挂心自己王国将来的遭遇。

㊴ G. von Rad,*Theology of the Old Testament* (SCM, 1975), I, 153 n.28.

"**极其光耀**"　大像既由不同光彩耀目的金属铸成，自然是闪闪生辉。

"**形状甚是可怕**"　因为它的造型庞大，且光辉灿烂，叫人触目惊心。

二 34　"你观看，见有一块非人手凿出来的石头打在这像半铁半泥的脚上，把脚砸碎，"

"**非人手凿出来的石头**"　不是人所雕凿的，也不知来自何处（现中："从山岩上滚下来"是意译加上去的）。⑩

"**把脚砸碎**"　由于大像头重脚轻，再加上大石的力度很大，一击中脚部，整座大像就应声倒下，支离破碎。

二 35　"于是金、银、铜、铁、泥都一同砸得粉碎，成如夏天禾场上的糠秕，被风吹散，无处可寻。打碎这像的石头变成一座大山，充满天下。"

"**金、银、铜、铁、泥**"　原文是"铁、泥、铜、银、金"，次序恰好倒转。⑪大石打击所产生的力度由下伸展而上，直至金头。

"**糠秕**"　特点有二，就是重量甚轻，以及毫无价值；圣经用"糠秕"比喻被上帝审判的国家（赛五 24；耶廿三 28）。⑫

二 37　"王啊，你是诸王之王，天上的上帝已将国度、权柄、能力、尊荣都赐给你。"

"**诸王之王**"　有学者认为这是波斯皇帝的头衔，因但以理不会这样称呼巴比伦王，这理论已为其他学者反驳（结廿六 7 用同样的称号描写尼布甲尼撒）。⑬

"**都赐给你**"　但以理坦诚地指出尼布甲尼撒所有的一切，都源于上帝，是上帝赐给他的礼物（参 38 节"他都交付你手，使你掌管这一切"）。

二 38　"凡世人所住之地的走兽，并天空的飞鸟，他都交付你手，使你掌管这一切。你就是那金头。"

---

⑩ 这种解释可能是受 Leupold（110）所影响，但没有经文的支持，参 Walvoord, 64. 思高也说石头是山上崩下来的，72.
⑪ 这里的"泥"是烧烘过的泥土，乃是建房子用的；J. L. Kelso, "The Ceramic Vocabulary of the Old Testament," *BASOR* Supplementary Studies, No. 5 - 6.
⑫ ZPEB, I, 774.
⑬ Young 提出有力的反驳；参 Young, 73.

"凡世人所住之地的走兽" 应是"世人所住的地方、田野的走兽"，这与下文"天空的飞鸟"三句都强调尼布甲尼撒势力范围的广大；他是当时最有权势的君王。㊹

"你就是那金头" 尼布甲尼撒王与他所代表的巴比伦国，就是那用精金铸造的头。

二39 "在你以后必另兴一国，不及于你。又有第三国，就是铜的，必掌管天下。"

"不及于你" 不少学者认为这比不上巴比伦的国家乃是玛代-波斯。㊺ 玛代位于亚述国东部，起初臣服亚述国，于公元前612年与巴比伦联手攻陷尼尼微，成为中东一个大国，玛代后来为居鲁士所征服，并入波斯国，二者合称玛代-波斯。

究竟玛代-波斯怎样"不及"巴比伦呢？加尔文认为玛代-波斯在道德方面比不上巴比伦；杨以德则相信是在国家统一方面，玛代-波斯较弱；㊻骆普却认为巴比伦的文化远胜玛代-波斯；㊼而苏佐扬牧师则指出"玛代-波斯联合王国的国权、能力和荣耀都不及巴比伦"。㊽ 不同学者对这问题有不同的意见，米勒德的话较中肯："玛代-波斯怎样不及巴比伦，我们并不清楚。"㊾不过，有一件事却是大家同意的，这"不及"并不指"国土版图"，因玛代-波斯的国土比巴比伦大。㊿

"又有第三国，就是铜的" 这指希腊帝国。

二40 "第四国，必坚壮如铁，铁能打碎克制百物，又能压碎一切，那国也必打碎压制列国。"

"那国也必打碎压制列国" 传统认为第四国乃是罗马，它的特征

㊹ 有学者建议，这里提到巴比伦王管理走兽与飞鸟，因为每年新年巴比伦王都要行一个登基的仪式，表明他由马杜克神里再次得到统治国家的权柄，在仪式中，他要背诵巴比伦的创造神话，指出他是马杜克神在地上的代表，故有权统辖走兽和飞鸟；参 Heaton, 131。
㊺ 早期有耶柔米 (Jerome)、马丁·路德、加尔文、盖尔 (Keil)，以及初期的教父；近期著名的有 Young, Leupold, Walvoord, Baldwin, Ford 等。
㊻ Young, 74; Walvoord, 66; Thomson, 70; Unger, 1616；胡里昂，33。
㊼ Leupold, 117。
㊽ 苏佐扬，29；只是他没有提出任何证据。
㊾ 米勒德，775；而 Baldwin, 93 却轻轻带过，完全不讨论第二国如何不及巴比伦。
㊿ Leupold, 118。

就是拥有锐不可当的军队,以致它能百战百胜,打败各国。

二 41 "你既见像的脚和脚指头一半是窑匠的泥,一半是铁,那国将来也必分开。你既见铁与泥搀杂,那国也必有铁的力量。"

"铁与泥搀杂" 第四国是强弱参半,不是彻头彻尾的像铁那样坚强(42节);正如铁与泥不能混合,这国也不能真正统一(43节)。

二 43 "你既见铁与泥搀杂,那国民也必与各种人搀杂,却不能彼此相合,正如铁与泥不能相合一样。"

"那国民也必与各种人搀杂" "各种人"原作"人的种子"(吕本作"人种"),故可指通婚;罗马帝国将藉着异族通婚来统一各个民族。[51] 有学者认为这里的混合,乃指不同政制结合,例如帝国主义与民主制度的混杂。[52] 也有人相信此处乃论及国民的文化与其他特性的混合。[53] 第一种说法合理。

二 44 "当那列王在位的时候,天上的上帝必另立一国,永不败坏,也不归别国的人,却要打碎灭绝那一切国;这国必存到永远。"

"列王在位的时候" "列王"可指四国的皇帝,或是第四国的君王。按上下文来说,第二种的说法比较可靠。

二 45 "你既看见非人手凿出来的一块石头从山而出,打碎金、银、铜、铁、泥,那就是至大的上帝把后来必有的事给王指明。这梦准是这样,这讲解也是确实的。"

"非人手凿出来的一块石头" "石头"预表基督,他的降临不是依据人的安排,乃是按着上帝自己的计划,故是"非人手凿出来的"。基督的第一次降临,开始了天国(弥赛亚的国度),这国永远长存,且胜过地上一切人的国度(大像预表人的国)。

小结

本段经文是全章的高峰。但以理首先指出尼布甲尼撒做梦前,可

---

[51] 现中:"统治者要想以通婚统一各民族";Baldwin, 93.
[52] Ironside, 36-37;这方面与香港将来的一国两制相仿。
[53] Keil, 109; Gaebelein, 31.值得留意是 A. Jepsen, "Bemerkungen zum Danielbuch," *VT* 11:386-91,他把第四十一至四十三节重新组合,删去重复累赘的经文。

能正在想到将来会发生的事（29 节）；当时，尼布甲尼撒登上皇帝的宝座不久，为着国家的大事挂心。他睡着了，梦见了一尊用不同的金属所铸造而成的大像。

关于这些金属，以下几点值得注意：

第一，它们的"价值"是循序渐进地递减，由金至银至铜，最后是铁；这象征人的国度不断堕落，卒至灭亡。

第二，它们的硬度却由上而下加增，银比金硬，铜比银更硬，而铜又不及铁坚硬；㊾这恰好与价值的降低成反比。

第三，它们均是人所宝贵的东西，但毁灭它们的却是一块不为人重视、没有价值的石头。

第四，它们与所象征的各国吻合。㊿（a）巴比伦喜欢以金装饰各物；例如巴比伦的神庙到处都镶镀了金。（b）银即是银钱，而波斯以经商赚钱驰名。（c）希腊军队以铜来制造兵器（参结廿七 13，"雅完人的铜器"）。㊺（d）罗马的器械用铁制成。故此，大像预表上述四个国家。

除了上有关各"金属"的象征意义，这四国更各有特色。尼布甲尼撒（代表第一国巴比伦）获得上帝赐他大权。第二国玛代-波斯却不及他。第三国希腊则拥有最大的版图。第四国罗马最凶悍，所向无敌，战胜列国。

然而，正当罗马帝国最威武之际，上帝差遣了他自己的儿子基督降世，开始了上帝的国度；基督就是那块"非人手凿出来的石头"。"儿子"与"石头"彼此关联，正如主自己所说的关于凶恶园户的比喻："匠人所弃的石头已作了房角的头块石头。"（参太廿一 33～46）㊼

但以理让尼布甲尼撒知道，人的国度（包括巴比伦）至终必会为上帝的国所取代。而且，上帝的国有四个特点：第一，非人所设立；第二，是永存的国；第三，不会被征服；第四，会彻底消灭人所有的帝国。

㊾ Ford, 96; Criswell, 66.
㊿ Boutflower, 24.
㊺ Herodotus, VII 74, 89-95.
㊼ 有关儿子（[bēn]）与石头（['eben]）的关系，参 M. Black, "The Christological Use of the Old in the New," *NTS* 18:12; E. Lohmeyer, *Lord of the Temple* (Oliver and Boyd, 1961), 46.

(Ⅴ) 结束：王提升但以理(二 46～49)

46 当时，尼布甲尼撒王俯伏在地，向但以理下拜，并且吩咐人给他奉上供物和香品。
47 王对但以理说："你既能显明这奥秘的事，你们的上帝诚然是万神之神、万王之主，又是显明奥秘事的。"
48 于是王高抬但以理，赏赐他许多上等礼物，派他管理巴比伦全省，又立他为总理，掌管巴比伦的一切哲士。
49 但以理求王，王就派沙得拉、米煞、亚伯尼歌管理巴比伦省的事务，只是但以理常在朝中侍立。

二 46 "当时，尼布甲尼撒王俯伏在地，向但以理下拜，并且吩咐人给他奉上供物和香品。"

"俯伏在地" 尼布甲尼撒上帝把但以理当作神明看待，向他下拜，并献上供物香品；但以理代表上帝接受了这些供品。王此举是巴比伦人和波斯人对尊贵人物的敬礼。伟大的君王竟向一个亡国奴下拜，充分地表明了上帝能在人心中工作，使人改变。

二 47 "王对但以理说：'你既能显明这奥秘的事，你们的上帝诚然是万神之神、万王之主，又是显明奥秘事的。'"

"万神之神" 胜过其他一切的神明，是至高无上的；尼布甲尼撒是一个多神论者，仍不知道耶和华是唯一的真神。㊸

二 49 "但以理求王，王就派沙得拉、米煞、亚伯尼歌管理巴比伦省的事务，只是但以理常在朝中侍立。"

"但以理求王" 他没有忘记那三位曾与他为所面临的危机同心祈祷的战友。

"朝中" 原作"王的门"（吕本作"门庭"），指在皇宫里作王的顾问。约瑟为法老解梦后，被立为埃及的首相（创四十一 40～43），但以理解

㊸ 加尔文认为："尼布甲尼撒承认上帝伟大，只不过是被一种突如其来的强烈感动抓住，这感动不足以造成真正的悔改，也不完全出于他的理智"；华勒斯，58。

梦后也被立为总理。

小结

当尼布甲尼撒听完但以理所说的梦和梦的解释后,他佩服得五体投地,承认那能启示奥秘的上帝是超然的,比其他一切的神明和君王更胜一筹。他向这位上帝的代表但以理下拜和献上供物,且提升但以理和他的三个朋友,委派他们负责管理巴比伦的国务;这导致下一章在巴比伦所发生的惊人的考验。

总结

(一)本章的重点乃是,万军之耶和华是全能全知的,他掌管人类的历史,没有一件事不在他掌管之下。故此,历史并不是因果循环地原地打转,乃是朝着一个清楚的方向前进,其终点就是上帝国的降临。人的国度是短暂的,只有上帝的国才是永恒的,是人所应追求的理想国度。作者藉此鼓励被掳的犹太人,仍然要信靠掌管历史的耶和华,在巴比伦继续忠心于他。

(二)本章记载了两个主角。第一个是巴比伦的大君王尼布甲尼撒,他的权柄无限、财富无边、受万人尊崇;但他被梦烦扰,心情恶劣,大发雷霆,以致失去理智,不信任自己的亲信,下令灭绝他们。尼布甲尼撒不能接受,自己身为伟大巴比伦国的统治者,竟不能知道和了解自己所做的梦,被这梦弄得束手无策,毫无办法。人想拥有全部的知识,这是自亚当、夏娃以来人的欲望;人要像上帝一样全知,像他一样全能(传三 11 指出人不可以全知)。

哲学家尼布尔说得不错,尼布甲尼撒所经历的不安和焦虑,潜伏在许多独裁者心里;人对权力的欲望,是因对自我存在缺乏安全感。[59] 许多人追逐地位、名誉、财富和权柄,只不过是盼望藉着这些东西得到安

---

[59] R. Niebuhr, *The Nature and Destiny of Man* (Nisbet, 1944), 201 - 203.

全感；但是，人爬得愈高，愈感不安全，反倒因此心情焦虑，变得易怒、易猜忌。⑥

第二个主角是但以理。他是在最关键性的时刻出现，挽回大局。当众人都束手无策，生命垂危之际，他仍能够果断、机警地采取适当的行动。⑥ 靠着上帝加给他的智慧，他堵住了破口，拯救了巴比伦的哲士，他改变了尼布甲尼撒对耶和华的态度。在整个过程中，他表现了对上帝的敬畏和信心；他把一切的荣耀归给上帝，也把功劳与三友分享。正如第一章显示的，有智慧的人对上帝有信心，故能在危机中仍然忠于他。

为什么巴比伦的哲士不能知道，又不能解释尼布甲尼撒所做的梦呢？因为他们所倚靠的是假神、是邪灵，但以理敬拜的却是能够启示奥秘、预告将来的独一真神。真神胜过假神，真神的仆人比假神的"术士、用法术的、行邪术的、观兆的"（二 2、27）有更高深的智慧和聪明。

近代基督徒很容易忽略魔鬼（"空中掌权者、心中运行的邪灵"）的真实性；其实，它正在加紧行动，掳掠无数的人（包括领袖），难怪商场巨富搬迁办公室要请风水先生勘察，国家总统找继承人也请巫师帮忙。⑥ 所以，我们更要倚靠真神，抵挡天空属灵气的恶魔。

（三）福音派大多赞成这四个国家是巴比伦、玛代-波斯、希腊和罗马，但对于基督的国度（"大石"）却有两种不同的看法。第一种乃是上述诠释所采用的："大石"是指基督的第一次降临，他的教训（就是福音的广传）粉碎人国度的罪恶。第二种却认为"大石"指基督的第二次降临，以及所带来的永恒国度。换言之，第一种解释偏重于基督的"属灵国度"，第二种则强调"千禧年"那在地上的国度。

采纳第二种解释的学者（时代论是支持这种解释的主流），认为第

---

⑥ 华勒斯，46。
⑥ 同上，50。
⑥ Paula Chin, "Mystics, Money and Power," *Newsweek* (July, 1987), 10-13；1987 年 3 月印尼总统苏哈托礼聘五位法师去雅加达南部的山丘替他施法，希望知道谁是他的继承人，11。杨牧谷，"性陷阱"，《教牧分享》(7/1986)，7-9，指出传道人要提防魔鬼利用温香软肉引诱他们。王天丽，《新造的人》(香港：艺人之家，1986)，21-26，详细记载作者与邪灵争战的经过。

四十一与四十二节之间有一段时间的距离。第四十和四十一节描写古罗马帝国(476 B.C.完结),第四十二节那些脚趾(共有十只),相等于第七章所说的"十王"(七 24),属于将来一个新兴的罗马帝国。因为古代罗马历史中从没有出现过十个王鼎立的局面。⑥³ 根据这个解释,第四国分为两个阶段,第一阶段是"腿",即古罗马;第二阶段是"脚和脚趾",是主再来之前新兴的罗马。⑥⁴ 现今的教会时代就处于古罗马和将要兴起的新罗马之相隔期的中间。

第二种解释认为第一种解释有几个问题。第一,基督第一次降临时,罗马帝国并未如梦中所见的大像之脚被粉碎,反而在基督升天之后,罗马帝国才进入全盛时期。大石击碎大像,代表人的国销声匿迹,但这并没有发生在基督降生时。这将会在基督第二次降临时才实现。⑥⁵ 第二,基督第一次降临所建立的教会,并没有如梦中所见的石头充塞天下,而基督第二次降临所建立的国才真正治理全地(诗二 6~9)。第三,大像所代表的四个国家都是在地上出现过,为什么第五个(基督的国度)却是属灵(没有实体)的国家呢?

另一方面,第二种解释(指大石头预表基督第二次来临)也有它的问题。例如:第一,基督再来所建立的国度是千禧年国,并不是永恒的。⑥⑥ 第二,这种解释假设脚趾相等于第七章的"十角",而第七章描写主第二次再来,故第二章也是。但是,我们没有理由证明此处的脚趾即是第七章的"十角",因为第二章并没有提及大像脚趾的数目;还有,第二章从未显示脚趾是代表皇帝,与第七章清楚说明十角是十王截然不同。另一方面,就算假设脚趾等于第七章的十角,仍不能证明大石代表基督的第二次降临,因大石击打的并不是脚趾,而是"脚"。第三,最重要的乃是,没有任何证据足以支持腿和脚之间有一段间隔的时期,或说第四个国家是分开两个阶段,一个已经过去,而另一个则要在主再来时才出现。

---

⑥³ 胡里昂,33-35;Luck(43)却认为那间隔是在第四十与四十一节之间。
⑥⁴ Unger,1617。
⑥⁵ 参启示录第十九章十一至二十章三节(尤其是启十九 15"击杀列国""用铁杖辖管他们");根据王所做的梦,这块大石击打大像很迅速,转瞬间就完成,这与第一种解释说教会逐渐潜移默化消灭人的罪恶不合。
⑥⑥ Unger(1619)却说,这千禧年的国度会与永远的新天新地连合,故是存到永远。

（四）除了上述两种看法，还有第三种解释。根据这个解释，大像的金头是预表巴比伦，银的胸和手臂是玛代，铜的肚腹和腰是波斯，铁的腿是希腊，而半铁半泥的脚和脚趾是亚历山大死后帝国分裂为四的其中两个国家，即南部的埃及和北部的叙利亚。⑰

赞成这个说法的学者指出：

（1）玛代才是真正"不及"巴比伦的国家（二 39）。

（2）波斯版图最大，故是"掌管天下"（二 39）。

（3）希腊的亚历山大才是所向无敌，符合"打碎压制列国"的描写（二 40）。⑱

（4）希腊分裂后的埃及与叙利亚国势"半强半弱"，且曾企图藉通婚"搀杂，却不能相合"（二 43，十一 6）。

（5）大石乃指基督的国度：当基督降生时，希腊已经灭亡，故代表"打碎灭绝那一切的国"（二 44）。

（6）这样的解释与第七、八、九、十一章所说的吻合。

---

⑰ 旧释，7；Anderson，22；Barr，594；Hartman，142；Lacocque，510。

⑱ Gurney 指出罗马不可能是第四个国家，因没有逢战必胜（公元前 54 年被 Parthians 打败）；且罗马没有践踏全地，因 Parthians 仍管辖许多土地，包括巴比伦、玛代、波斯、希腊的属土；R. J. M. Gurney, "The Four Kingdoms of Dan. 2 & 7," *Themelios* 2：39 - 45。

叁　尼布甲尼撒的金像
　　（三1~30）

(I) 王设立金像让人敬拜(三1~7)

1 尼布甲尼撒王造了一个金像，高六十肘，宽六肘，立在巴比伦省杜拉平原。
2 尼布甲尼撒王差人将总督、钦差、巡抚、臬司、藩司、谋士、法官和各省的官员都召了来，为尼布甲尼撒王所立的像行开光之礼。
3 于是总督、钦差、巡抚、臬司、藩司、谋士、法官和各省的官员都聚集了来，要为尼布甲尼撒王所立的像行开光之礼，就站在尼布甲尼撒所立的像前。
4 那时传令的大声呼叫说："各方、各国、各族的人哪，有令传与你们：
5 你们一听见角、笛、琵琶、琴、瑟、笙和各样乐器的声音，就当俯伏敬拜尼布甲尼撒王所立的金像。
6 凡不俯伏敬拜的，必立时扔在烈火的窑中。"
7 因此各方、各国、各族的人民一听见角、笛、琵琶、琴、瑟和各样乐器的声音，就都俯伏敬拜尼布甲尼撒王所立的金像。

　　三1　"尼布甲尼撒王造了一个金像，高六十肘，宽六肘，立在巴比伦省杜拉平原。"

　　"金像"　不一定是纯金铸成，可能只是外面镀金（赛四十19），内部则用木头塑造。① 会幕里的祭坛是皂荚木造的，但因用精金包裹，故称为金坛（出卅七25，卅九38）。

　　这金像有人的形状，究竟代表什么呢？不少人认为这像是尼布甲

---

① 思高，85；考古学家发现不少巴比伦的神像，都是外面镀上金；Baldwin, 99.

尼撒的雕像，②因通过第二章的梦，他知道自己是大像的金头，故建造这座金像炫耀自己，又给后人留作纪念（正如前菲律宾总统马科斯，在碧瑶附近用巨大岩石雕凿自己的肖像，以便永垂青史）。

另一方面，这座金像可能是纪念尼布甲尼撒所敬拜的马杜克神；③故此，但以理的三个朋友被控："不事奉你〔尼布甲尼撒〕的神。"（三 12、14、18）

事实上，这两种见解并不相互抵触，因巴比伦的皇帝代表他所敬奉的神执行统治，④不敬拜尼布甲尼撒为自己所建造的像，就等于不事奉他的神。⑤

"高六十肘，宽六肘" 一肘约为 1.5 英尺，故像高 90 英尺（约 27 米），宽 9 英尺（2.7 米），其比例是一比十；平常人身形的比例乃是一比五，可见金像的形状十分怪异，类似一座显眼的方尖形瘦长的碑石。尼布甲尼撒建造一座相等于现在九层楼高的金像，目的无非是要使远处的人也可以遥遥地望见，不禁赞叹其伟大！

为什么尼布甲尼撒以 60 和 6 这两个数字，作为像的高度和宽度呢？有人相信 $60 \times 6 = 360$，是巴比伦年历的日子，表示一年 360 日全国人民都要拜这金像。⑥ 又有人认为"六"是人的数字，譬如启示录那怪兽的数字是六百六十六（启十三 18），尼布甲尼撒的金像预表人的势力。⑦

无可否认，尼布甲尼撒建造金像，命令全国人民膜拜它，目的是想藉此把国家统一，叫人知道他军力强盛，战无不胜，难怪七十士译本在第一节加上"尼布甲尼撒在位第十八年（根据王下廿五 8；耶五十二 12，这是他攻陷耶路撒冷的那一年），因已经征服从印度至埃提阿伯各省与人民，他造了一个金像"。

---

② Baldwin, 96；Jerome, 35；Delcor, 91.
③ Hartman, 161；Lacocque, 58.
④ IBD, 852；*TDNT*, I, 564 - 593；埃及人却视法老为神。这与亚述和巴比伦对皇帝看法不同。
⑤ Young, 84.
⑥ 苏佐扬,37。
⑦ Unger, 1621；IBD, 1098；*NIDNTT*, II, 683 - 704；上帝在第六天造人（创一 27），人做工六天（出二十 9），故"六"与人连在一起。

"杜拉平原" "杜拉"是一个常见的巴比伦名字,"杜拉平原"可能位于巴比伦城东南部,离城六英里。⑧

三 2 "尼布甲尼撒王差人将总督、钦差、巡抚、臬司、藩司、谋士、法官和各省的官员都召了来,为尼布甲尼撒王所立的像行开光之礼。"

"总督" 意思是"保护者",⑨指皇帝在各区的代表,一区通常是包括几个省份。

"钦差" 总督手下的高官,负责一省的政务。⑩ 和合本曾译此为"省长"(耶五十一 23)。

"巡抚" 辅助总督管理地方行政,⑪如撒玛利亚或犹大的巡抚(尼五 14,和合本同样译此为"省长")。

"臬司" 皇帝的顾问。⑫

"藩司" 专管财政事务。⑬

"谋士" 主理司法的工作,有如今日的大法官。⑭

"法官" 次一等的法官,审判较轻的罪行,相等于今日的裁判司。⑮

这些官阶是由上至下,前三个是极高级的官职,后四个次一等。

"开光之礼" 金像揭幕典礼,类似所罗门建造圣殿完毕所举行的奉献礼(王上八 22f)。当亚述王撒珥根的宫殿落成后,他也是召集了与本节所列相仿的官员出席揭幕礼。⑯

---

⑧ 第一个提出这个可能性的是 Oppert, *Expédition Scientifique en Mésopotamie*, I, 238ff;跟着就被 D'Envieu 引用,J. F. D'Envieu, *Le Livre Du Prophéte Daniel*, 4 Vols. (Paris, 1888 – 1891),228ff; Montgomery(197) 和 Young(85) 都赞同。还有 E. G. Kraeling, *Rand McNally Bible Atlas* (Rand McNally, 1966),322. "杜拉"在巴比伦文意为"城墙",这显示出但以理书的作者熟稔巴比伦名字与地理。

⑨ 此亚兰文源于玛代的[khshathrapanva],后为波斯借用;参 Wiseman,14;也有学者认为波斯的[hšatra-pavan]乃来自亚甲文的[ahšadrapanu];CAD I, 195.

⑩ 从亚甲文[šaknu]借来。

⑪ 借用亚甲文[paṣatu]。

⑫ 源自古波斯文[handarza-kara]。

⑬ 源自波斯文[ganzabara]。

⑭ 源自波斯文[databara]。

⑮ 源自波斯文[tayu-pata]。

⑯ B. Meissner, *Babylonien und Assyrien* (1920 – 1925),71.

三 5 "你们一听见角、笛、琵琶、琴、瑟、笙和各样乐器的声音,就当俯伏敬拜尼布甲尼撒王所立的金像。"

"角" 用兽皮制成的口吹乐器(书六 16)。

"笛" 口吹的乐器,是一种牧童用来呼唤群羊归队的风笛(士五 16)。

"琵琶" 竖琴,弦的数目由三至十二条不等。

"琴" 三角形的四弦琴。⑰

"瑟" 也是三角形的弦琴(可能有二十条弦线)。⑱

"笙" 这有多种解释,有以为是鼓,有人相信是钹,也有人以为是风笛,现有解作"合唱"或"合奏的声音"。⑲

这六种乐器之中,有三种是用希腊名字(琵琶、瑟、笙),有学者以此支持本书是写于公元前第二世纪的希腊时代之说,这理论已被否定。⑳

三 6 "凡不俯伏敬拜的,必立时扔在烈火的窑中。"

"烈火的窑" 火焰最猛烈的火窑。耶利米曾预言假先知亚哈和西底家,会被巴比伦王放在火窑中烧死(耶廿九 21～23),可见巴比伦早已施行火窑的酷刑。㉑

---

⑰ Hartman,157;有关以色列人的乐器,参 O. R. Sellers "Musical Instruments of Israel," in *Biblical Archaeological Reader*,93.

⑱ Baldwin,102;[pesanterîn]七十士译作[psalterion],英文的 Psalter(诗篇)即源于此;E. Yamauchi,*Greece and Babylon*(Baker,1967),17-84.

⑲ 苏佐扬,39;T. C. Mitchell and R. Joyce.,"The Musical Instruments in Nebuchadrezzar's Orchestra," in *Notes on Some Problems in the Book of Daniel*,D. J. Wiseman et al.(Tyndale,1965),19-27. "笙"的亚兰文是[sûmponeyâ],英文的交响乐(Symphony)源于此。

⑳ 就算 Montgomery 也承认这些字汇不是有效的语言学证据,证明但以理书写于希腊时代,米勒德,776;也可参 K. A. Kitchen,"The Aramaic of Daniel," in *Notes on Some Problems in the Book of Daniel*,D. J. Wiseman et al.(Tyndale,1965),50;P. W. Coxon,"Greek Loan-Words and Alleged Greek Loan Translations in the Book of Daniel," in *Transactions of Glasgow University Oriental Society*,25:24-40.

㉑ ANET,627f.楔形文字的法律也提到这种刑罚,汉谟拉比法典也有三条火刑的条文(25,110,157);这些火窑原是烧砖用的。Steinmann 曾提出人在火窑烧死的过程,他的理论却未被广泛采纳,参 J. Steinmann,*Daniel:Texte Francais,Introduction et Commentaires*(Desclée de Brouwer,1961),57.时代论喜欢把火窑的刑罚与主再来前的大灾难串连起来,这只是一种假设;Unger,1662.

小结

在第二章,但以理对尼布甲尼撒说:"你就是那金头"(二 38),促使王为自己建造了一座瘦长的金像。虽然这像可能只是镀金的,但也足以令人叹为观止。

这座建筑在巴比伦东南部的金像,一方面见证尼布甲尼撒的武力,另一方面也代表巴比伦政教合一,因所有的国民(包括最高级的官员)都要出席金像的揭幕礼,并要在多种乐声奏起之际,立刻向像俯伏下拜。

为什么用这样多的乐器呢?毫无疑问,人多势众的乐队不但使场面庄严伟大,也反映出巴比伦国(尤其是尼布甲尼撒)的伟大。

尼布甲尼撒下令全国人民膜拜金像,以求达到万众一心之目的。如果有人胆敢违令,就等于不给面子,也表示公开和他作对,这自然是他所不能接受的。故此,他也下令,凡违令者必被丢在火窑里;任何有理性的人也不会拿自己的性命开玩笑,以身试法。谁料,当乐声奏起时,竟有三个被掳回来的犹太人,公然不向金像下拜。

(II) 王查问但以理的三友是否拒拜金像 (三 8~18)

8 那时,有几个迦勒底人进前来控告犹大人。
9 他们对尼布甲尼撒王说:"愿王万岁!
10 王啊,你曾降旨说,凡听见角、笛、琵琶、琴、瑟、笙和各样乐器声音的都当俯伏敬拜金像;
11 凡不俯伏敬拜的,必扔在烈火的窑中。
12 现在有几个犹大人,就是王所派管理巴比伦省事务的沙得拉、米煞、亚伯尼歌,王啊,这些人不理你,不侍奉你的神,也不敬拜你所立的金像。"
13 当时,尼布甲尼撒冲冲大怒,吩咐人把沙得拉、米煞、亚伯尼歌带过来，他们就把那些人带到王面前。

14 尼布甲尼撒问他们说："沙得拉、米煞、亚伯尼歌，你们不侍奉我的神，也不敬拜我所立的金像，是故意的吗？

15 你们再听见角、笛、琵琶、琴、瑟、笙和各样乐器的声音，若俯伏敬拜我所造的像，却还可以；若不敬拜，必立时扔在烈火的窑中，有何神能救你们脱离我手呢？"

16 沙得拉、米煞、亚伯尼歌对王说："尼布甲尼撒啊，这件事我们不必回答你。

17 即便如此，我们所侍奉的上帝，能将我们从烈火的窑中救出来。王啊，他也必救我们脱离你的手；

18 即或不然，王啊，你当知道我们决不侍奉你的神，也不敬拜你所立的金像。"

三 8 "那时，有几个迦勒底人进前来控告犹大人。"

"迦勒底人" 指统治巴比伦国的人民（参一 4），与下文的"犹大人"（12 节）成对比。这词也可指在宫廷侍奉的占星家（二 2），他们是但以理三位朋友的同僚。

"控告" 直译是"撕开逐一吞吃"，㉒强调迦勒底人心狠恶毒，务必要置这几个犹太人于死地。他们的控告是有凭据的，动机却不正，令人感慨万分。

三 12 "现在有几个犹大人，就是王所派管理巴比伦省事务的沙得拉、米煞、亚伯尼歌，王啊，这些人不理你，不侍奉你的神，也不敬拜你所立的金像。"

"王所派管理巴比伦省事务的" 这显示出他们控告但以理三个朋友的主因——嫉妒，亡国奴竟然成为他们的上司，这是不能容忍的。另一方面，尼布甲尼撒更是格外忿怒，因这三个本是被掳回来的犹太人，在被提升为巴比伦省的高官后，竟然公开违抗他的命令，他们全无感恩图报之心，实在不可原谅。

㉒ "eat their pieces"是亚甲文常用的表达方法，即是"诬告"或"中伤"，Montgomery, 204；诗篇第十五篇三节的"毁谤"在亚兰文圣经用同一个亚兰文字。

"不理你" 不把王放在眼内,也不重视王的说话。

"不敬拜你所立的金像" 不听命,不忠于王,也就是不尊敬王所代表的神明。

三13 "当时,尼布甲尼撒冲冲大怒,吩咐人把沙得拉、米煞、亚伯尼歌带过来,他们就把那些人带到王面前。"

"冲冲大怒" 第二章十二节的"气忿忿地大发烈怒",和下文第三章十九节"他怒气填胸",都反映出王只要稍不如意,或有人不依从他的话,便立刻大发脾气。㉓ 王被激怒,显示迦勒底人控告成功。

"吩咐人把沙得拉、米煞、亚伯尼歌带过来" 这次尼布甲尼撒虽然生气,却没有失去理智,尚知道要遵行司法程序,先审问,后刑罚,也可能是因他不相信迦勒底人的控告。有学者认为但以理的三友是被捆绑着带到王的面前,㉔圣经却没有这样的描述。

三14 "尼布甲尼撒问他们说:'沙得拉、米煞、亚伯尼歌,你们不侍奉我的神,也不敬拜我所立的金像,是故意的吗?'"

"是故意的吗" 应作"是真的吗"。㉕ 尼布甲尼撒表示不相信他们三人会公然违令,且给他们机会补救,以保存性命,条件是他们必须向金像俯伏下拜。

三15 "你们再听见角、笛、琵琶、琴、瑟、笙和各样乐器的声音,若俯伏敬拜我所造的像,却还可以;若不敬拜,必立时扔在烈火的窑中,有何神能救你们脱离我手呢?"

"有何神能救你们脱离我手呢" 法老曾问过类似的问题:"耶和华是谁,使我听他的话,容以色列人去呢?"(出五2)西拿基立透过他的臣仆拉伯沙基也曾向犹太人宣告:"难道耶和华能救耶路撒冷脱离我的手吗?"(王下十八35)尼布甲尼撒将会目睹上帝奇妙的拯救,正如西拿基立后来的经历(参王下十九36);到时,他的狂妄便会烟消云散。

㉓ 不成熟的人稍遇挫折或不能立时得到想要的东西,便会沮丧和发脾气;Paul Hauck, *How to Do What You Want to Do*(Westminster, 1976), 19.

㉔ 胡里昂, 45。

㉕ Montgomery, 205 – 207; F. Rosenthal, *A Grammar of Biblical Aramaic*(O. Harrassowitz, 1961), 40;这字在亚兰文的陶片上出现过,以致我们可以肯定它的意思是"真实",参 M. Lidzbarski, *Altaramäische Urkunden aus Assur*(1921), 12.

三 16　"沙得拉、米煞、亚伯尼歌对王说：'尼布甲尼撒啊，这件事我们不必回答你。'"

"尼布甲尼撒啊"　他们这样直称王的名字是否不礼貌呢？有人认为这并不是称呼，因原文应译作"他们回答尼布甲尼撒王"。[26] 另一方面，他们直呼尼布甲尼撒的名字，表明已作好准备，面对最坏的后果而宁死不屈。再者，尼布甲尼撒既然强迫他们拜金像，也就不配再接受他们的尊敬。[27]

"这件事我们不必回答你"　第一，我们没有任何驳辩的理由，因我们的确没有、也不会拜你的金像。第二，我们不须在你面前为自己辩护，因自知所做的并没有什么不对。[28] 第三，我们不须向你多解释，因为耶和华必拯救我们，这将是最有力的辩证。

三 17　"即便如此，我们所侍奉的上帝，能将我们从烈火的窑中救出来。王啊，他也必救我们脱离你的手；"

"即便如此"　直译是"如果"，[29]他们告诉尼布甲尼撒："如果我们所侍奉的上帝能把我们从火窑中救出来，他必定会救我们脱离你的手。"乍听起来，他们好像怀疑上帝拯救的能力，不敢肯定上帝必能拯救他们。其实他们的意思乃是："我们知道上帝必能拯救，但我们获救、或被火烧死，乃全在他的旨意之中；无论如何，就算他不拯救，或不能拯救（这是 18 节"即或不然"的意思），我们宁死也不敬拜王所立的金像（18节）。"他们不是怀疑上帝的能力，只是表示施行拯救的主权乃在于他，因为他是主，他随自己的旨意行事；无论他插手拯救与否，他们都会坚持至死忠心。

透过第一章和第二章的经验，他们三人知道所侍奉的上帝（这与

---

[26] Young，90；Hartman，157.
[27] 全章"尼布甲尼撒王"这句话出现了九次，如果作者这里原要说"尼布甲尼撒王"，为什么不像其他九处写清楚呢？他们不顺从王的命令，因王的命令错误；第二次世界大战结束，盟国在德国纽伦堡（Nuremberg）审讯纳粹党残余分子，指出一个军人应该不顺服长官的命令，如果该命令是不合法；"Taking Blame," *Newsweek* （July,1987），22.
[28] Unger，1623；Criswell，116f.
[29] Montgomery，206；Young，91；Baldwin，104. P. W. Coxon，"Daniel III 17：A Linguistic and Theological Problem," *VT* 26：400 - 405；[ʾitay] 被视为加重语气的辅助词（particle of emphasis），参 JB 和 NEB 的翻译。

18节"决不侍奉你的神"成强烈对比,两节的"侍奉"是同一个亚兰字)有能力拯救他们脱离尼布甲尼撒的手;因此,对于尼布甲尼撒所提出的问题:"有何神能救你们脱离我的手呢",他们的答复是:"我们所侍奉的上帝能救我们脱离你的手"。但是,他们补充:"虽然我们的上帝有能力拯救,但我们却不知道他是否会拯救。而且,拯救与否,对我们并不重要;重要的是,我们宁可殉难,也不会拜王的金像,侍奉王的神。"㉚他们三人的态度,类似约伯的心声:"他虽杀我,我仍要信赖他。"(参伯十三15)

小结

本段主要叙述迦勒底人因嫉妒而向尼布甲尼撒告发但以理的三个朋友,以及王盘问他们三人的经过。作者的结论十分清楚:如果掌权者的命令与上帝的命令抵触,就必须选择顺服上帝,违抗掌权者的命令。

作者首先指出迦勒底人向王投诉(8节),再说明控诉的重点(9~12节),从他们的口更带出投诉背后的动机乃是嫉妒:三个亡国奴竟然成为巴比伦省的高官,迦勒底人要置他们于死地是可以明白的。亚伯被该隐谋杀、大卫被扫罗迫害、基督被人钉在十架上,都与嫉妒有关(太廿七18)。

王旋即传令带他们三人前来(13节);盘问他们是否如迦勒底人所说的不向金像下拜(14节),然后给予他们机会拜金像(15节上),并加上威吓(15节下暗示没有任何一位神可以拯救他们,故当听命下拜,免

㉚ 有学者虽赞同[hēn]应作"如果",却认为第十七节乃指"如果你将我们扔在烈火窑中,我们所事奉的上帝能将我们从烈火的窑中救出来",他们认为这样的翻译可免去读者误会"上帝不是全能"的诠释;但是,他们仍然没有解决第十八节"即或不然"的误会,因该处明显是"如果上帝不能拯救";Montgomery 209. 笔者同意盖尔(Keil)的看法,本段经文所论到的能够与否,乃指上帝"伦理的能力"(ethical ability)受限制,因他要按圣洁和公义施行他的能力,而不是涉及上帝的全能(omnipotence);参 Young, 91。Leupold(152)建议:"如果他能够"应相等"如果不是合他旨意",这是合理的推论。也有学者认为第十七节的"如果",乃指"如果我们一定要回答你的问题,我们就告诉你:我们所事奉的上帝能将我们从烈火的窑中救出来",这与上下文不吻合;J. A. Wharton, "Dan. 3:16-18," *Interpretation* 39:170-176,尤其是172。

被烧死)。

三人的回答值得我们仿效。首先,他们表明不必用言语为自己辩护,并要以行动来表现出他们对上帝的忠心(基督在世所作的工作大部分是讲道,但面对希律王时却一言不发,在十架上,他的话也是少之又少)。[31] 他们接着宣告,深信所事奉的上帝能够插手加以拯救,但他们对上帝的忠心,却不是建基于上帝的拯救。无论上帝拯救与否,他们都愿意至死顺服他的安排。他们的话(16～17 节)正是基督在客西马尼园那伟大的祷告的回响:"父啊!在你凡事都能,求你将这杯撤去。然而不要从我的意思,只要从你的意思。"(可十四 36)他们三人和主基督都同意诗人的宣告:"我们的上帝在天上,都随自己的意旨行事。"(诗一一五 3,比较但二 18、19、28、36、44"天上的上帝")

(III) 王下令烧死但以理的三友(三 19～23)

19　当时尼布甲尼撒怒气填胸,向沙得拉、米煞、亚伯尼歌变了脸色,吩咐人把窑烧热,比寻常更加七倍。
20　又吩咐他军中的几个壮士,将沙得拉、米煞、亚伯尼歌捆起来,扔在烈火的窑中。
21　这三人穿着裤子、内袍、外衣和别的衣服,被捆起来扔在烈火的窑中。
22　因为王命紧急,窑又甚热,那抬沙得拉、米煞、亚伯尼歌的人都被火焰烧死。
23　沙得拉、米煞、亚伯尼歌这三个人都被捆着落在烈火的窑中。

　　三 19　"当时尼布甲尼撒怒气填胸,向沙得拉、米煞、亚伯尼歌变了脸色,吩咐人把窑烧热,比寻常更加七倍。"

"变了脸色" "色"原作"像",与王所建的"像"同一个字,[32]作者仿

---

[31] 华勒斯,66。
[32] 亚兰文[ṣᵉlēm]。

佛暗示：不但尼布甲尼撒王脸色大变，他所造的像对他们三人的回答也闻之色变。

"比寻常更加七倍" "七倍"是象征的数目，用以表示把火窑烧得最热；"七"在圣经中常与"刑罚"相连（利廿六 18～24；箴六 31）。"七"是但以理书一个重要的数目（参四 16、23、25，九 25，还有九 2、24 的"七十个七"，七 25 与九 27 的"一七之半"）。㉝

三 21　"这三人穿着裤子、内袍、外衣和别的衣服，被捆起来扔在烈火的窑中。"

"裤子、内袍、外衣"　这是大臣在宫廷所穿的礼服，㉞"裤子"有作"披在外面的斗篷"，㉟"内袍"指衬衣，㊱"外衣"是"头巾"。㊲

三 22　"因为王命紧急，窑又甚热，那抬沙得拉、米煞、亚伯尼歌的人都被火焰烧死。"

"都被火焰烧死"　执刑者都被烧死，衬托出三人得拯救确实是神迹，是超自然的。巴比伦人敬拜"火神"，但"火"却没有对这些巴比伦人手下留情，下文更让我们看见巴比伦的火神伤害不了但以理的三个朋友。

小结

当尼布甲尼撒听见他们三人那有力的回答后，立刻大发雷霆，下令即时处死他们。

王吩咐最强壮、孔武有力的士兵，把他们三个五花大绑般捆起来扔在火窑里，免得他们挣扎企图逃脱。

为了叫他们必死无疑，王又下令把火窑烧至最厉害的热度；由于火焰太猛烈，执刑的军兵竟首当其冲，被冒出的火焰烧死。

㉝ 有关"七"这数目在亚玛拿信集的重要性，参 Lacocque, 66, n. 24.
㉞ S. A. Cook, "The Articles of Dress in Dan. 3:21," *Journal of Philology* 26:306-313.
㉟ "裤子"的翻译来自阿拉伯文［sirbal］，塔木德的亚兰文却把"裤子"解作"外衣"。
㊱ Hartman, 158.
㊲ Baldwin, 105；Lacocque, 65；［karbᵉlāt］源自亚甲文［karballatu］，指头上戴的饰物。

加上王令太紧急,三人的衣服还没有脱去,已被扔入烈火之中。

(IV) 王惊奇但以理的三友在火窑里平安无事（三 24～27）

24 那时,尼布甲尼撒王惊奇,急忙起来,对谋士说:"我们捆起来扔在火里的不是三个人吗?"他们回答王说:"王啊,是。"
25 王说:"看哪,我见有四个人,并没有捆绑,在火中游行,也没有受伤,那第四个的相貌好像神子。"
26 于是,尼布甲尼撒就近烈火窑门,说:"至高上帝的仆人沙得拉、米煞、亚伯尼歌出来,上这里来吧!"沙得拉、米煞、亚伯尼歌就从火中出来了。
27 那些总督、钦差、巡抚和王的谋士,一同聚集看这三个人,见火无力伤他们的身体,头发也没有烧焦,衣裳也没有变色,并没有火燎的气味。

三 24 "那时,尼布甲尼撒王惊奇,急忙起来,对谋士说:'我们捆起来扔在火里的不是三个人吗?'他们回答王说:'王啊,是。'"

"急忙起来" 回应上文说到尼布甲尼撒匆忙要置他们于死地。

"谋士" 是高级的官衔,可指大法官,也是王的亲信与顾问;[38]此词在第廿七节与"总督、钦差、巡抚"同列,但在本节却包括王所有的助手,他们通称为"谋士"。

三 25 "王说:'看哪,我见有四个人,并没有捆绑,在火中游行,也没有受伤,那第四个的相貌好像神子。'"

"我见有四个人" 尼布甲尼撒从加燃料的孔洞或通风口看见火窑里的情况;他没有像执刑者一样被烧死,乃因执刑者所站之处靠近火窑

---

[38] [haddābar]源自古波斯文的[hada-bara],指"同伴",王的同伴即是王的亲信;希腊时代有一班官员称为"王的朋友"(马加比壹书二 18,三 38),与本节的"谋士"相等;这字只在但以理书出现,参三 27,四 33,六 8。

上面的孔洞,被喷出来的火焰活活烧死。㊴

"好像神子"㊵　是属灵界的、超人的,第廿八节"神子"是上帝的使者。

究竟这位"好像神子"的使者是谁呢?有人认为他是道成肉身之前的主耶稣;㊶但我们没有任何证据支持这说法,新约圣经从未如此说明。耶柔米甚至认为,一个不敬畏上帝的外邦王没有资格见到上帝儿子的异象。㊷

三26　"于是尼布甲尼撒就近烈火窑门,说:'至高上帝的仆人沙得拉、米煞、亚伯尼歌出来,上这里来吧!'沙得拉、米煞、亚伯尼歌就从火中出来了。"

"至高上帝"　在圣经里,外邦人常常这样称呼上帝(创十四19;赛十四14)。尼布甲尼撒目睹神迹后,承认上帝比其他神明高超,但作为一个多神论者,他没有否认其他神明的存在(参二47,"万神之神")。

三27　"那些总督、钦差、巡抚和王的谋士,一同聚集看这三个人,见火无力伤他们的身体,头发也没有烧焦,衣裳也没有变色,并没有火燎的气味。"

"头发也没有烧焦,衣裳也没有变色,并没有火燎的气味"　作者用"逐渐加强"的方式来描写他们所经历的拯救,由最易烧焦的头发进至衣服,再延伸至身体,连烟火的气味都没有。"头发也没有烧焦"叫我们联想起基督的保证:"就是你们的头发,也都被数过了。"(太十30)

小结

尼布甲尼撒亲眼看见但以理的三个朋友,被捆着扔在火窑里,他期待着目睹他们活活被火烧死;但是,出人意表地,不可思议的神迹发生了。

第一,他们三人本是手脚被捆,现在却因绳子被烧断,可以在火中

㊴ 米勒德,776。
㊵ "a son of the gods."
㊶ Walvoord (91);他可能是上帝的儿子;Young (94)也倾向接受此建议;Unger, 1625;苏佐扬,45。
㊷ Jerome, 43。

自由游行。

第二，捆绑他们的绳子虽被烧断，他们却没有被烧伤，甚至头发和衣服都保持完整，火燎的气味也没有。身处火窑外面的执刑者都变成"火人"(22节)，在火窑里的他们却是"活人"。

第三，扔在火窑本来只有三个人，后却变成四个；第四个的面貌不像是普通人，乃是上帝的使者。

难怪本来因忿怒而暴跳如雷的尼布甲尼撒，现却因震惊异常跳了起来(24节)。他原本下令把他们扔"落"火窑里(23节)，现在竟亲自呼唤他们"上来"(26节)。

亲眼看见四个人在火窑里游行的，似乎只有尼布甲尼撒自己(比较保罗在大马士革路上独自见异象，徒九7)。他的亲信则有机会检验这三个从火窑出来的犹太人，证实他们身上没有任何灼伤的痕迹(27节)。

这三个人的经历使我们联想起曾被捆绑放在祭坛上的以撒，当时耶和华的使者呼叫，阻止亚伯拉罕下手杀他(创廿二9～11)，反观这三个人在火中不但捆绑尽脱，且有上帝的使者同行。㊸

（Ⅴ）王提升但以理的三友（三28～30）

28 尼布甲尼撒说："沙得拉、米煞、亚伯尼歌的上帝是应当称颂的。他差遣使者救护倚靠他的仆人，他们不遵王命，舍去己身，在他们上帝以外不肯侍奉敬拜别神。

29 现在我降旨，无论何方、何国、何族的人，谤讟沙得拉、米煞、亚伯尼歌之上帝的，必被凌迟，他的房屋必成粪堆，因为没有别神能这样施行拯救。"

30 那时王在巴比伦省，高升了沙得拉、米煞、亚伯尼歌。

　　三28 "尼布甲尼撒说：'沙得拉、米煞、亚伯尼歌的上帝是应当称颂的。他差遣使者救护倚靠他的仆人，他们不遵王命，舍去己身，在他

㊸ F. James, *Personalities of the Old Testament* (N.Y., 1939), 571.

们上帝以外不肯侍奉敬拜别神。'"

"**他差遣使者**" 尼布甲尼撒承认,原来有一位神可以从他手中拯救这三个人(15 节)。

三 29 "现在我降旨,无论何方、何国、何族的人,谤讟沙得拉、米煞、亚伯尼歌之上帝的,必被凌迟,他的房屋必成粪堆,因为没有别神能这样施行拯救。"

"**谤讟**" 说一些不尊敬上帝的话,亵渎上帝。

"**凌迟**" 参第二章五节。凡用说话得罪上帝的,不但被肢解,身体要受最厉害的凌辱(王下十 25)。

小结

尼布甲尼撒因看见神迹,承认他们三人所事奉的上帝是至高的上帝,且下令全国的人民尊敬这位上帝。

此外,他们三人因为忠于自己的信仰,宁愿牺牲性命也不肯膜拜其他神明,[44]而再次蒙上帝赐福,官运亨通,在巴比伦省担任更高的职位。这对于控告他们的迦勒底人来说实在是适得其反。

本章以尼布甲尼撒建造金像来炫耀自己作开始,又以他高举和归荣耀给以色列的上帝作结束。到底什么事令他有这样的改变呢?就是目睹但以理的三个朋友在火窑里获救的神迹。

总结

(一)本章记载了两个重点:第一,耶和华上帝是全能的,他可以从火中拯救他的仆人,[45]他的能力是无可置疑的;[46]不但如此,他是信实

---

[44] 哥林多前书第十三章三节"又舍己身叫人焚烧"是本章第廿八节"不遵王命,舍去己身"的回响。

[45] "拯救"是本书一个重要词语,参三 15、17、28、29,六 14、16、20、27;第十二章一节是本书的高峰,强调选民终必获拯救。

[46] 近代不少学者,包括许多犹太拉比,认为上帝是全爱,却不是全能,故有心无力,不能清除人间的痛苦,尤其是好人和无辜者所受的痛苦;这说法不吻合圣经的教训。

的，按他的计划拯救那些忠于他的选民。第二，但以理的三个朋友真心敬拜上帝，深信他是全能的，如果他愿意，必能从火窑中把他们救出来；他们也尊重他的主权，无论他拯救与否，他们宁死也绝不背叛他。由于他们对上帝有信心，便能在任何环境中对他忠心耿耿，但除了信心和忠心以外，还需要加上一个重要的因素，就是尊他为主，乐意接受他一切的安排。

这章经文鼓励被掳的犹太人，在巴比伦面对迫害仍要忠于上帝，"顺从上帝过于顺从人"是应当的。他们的忠心可能带来更厉害的迫害，甚至生命的危险，但上帝要他们在这种困境中仍相信他可以拯救；如果他按自己的旨意不施行拯救，他们仍要坚持，不能因此离弃他。他们必须对上帝抱着"希望"，因为在一个不可能的环境中，他的救恩仍然可以临到；正如末底改面对哈曼灭绝犹太人的危机，虽不知道上帝会如何工作，却仍带着盼望宣称："犹大人必从别处得解脱，蒙拯救。"（斯四14）

（二）本章与第一章有许多相似之处：但以理和三个朋友为了忠于上帝而不肯妥协，他们付出代价，结果蒙上帝赐福，官职得以晋升。但是，在第一章，但以理和三个朋友除了吃蔬菜饮白水外，并没有遭受任何痛苦，在第三章，三个朋友却要先经过火窑才获拯救。

一个为上帝作出牺牲的基督徒，不一定立刻得到他的祝福与恩典，他甚至会觉得上帝好像完全不加以理会（在痛苦中，我们常把上帝暂时的"隐蔽"当作他永远的离弃）；为什么一个忠于上帝的人，他竟让他受苦而不加以援手呢？答案如下：

（1）对上帝忠心是基督徒应有的态度，而不是与他讨价还价，或换取恩典的工具。

（2）上帝有时候让他的儿女经历苦难（就如但以理的三个朋友经过火窑的烈火），因为苦难对他的儿女是变相的祝福。当但以理的三个朋友从火窑中出来，他们身上的绳索被火烧断，获得真自由。如果我们愿意为主受苦，身上的捆绑就得解脱。

他们经过火窑，获尼布甲尼撒提升，且又一次得到奖赏；这却不是说：每一个忠于上帝的人，为主受苦难后，就必立刻蒙恩（尤其是物质方面的）。我们将会看见，一些为主受苦的人竟得不着他的拯救，反而丧

失性命。㊼

（三）他们不仅被提升，且在这一次的经历中获得两种更大的恩典。

（1）在苦难中他们亲身经历到上帝的同在，有“像神子”的使者在火窑中出现，与他们“在火中游行”（25 节）；这符合上帝藉先知以赛亚的宣告：“你〔以色列〕从水中经过，我必与你同在；你趟过江河，水必不漫过你；你从火中经过，必不被烧，火焰也不着在你身上。”（赛四十三 2）

（2）他们经过苦难，才叫尼布甲尼撒对他们的上帝有深一层的认识，使王知道原来真有一位神可以救他们脱离火窑以及他的手，以致王没有办法不承认这一位上帝是至高的神。基督徒要丧失生命，才可得着生命，也叫人得着生命。“只有那些愿意为信仰失掉生命的人，才可以掌握自己的生命，影响别人的生命。”㊽

（四）自从以色列人出埃及以来，拜偶像的试探接踵而来；第一次出埃及有金牛犊，而第二次出埃及（即被掳归国）之前却要面对这奇形怪状的金像。㊾

基督徒岂不是常常面对“拜偶像的压力”？㊿ 无数的人和物都在争夺上帝在我们心中应占的至高地位；故此，我们想逃之夭夭，避免作出抉择和委身。(51) 若不能摆脱，只好凡事妥协，向别人看齐，以免令自己难堪。以斯帖记的犹太人为什么被迫害？因为他们与众不同（斯三 8）。但以理的三个朋友为何被人控诉？因他们不愿随波逐流向金像下拜；其实他们可以给自己找许多借口，例如：“只拜一次是无关重要的！”或“王这样厚待我们，怎可以忘恩负义呢？”或“现在暂时放下原则，将来

㊼ 六百万的犹太人被纳粹党杀死，也没有获拯救；Wharton, op. cit., 171.

㊽ Ford, 107; Criswell, 145.

㊾ 有关被掳归回是第二次出埃及，参 R. N. Whybray, *Isaiah 40–66* (Oliphants, 1975), 31–34; G. A. F. Knight, *Isaiah 40–55* (Eerdmans, 1984), 59 f.; J. F. A. Sawyer, *Isaiah* II (St. Andrew, 1986), 75–79.

㊿ 启示录第十三章八节“凡住在地上、名字从创世以来没有记在被杀之羔羊生命册上的人，都要拜它〔那十角七头的怪兽〕”；由古至今（直至世界末了），人都要面对被迫向偶像下拜。1960 年，非洲加纳（Ghana）国的总统建了自己的肖像，让国民景仰，藉此统一全国；J. D. Fage, *A Short History of Africa* (Penguin, 1960), 251.

(51) Porteous, 61.

大有机会在巴比伦发挥更大的影响。"然而,他们并没有这样做,只是勇敢地持守原则,作好准备从容就义。

基督徒该怎样面对这种"认同"或"同化"的压力呢？我们应该仿效但以理三个朋友那种愿意向上帝至死忠心的信心,以及面对生命危机的大无畏精神。今天的基督徒最缺乏的就是勇气和胆识,以致太容易妥协。潘霍华说:"基督不但使我们称义,他更使我们刚强——懦弱胆怯是人真正的罪。"[52]胆怯使我们故意忘记和信赖上帝、忠于他乃是我们的首要任务。美国海军的格言:"常常忠心",岂不是基督徒应有的态度吗？[53] 盼望我们可以回应约书亚说:"无论环境如何恶劣,别人都不顺从上帝,我和我的一家仍然要忠于他。"(参书廿四15)这才是聪明的抉择,聪明人能看见迫害背后仍有上帝的掌管,故可以坦然无惧。

（五）为什么本章只记载但以理的三个朋友,而只字不提但以理本人呢？有学者以此作为本书并非出自一位作者手笔的证据,而是由一位编辑把不同的文件搜集成书,本章源于另一个不包括但以理的传说,故没有提及但以理。[54] 另有一位法国作家提出一种与众不同的创新理论:但以理也在本章出现,他就是在火中游行貌似神子的那一位。[55] 以上两种说法的可信程度极低,纯属臆测。

有学者认为此处没有提及但以理,因为他出外公干,[56]这讲法却与第四节的"各方、各国、各族的人民都拜金像"不吻合,除非这节只是论及巴比伦省的居民。也有人指出但以理可能生病,不能参与金像的揭幕礼,[57]这是可能的。加尔文却认为迦勒底人因为但以理的官阶高,不敢直接控诉他,只集中火力攻击比他低一级的三个朋友。[58]

---

[52] Russell, 67.
[53] 任何人要加入撰写死海古卷的昆兰团体,必须先起誓:"无论遇见什么恐惧和痛苦,我永不离开上帝",参 A. Kwong, *The Initiatory Oath of the Dead Sea Scrolls* (Unpublished M. A. Thesis, Wheaton, 1972), 30.
[54] Collins, 42.
[55] Lacocque, 66;第十五世纪犹太解经家亚巴班努(Abarbanel),也同意这说法;Anderson, 37.
[56] Wood, 40; Walvoord, 80.
[57] Ibid.
[58] Young, 86;第十九世纪的 Hippolytus 也赞同。

总括来说，最佳的答案可能是：经文没有提及，故我们无从知道其中缘由。但有一件事我们可以肯定：从整本但以理书的记载看来（尤其是第六章），如果但以理也在本章的事发现场，他绝对不会敬拜那金像。

（六）七十士译本在本章第廿三节后面加插六十八节经文，[59]这些经文可分为三段：

（1）亚撒利雅的祷文（24～45 节）：[60]"亚撒利雅"是亚伯尼歌的希伯来名字（一 7）。这篇祷文是但以理三友同诵的，故用"我们"。他们先称颂上帝，认罪，再求他因他自己的荣耀和许下的诺言，施怜悯拯救他们，彰显他的大能。[61]

（2）蒙拯救的记录（46～51 节）：本段记述上帝应允他们所求，行神迹保护他们；不但火烧不着，还有阵阵的清风吹来，使他们胸怀畅快，不禁唱出赞美的诗歌。

（3）伟大的赞美诗（52～90 节）：他们首先直接赞美上帝（52～56 节），接着邀请所有受造之物加入（57～87 节），最后再直接赞美上帝，感谢他拯救之恩（88～90 节）。[62]

这三段文字虽然词藻美丽，内容动人，但我们必须根据希伯来文圣经，拒绝接受它们是正典的一部分。[63]

---

[59] 有关这段附加的经文的诠释，参 C. A. Moore，*Daniel*，*Esther and Jeremiah*：*The Additions*（Doubleday，1977）.

[60] 不少解经家如林德尔（Linder）、葛兹贝格尔（Göttsburger）、诺杰尔（Nötscher）和黎纳狄（Rinaldi）等认为这祷文是他们被扔入火窑之前所诵唱；思高，87。

[61] 这篇祈祷文与但以理在第九章的祷文类似。

[62] 可比较本篇赞美诗与本书二 20～23 的赞美诗，两篇都有称颂上帝的全知与全能。

[63] 有关这三段的来历，参 Driver，XVIIIf；Bevan，43f. 至于如何判断经文是原属于正典，参夏理斯，《圣经的灵感与正典》，曾立华，黄汉森译（香港：种籽，1976），67‑86；曾立华，《从上而来的文献》（香港：学生福音团契，1983），65‑72。

肆　尼布甲尼撒的疯狂
（四 1～37）

（Ⅰ）尼布甲尼撒的通告之引言（四 1～3）

¹ 尼布甲尼撒王晓谕住在全地各方、各国、各族的人说："愿你们大享平安！
² 我乐意将至高的上帝向我所行的神迹奇事宣扬出来。
³ 他的神迹何其大！他的奇事何其盛！他的国是永远的，他的权柄存到万代。"

四 1　"尼布甲尼撒王晓谕住在全地各方、各国、各族的人说：'愿你们大享平安！'"

"晓谕"　原文没有这词，但从上下文可知本章是王向全国所发出的通谕。

"全地"　王当时所认识的地域，由东面的玛代至西面的地中海沿岸，以至埃及。亚述和巴比伦的皇帝都喜称自己为"全地"的君王，虽然他们并没有统治全世界。

"大享平安"　当时惯用的问安语（参大流士的通谕，六 25）；使徒保罗书信的问安也常用"愿恩惠、平安归与你们"（林后一 3；弗一 2）。"平安"是旧约重要的词汇，它的重点不是在没有病痛或灾难，而是"整全"。这"整全"源于我们与上帝、与人、与自己有和谐的关系，①强调积极和正面的好处。

四 3　"他的神迹何其大！他的奇事何其盛！他的国是永远的，他的权柄存到万代。"

---

① G. von Rad, *Theology of the Old Testament*（SCM, 1975），I. 130,372；童女指出良人喜爱她的主因，因她是"得平安的人"（歌八 10），是一个整全的女子。

"他的国是永远的" 第一，这回应他梦里那砸碎大像的大石，上帝要藉此石建立永远的国度（二 44）。第二，通过上帝国永远长存显出人国短暂。

小结

这几节经文是尼布甲尼撒通谕的开场白。② 亚兰文和希腊文的旧约圣经把本段归入第三章末，成为该章第卅一至卅二节。事实上，本段乃属于第四章，是谕告的"开场白"，接着是谕告的两段"内容"（4～27 节，28～33 节），最后是谕告的"结语"（34～37 节），又是梅花间竹的排列。③

这通谕是颁布给王所统治的百姓，其内容是关乎上帝四方面的特性：

第一，上帝的神迹伟大；
第二，上帝的奇事极盛；
第三，上帝的国度永存；
第四，上帝的权柄长存。

第一和第二相应，第三和第四相关；尼布甲尼撒称颂上帝，因他是全能又行神迹奇事的上帝；他的国度、权柄永无穷尽。

(II) 尼布甲尼撒的梦之内容（四 4～18）

4 "我尼布甲尼撒安居在宫中，平顺在殿内。
5 我做了一梦，使我惧怕。我在床上的思念，并脑中的异象，使我惊惶。
6 所以我降旨召巴比伦的一切哲士到我面前，叫他们把梦的讲解告

---

② 这种谕告的开场白在圣经其他地方也有采用，参以斯拉记第一章二节，第五章八节。伊里芬田的蒲草（Elephantine Papyri）也有采用；Hammer, 49；希腊的通告也用此格式（马加比壹书十 18，十四 20，十五 2）。
③ Baldwin, 107.

7 于是那些术士、用法术的、迦勒底人、观兆的都进来，我将那梦告诉了他们，他们却不能把梦的讲解告诉我。

8 末后，那照我神的名，称为伯提沙撒的但以理来到我面前，他里头有圣神的灵，我将梦告诉他说：

9 '术士的领袖伯提沙撒啊，因我知道你里头有圣神的灵，什么奥秘的事都不能使你为难，现在要把我梦中所见的异象和梦的讲解告诉我。'

10 我在床上脑中的异象是这样：我看见地当中有一棵树，极其高大。

11 那树渐长，而且坚固，高得顶天，从地极都能看见。

12 叶子华美，果子甚多，可作众生的食物。田野的走兽卧在荫下，天空的飞鸟宿在枝上。凡有血气的都从这树得食。

13 我在床上脑中的异象，见有一位守望的圣者从天而降，

14 大声呼叫说：'伐倒这树，砍下枝子，摇掉叶子，抛散果子，使走兽离开树下，飞鸟躲开树枝。

15 树墩却要留在地内，用铁圈和铜圈箍住，在田野的青草中让天露滴湿，使他与地上的兽一同吃草，

16 使他的心改变，不如人心，给他一个兽心，使他经过七期。

17 这是守望者所发的命，圣者所出的令，好叫世人知道至高者在人的国中掌权，要将国赐与谁，就赐与谁，或立极卑微的人执掌国权。'

18 这是我尼布甲尼撒王所做的梦。伯提沙撒啊，你要说明这梦的讲解，因为我国中的一切哲士都不能将梦的讲解告诉我，惟独你能，因你里头有圣神的灵。"

　　四 4 "我尼布甲尼撒安居在宫中，平顺在殿内。"

　　"安居在宫中" "安居"原指稳定、平安、没有挂虑与担忧。"宫中"代表王位，尼布甲尼撒安稳地在巴比伦作王，在没有任何威胁之情况下，过着无忧无虑的日子。

　　"平顺" 原指树发芽生长，此处描写王凡事顺利，各方面都蓬勃发展，恰如一棵繁茂的树（诗一 3，九十二 13）；这棵树转瞬间只剩下光秃秃的枝桠（14～15 节）。

　　尼布甲尼撒现在所经历到的，正是当今人们最渴望的"繁荣安定"。

四 5 "我做了一梦,使我惧怕。我在床上的思念,并脑中的异象,使我惊惶。"

"思念" 多指不好或带有凶兆的思想,也可解作梦兆。④

"惊惶" 比"惧怕"更甚,整个人都感到慌张和害怕。⑤

四 6 "所以我降旨召巴比伦的一切哲士到我面前,叫他们把梦的讲解告诉我。"

"召巴比伦的一切哲士" 这是第二章二节的翻版。

四 7 "于是那些术士、用法术的、迦勒底人、观兆的都进来,我将那梦告诉了他们,他们却不能把梦的讲解告诉我。"

"观兆" 顾名思义是凭观察天象预测将来,教人如何趋吉避凶;也有学者把此词解作法师或占卜家。⑥"观兆"原指"切开",当时的占卜家把动物切开,凭其内脏的形状预告将来。

四 8 "末后,那照我神的名,称为伯提沙撒的但以理来到我面前,他里头有圣神的灵,我将梦告诉他说:"

"那照我神的名" 但以理的巴比伦名字"伯提沙撒"含有巴比伦神的名字⑦(参一 7 的诠释)。

"他里头有圣神的灵" "圣神"意即圣洁的神,或作"圣洁的上帝"。⑧ "圣洁"基本的意思是"分别出来",特指分别出来归给上帝(民十六 38);而"上帝是圣洁"乃指上帝与人截然不同,他没有人的软弱与缺点(何十一 9)。⑨ 此处的"圣神"却指超越自然,⑩即是属灵界,与人类不同的神。腓尼基的碑文同样用"圣洁的神"来描述外邦的神明,以

---

④ 这亚兰文字与亚拉伯文[harhara](disturb)有关,指令人不开心的思想;Montgomery, 227。

⑤ Young, 99;"惧怕"和"惊惶"在原文都是 Piel Imperfect,二者平行。

⑥ J. T. Milik, *Ten Years of Discovery in the Wilderness of Judea* (SCM, 1959), 36 - 37;叙利亚文旧约圣经(Peshitta)也把这字译作"魔术师"(Magi)。

⑦ "伯提沙撒"的"伯"(Bel)是巴比伦一位神明的名字;Montgomery, 225。

⑧ Montgomery(225)指出['^{e}lōhîm]是"上帝"而不是巴比伦的神;Young (99)也同意这看法;Leupold (176)却认为王既是一个多神论者,这里只不过是把上帝当作多神中之一位;Baldwin, 111。

⑨ 这是以赛亚常用的"以色列的圣者"之真义,他的纯洁和以色列人的罪恶成了鲜明的对比(赛三十 11)。

⑩ Young (99)称之为"divine"。

强调神明超越人类。⑪ "灵"在旧约有多种的解释,包括"风""味""思想""气息",⑫此处的"灵"指能力,⑬特别是超人的智慧(创四十一 38;民廿四 2;结十一 5)。

但以理"里头有圣神的灵",意即他是一个属灵的人,有属灵的能力和透视力,比常人胜一筹。故此,他凌驾所有的哲士之上,难怪王三次强调但以理里头有圣神的灵(8、9、18 节)。

四 9 "术士的领袖伯提沙撒啊,因我知道你里头有圣神的灵,什么奥秘的事都不能使你为难,现在要把我梦中所见的异象和梦的讲解告诉我。"

"术士的领袖" 回应第二章四十八节(由此可证明本书前后的一贯性),但以理负责管理巴比伦的聪明人。但以理既身为这一群人的领袖,为什么最后才来到王面前呢(8 节)? 这问题有以下的答案:

第一,正如加尔文所说,尼布甲尼撒最后才召见但以理,因为他自知所做的梦是一个凶兆,且会像以前(第二、三章)再次受挫于但以理所敬拜的上帝。故此,他不想找但以理解梦,直至最后其他的哲士都束手无策,才被迫召见但以理。⑭

第二,但以理出外公干(这也是他没有在第三章出现的原因),当他返抵巴比伦,王已召见了其他哲士,但仍没有答案,故但以理匆匆赶入皇宫,成了最后一个为王解梦的哲士。

第三,尼布甲尼撒身为巴比伦王,自然先找自己本国的哲士,以免长他人志气,灭自己威风,除非山穷水尽、别无他法,才找但以理。⑮ 再

---

⑪ 西顿王以斯玛鲁沙二世(Eshmunazar II)的碑文,第九行和第廿二行都用"the holy gods"; G. Cooke, *A Text Book of North Semitic Inscriptions* (Oxford, 1903), 30 - 31.
⑫ R. Koch, "Spirit," *Sacramentum Verbi* 3: 869 - 877; S. Moscati, "The Wind in Biblical and Phoenician Cosmogony," *JBL* 66: 305 - 310; G. S. Whitlock, "Structure of Personality in Hebrew Psychology," *Interpretation* 14: 3 - 13.
⑬ IBD, 1479.
⑭ Young, 100; Leupold (178)把"术士的领袖"译作"学者的领袖",藉此避免人误会但以理像其他法师一样占卜相运。
⑮ Lacocque 引用 Saady Gaon 的话:"虽然他知道但以理可以帮助他,但他仍想先求自己人援助,逼不得已才找但以理";Lacocque, 76. Wood (54)认为但以理迟出现,是上帝告诉他迟去,为显出其他人无用;这是没有根据。

者，巴比伦的哲士比不上但以理，显示巴比伦人的智慧次人一等，这当然不是王所想见到的。

第四，经过第二章那一次的事件，但以理无疑成了其他哲士嫉妒的对象(参三12)。如果王这次先找但以理解梦，可能会引起众怒，对王和但以理都很不利，故王最后才召见但以理。

上述四种说法都合理，我们无法肯定哪一种是正确的。

"奥秘" 参第二章十八节的诠释，原文同一个字。

"为难" 原指"强迫""勉强"(斯一8)，此处描述任何奥秘都难不倒但以理，他可以轻而易举地解答；正如以西结先知所说："但以理有智慧，什么秘事都不能隐瞒他。"(参结廿八3)

"把我梦中所见的异象和梦的讲解告诉我" 这仿佛与下文不吻合，因第十节乃是王把所见的异象告诉但以理。其实，这节末二句可作"这是我所做的梦，请把梦的解释告诉我"。⑯

四10 "我在床上脑中的异象是这样：我看见地当中有一棵树，极其高大。"

"地当中" 象征在当时被视为世界的中心的巴比伦国，是中东最强大的国家。

"有一棵树" 圣经常用树象征国家，就如以西结先知把埃及王比喻为一棵树(结卅一章)。尼布甲尼撒曾在一块刻于楼宇的碑文上，将巴比伦比喻为日渐长高的大树。⑰ 他十分喜爱树木，曾远赴黎巴嫩观赏香柏树，又把木材运返巴比伦。

四12 "叶子华美，果子甚多，可作众生的食物。田野的走兽卧在荫下，天空的飞鸟宿在枝上。凡有血气的都从这树得食。"

"可作众生的食物" 原文直译是："在它里面有食物给所有生物。"这有两种解释：第一，众生物可以在它里面找到食物，或它能供应众生

---

⑯ 这是 Montgomery 的建议，把［hᵉzᵉwê］("异象")改作［hᵉzî］("这是")；Montgomery, 226-228; Hartman, 169, n. (a)。

⑰ Porteous, 68；有关梦中常见"树"的心理学，参 Baldwin 111；她引用 J. I. Henderson 在 C. G. Jung 编辑 Man and His Symbols (153)所说的话："梦中所见的树象征人心理的成长"。Haevernick 指出东方人喜欢用树来比喻国家或英雄的兴衰；Young, 101。

物的食粮;⑱第二,活在它里面的众生物都从它得到食物。⑲

"凡有血气" 尼布甲尼撒统管的人民。

四 13 "我在床上脑中的异象,见有一位守望的圣者从天而降,"

"守望的圣者" "守望"原指儆醒,不会打盹睡觉(诗一二一 4),故用来描写聚精会神的守望者。"圣者"如本章第八节的"圣神",并非人类,乃是属灵界的(申卅三 3;亚十四 5)。"守望的圣者"在两约中间的次经或伪经里都出现过,⑳指"天使"或"上帝的使者"(七十士译本也把"守望的圣者"译作"天使")。㉑

四 14 "大声呼叫说:'伐倒这树,砍下枝子,摇掉叶子,抛散果子,使走兽离开树下,飞鸟躲开树枝。'"

"大声呼叫说" 守望的圣者对谁呼叫呢? 可能是天上其他的使者,㉒这也可能只是一种描写方式,强调树必被砍下。㉓ 后者的解释比较合理,因这种描写方式暗示:树所象征的尼布甲尼撒王所受的审判不是出于人手。㉔

守望的圣者只呼叫,却不用采取任何行动;以西结书前十八章的天使,却只有行动,连一句话也不必说。由此可见,不同的天使以不同的方式完成上帝所交付的任务。

四 15 "树墩却要留在地内,用铁圈和铜圈箍住,在田野的青草中让天露滴湿,使他与地上的兽一同吃草,"

"树墩却要留在地内" 指树干被砍掉后所剩下的残余部分。这象征尼布甲尼撒虽将会因丧失理智而失去王位,但他的性命却得以保留,

---

⑱ Leupold,178;这说法有下文"凡有血气的,都从这树得食"支持。
⑲ Young,102.
⑳ 这包括了以诺书(Books of Enoch)、禧年书(The Book of Jubilees)、十二列祖遗训(The Testaments of the Twelve Patriarchs);参谢友王,《两约中间史略》(香港:种籽,1978),464-465;Lacocque,78.
㉑ 我们没有任何证据显示这里的"守望的圣者"乃是道成肉身以前的主耶稣;这说法有两个须待证实的假设:第一,"守望的圣者"相等于"耶和华的使者";第二,"耶和华的使者"乃是主耶稣在旧约时代的彰显;认为这圣者是主耶稣的学者包括 L'Empereur (1633), D'Envieu (Le Livre du Prophéte Daniel,1888-1891),388.
㉒ Montgomery,233;Leupold,183;Hartman,172.
㉓ "impersonal use of the verbs";Young,104;Lacocque,79.
㉔ Bevan,91.

后来且会重掌王权，就如残余的树干再一次发芽生长，变成大树。㉕

"用铁圈和铜圈箍住" 这可有多种的解释：第一，相传当时所有疯狂的人都被捆绑，免得他们到处走动，加害于人；故此，树被"箍住"，代表尼布甲尼撒因失去理智而被捆绑。㉖ 第二，树墩为铁圈和铜圈箍住，有保护作用，免它为野兽践踏或吞食，预表王不会被灭，得以留存。㉗ 第三，指王因疯狂所受的痛苦，包括失去了自主的能力。㉘ 第四，预言王后来被人用金属制成的链子锁上。㉙ 第二和第三种的解释都有可能，尤其是第二种，与第廿六节吻合。㉚

四 16 "使他的心改变，不如人心，给他一个兽心，使他经过七期。"

"使他的心改变" "心"原意为"中央"，㉛是人一切思想和动作的指挥中枢，包括人的意志、情感、性格与思想。㉜ 故此，人是由"身体"与"心"两部分组成；一个人没有了人心，则失去了理智，如行尸走肉般，不是真正的人。如果"人心"变成"兽心"，则他只是具有人的身躯的野兽（箴廿三 7）。㉝ 本节的"心"代表"思想的能力"或"理智"（创八 21；申八 5；赛四十四 19）。

"七期" "期"原指时间（二 8），作者没有说明这段时间是多长。

㉕ 这是 Young（104）引用 Keil 的说法；比较以赛亚书第六章十三节。
㉖ Hengstenberg（1831）；Kliefoth（1868）；Knabenbauer（1891）都支持此看法；Montgomery，233。
㉗ Rabbi Rashi；Marti（1901）；Torrey（1909）都支持这说法；Montgomery（233）也同意。
㉘ Young（104）根据 Bevan, Keil 而下的结论；Leupold（184）也采纳这结论；参 Unger，1627。
㉙ Hartman，176。
㉚ Baldwin（112）采纳第二种的解释。
㉛ "心"的字根之意思是"中央""中心"（Centre）；IBD，625。
㉜ 参 F. Banmgärtel, J. Behm, *TDNT*, III, 605 - 613. 英文圣经把"心"多作"Mind"，这更能表达出原意。
㉝ "因为他的心怎样思量，他为人就是怎样"，这节经文是近代辅导学一个重要大前提：一个人怎样看自己，他就是怎样的一个人（参 William James 的名言："Man is what he thinks he is"）。有关希伯来的人观，比较详尽的著作有 H. W. Wolff, *Anthropology of the Old Testament*（Fortress, 1974）。

有学者根据下文第廿九节，认为"七期"是"七年"；㉞七十士译本此处也作"七年"。虽然如此，由于"七"本身是一个象征数字，再加上不能肯定"期"是否真的等于"年"，我们只可以说，"七期"是一段固定的时间。

四 17 "这是守望者所发的命，圣者所出的令，好叫世人知道至高者在人的国中掌权，要将国赐与谁，就赐与谁，或立极卑微的人执掌国权。"

"守望者所发的命，圣者所出的令" 天使把上帝的命令宣布出来，这命令是上帝所定的旨意（24 节"至高者的命"）。这里的"守望者"和"圣者"都是复数，这一群天使"集体"执行上帝的命令。

"至高者在人的国中掌权" 这是本书的主题；上帝掌管一切，他是所有国家与政府的最高统治者（虽然许多人不知道这事实）。只有他才是真正的执政者，他"要将国赐与谁，就赐与谁"，甚至可以把国权给予微不足道的人。㉟ 他真是"至高者"，随自己旨意行事。

小结

这一段记载尼布甲尼撒高枕无忧地享尽一切荣华富贵；忽然，他像第二章一样又做了一个梦，梦境十分可怕。他再次召集巴比伦所有的解梦专家来解梦。这些专家再一次令他失望，他们竟然哑口无言，不能把梦讲解出来。虽然他们在第二章满有把握地对王说："王将梦告诉仆人，仆人就可以讲解"（二 7）；这次王按他们以前所要求的，把梦告诉他们，他们一样感到束手无策，这正应验王的斥责，他们是说谎的。

就在这关键性的时刻，但以理又出现了。王立刻把梦中所见所闻告诉但以理。

原来，王梦见地中央有一棵大树，树长得很高，上达于天。这棵宏

㉞ Ginsberg（1）指出"期"［ʽiddan］与希腊文［chronos］相等，可指"期"或"年"。犹太拉比（如 Rashi，Ibn Ezra）和约瑟夫（Antiquities X，10;6）也相信这里的"七期"是"七年"。Young（105）却反对这看法。

㉟ 圣经常指出上帝升高那些卑微的人（撒上二 8;诗一一三 7;路一 52）。

伟的树叶子青翠美丽，果实累累，野兽在树荫下歇息，飞鸟在枝头上筑巢，它的果实成了所有生物的粮食。

蓦然，上帝的使者从天而降，下令把树砍倒，斩断树枝，摇落树叶，打下果子，赶走野兽和飞鸟，㊱再用铁链和铜链围住树的残干，㊲保护它不受恶兽践踏摧残。

天使随即把这树当作人来描述（15节上），说这人要跟野兽一起吃草，受露水浸湿；他的心要变成兽心，直至一段时间（"七期"）过去。

在梦的结尾，天使指出这梦的主要目的，是叫人知道在世界掌权的乃是至高者上帝。

本段由第十节下至十七节上可能是诗歌体裁；㊳它包含了不少希伯来诗歌的特色，㊴例如夸张的描写（11节）、对仗（17节的"守望者"与"圣者"指同一群"天使"）等。但是，我们不应为了促使本段完全符合希伯来诗歌各项特色，把其原文随意增删。㊵无可否认，纵然它的格式并不与希伯来诗歌完全一样，起码它包含了希伯来诗歌的色彩。

尼布甲尼撒何时梦见这棵大树呢？七十士译本在第四节说：是他在位第十八年（这也是他在第三章建金像的那一年，参三1的诠释）。有学者认为"十八"是"二十八"之误，㊶这是一种臆测。无可否认，本章所记之事必发生于尼布甲尼撒在位的后期，因为他已征服各国，建成了大巴比伦城（29节）。㊷

(III) 尼布甲尼撒的梦之解释（四19～27）

19 于是称为伯提沙撒的但以理惊讶片时，心意惊惶。王说："伯提沙撒

㊱ 按常理来说，树叶先凋谢才会跌落，此处却是同时期发生，强调事情来得突然和迅速；Anderson, 42.
㊲ 铜、铁两种金属也是第二章大像身体的金属。
㊳ 参 BHS 的排列。
㊴ M. P. O'Connor, *Hebrew Verse Structure* (Winona Jake, 1980); J. L. Kugel, *The Idea of Biblical Poetry* (Yale University, 1981), 59 – 95.
㊵ Walvoord, 101.
㊶ 苏佐扬, 52。
㊷ Keil, 138.

啊,不要因梦和梦的讲解惊惶。"伯提沙撒回答说:"我主啊,愿这梦归与恨恶你的人,讲解归与你的敌人。

20 你所见的树渐长,而且坚固,高得顶天,从地极都能看见。
21 叶子华美,果子甚多,可作众生的食物;田野的走兽住在其下,天空的飞鸟宿在枝上。
22 王啊,这渐长又坚固的树就是你,你的威势渐长及天,你的权柄管到地极。
23 王既看见一位守望的圣者从天而降,说:'将这树砍伐毁坏,树墩却要留在地内,用铁圈和铜圈箍住,在田野的青草中让天露滴湿,使他与地上的兽一同吃草,直到经过七期。'
24 王啊,讲解就是这样:临到我主我王的事是出于至高者的命。
25 你必被赶出离开世人,与野地的兽同居,吃草如牛,被天露滴湿,且要经过七期。等你知道至高者在人的国中掌权,要将国赐与谁就赐与谁。
26 守望者既吩咐存留树墩,等你知道诸天掌权,以后你的国必定归你。
27 王啊,求你悦纳我的谏言,以施行公义断绝罪过,以怜悯穷人除掉罪孽,或者你的平安可以延长。"

四 19 "于是称为伯提沙撒的但以理惊讶片时,心意惊惶。王说:'伯提沙撒啊,不要因梦和梦的讲解惊惶。'伯提沙撒回答说:'我主啊,愿这梦归与恨恶你的人,讲解归与你的敌人。'"

"惊讶片时,心意惊惶" "惊讶"原指"站着不动",[43]手足无措,此处却有"尴尬"的含义。但以理知道这梦对于王来说是个凶兆,于王不利,故感到难以启齿。"惊惶"是烦躁不安,导致脸上露出忧戚的表情。

这两句话表明但以理和王的感情不错,故为王将遭遇的刑罚和痛苦感到难过。

"不要因梦和梦的讲解惊惶" 王十分体谅但以理的苦衷,且安慰他,叫他大可放胆直言不讳,不必烦躁不安。这两句话也表现出王对但

---

[43] 耶柔米译作"silent",形容但以理在默祷;Jerome,50.

以理的呵护与欣赏（9 节），以及王的礼貌。㊹ 王随着年纪渐长，性格也变得较温和；故此，他在本章并没有如第二章一般，下令灭尽不能解梦的哲士。

"愿这梦归与恨恶你的人，讲解归与你的敌人" ㊺这两句话有如希伯来诗歌的同义平行，意思相等。但以理有礼貌地回答，盼望梦是向王的敌人而发的，暗示梦的内容并不吉利，也反映但以理对王的敬重，希望王可以逃过厄运（27 节表明王尚有避过厄运的机会）。

四 22 "王啊，这渐长又坚固的树就是你，你的威势渐长及天，你的权柄管到地极。"

"就是你" 这三个字叫人想起先知拿单对大卫的斥责："你就是那人"（撒下十二 7），也与第二章卅八节的"你就是那金头"彼此呼应。

但以理在宣告"那棵树就是你"之前，只是重复梦的内容好的一面，例如王的伟大、权力、统治多民等。当他指出王就是那棵树之后，就由正面进入负面，复述梦不好的一面，就是关乎审判的预言。他这方面的复述却十分精简，旋即转去解梦。

四 25 "你必被赶出离开世人，与野地的兽同居，吃草如牛，被天露滴湿，且要经过七期。等你知道至高者在人的国中掌权，要将国赐与谁就赐与谁。"

"与野地的兽同居，吃草如牛" 王会失去理智，变成一个人身兽心的动物，但会受保护，可以与其他野兽同居相安无事（他在这方面比那被鬼附着，得不到平安的人优胜，可五 1～20）。

四 26 "守望者既吩咐存留树墩，等你知道诸天掌权，以后你的国必定归你。"

"诸天掌权" 旧约圣经只有此处用"天"代表上帝，他是坐在天上

㊹ Jephet 曾形容尼布甲尼撒这两句话"有教养和有礼貌"（an expression of civility and courtesy）；I. A. Jephet, *Commentary on Daniel*, ed. D. S. Margoliouth（Oxoniensia, 1889），为 Montgomery (238) 引用。

㊺ Leupold (190) 依据 Kliefoth 的注释（T. Kliefoth, *Das Buch Daniel*〔1868〕把这两句话解作："这梦是恨恶你的人所喜欢，讲解是你敌人所想望的"（参诗六十九 22～28），藉此避免读者觉得但以理不够仁爱；这做法不需要，诗篇里岂不是充满了相同的话吗？

的至高者(24节)。㊻

"你的国必定归你" 正如树的残干被金属圈箍住,尼布甲尼撒的王位也受保障,他虽暂失王位,却终必得回。

四27 "王啊,求你悦纳我的谏言,以施行公义断绝罪过,以怜悯穷人除掉罪孽,或者你的平安可以延长。"

"我的谏言" 大卫作王时,先知拿单曾经因大卫犯罪劝谏他;但以理也同样劝谏尼布甲尼撒(虽然王只要求他解梦)。所谓良药苦口,忠言逆耳,向掌权者进谏自然是吃力不讨好的事。但是,上帝的仆人责无旁贷,必须忠于他的托付勇敢地说出应说的话。

"以施行公义断绝罪过,以怜悯穷人除掉罪孽" "施行公义"与"怜悯穷人"相应,"施行公义"是尽力行善,做一切正义的事,特别是周济穷困者,正如主耶稣对年轻的财主要求:"去变卖你所有的,分给穷人。"(可十21)在约帕的多加也是"广行善事,多施周济"(徒九36),哥尼流同样是"多多周济百姓"(徒十2)。无可否认,行善帮助有需要的人是优良的美德。

为什么施行公义,周济穷人可以断绝罪过、㊼除掉罪孽?这岂不是改教时代天主教会所偏重的教义吗?请注意三件事:第一,经文的本义是:"王啊,请听我的劝告,要秉公行义,摆脱犯罪的行为,要怜悯穷人,除掉罪孽。"故此,"断绝罪过,除掉罪孽"的重点乃是:悔改不再犯罪作恶。这是消极的方面,而积极方面就是要行善和帮助穷人。㊽ 第二,尼布甲尼撒不是一个信奉耶和华的人,他行善除罪已算是义人(诗卅七21,一一二4)。基督徒当然不能靠善行而得救称义,但善行却是一个得救称

㊻ 两约之间的作品则比较多用"天"代表上帝(参马加比壹书三18;马加比贰书七11,八20),新约时代用"天国"来代表"上帝的国"。
㊼ "断绝"被思高翻作"赔补",这是根据七十士译本而得的译法,"断绝"([pᵉruq])原指"摆脱""分离"(参创廿七40;出卅二2)。一个信服上帝的人,可以摆脱罪恶的捆绑,经历真自由(约八32)。
㊽ 两约之间的次经建议用善行抵销罪恶(比较中国的"破财挡灾"),参"施舍可以救人脱免死亡,且能涤除一切罪恶。施行救济的人,生活必能满足"(多比传十二9,十四11)。由于次经被天主教列为正典,间接导致天主教强调"用善行补偿罪过"的教义;思高,97 - 98;Jerome,51;A. Lacocque,"The Stranger in the Old Testament," *Migration Today* 15:54f.

义的基督徒应有的表现(雅二 17～26)。第三,但以理并没有说:"行善可以得救",只是指出如果王愿意这样做,他的"平安可以延长"。

"或者你的平安可以延长" 旧约有关审判的预言多附带条件;[49] 如果犯罪者能够痛改前非,预告的审判也随而改变;譬如约拿的预言:"四十日内尼尼微城必倾覆"(拿三 10),其背后暗藏着一个条件,那就是:"如果尼尼微城的人四十日内不悔改,城就必倾覆。"故此,当尼尼微城的人悔改,上帝就改变初衷不降下刑罚(参结十八 27～28 和希西家王的经历,王下二 1～5)。[50] 杨以德却认为这里"平安可以延长",乃指王在未受刑罚(未发疯)之前,可以享受更长时间的富贵和安稳(即是比 29 节的"十二个月"之后更长的时间才会疯狂)。[51] 另一种解释却认为这里的"平安可以延长",指王失去理智以后,如果悔改,不犯罪而行善,则可以复得聪明,只是若不继续弃恶行善,则会再次失去理智,没有平安。[52]

小结

本段先记下解梦的前奏曲(19 节),但以理因要宣布有关王的噩讯而感到焦急不安,王反过来安慰但以理,叫他只管直言。但以理只好先表达他的心愿,希望梦的内容应验在王的仇敌身上。

但以理跟着解梦,向王指出王就是那棵日益长高而又繁茂的树(20～22 节),有无数的国民倚靠他的供养与保护,但王却要受刑罚,将会精神失常,被逐离人群,与野兽同住,且要像牛一样吃草,在野地栖身,被露水滴湿(23～25 节)。但是,王受刑罚只是一段时间,他会像树的余干重新发芽生长,再度作王(26 节)。

最后,但以理劝谏王悔改,不再犯罪,广行善事,希望所预言的厄运延迟降临在他的身上(27 节)。

---

[49] 条件式的预言(Conditional Prediction);Unger,1628;Ford,119.
[50] 耶利米书第十八章七至八节把这理论阐释清楚。
[51] Young,108 - 109.
[52] Hartman,177.

王明显没有接受劝谏;不久,他就经历那可怕的刑罚。

这一段画划出但以理过人的胆识,虽然他为王担忧,却毫不畏惧地把不利于王的解释陈述出来,(53)且大胆劝谏王离恶行善。(54)

(Ⅳ) 尼布甲尼撒的梦之应验(四 28～33)

28 这事都临到尼布甲尼撒王。

29 过了十二个月,他游行在巴比伦王宫里。

30 他说:“这大巴比伦不是我用大能大力建为京都,要显我威严的荣耀吗?”

31 这话在王口中尚未说完,有声音从天降下,说:“尼布甲尼撒王啊,有话对你说,你的国位离开你了。

32 你必被赶出离开世人,与野地的兽同居,吃草如牛,且要经过七期。等你知道至高者在人的国中掌权,要将国赐与谁就赐与谁。”

33 当时这话就应验在尼布甲尼撒的身上,他被赶出离开世人,吃草如牛,身被天露滴湿,头发长长,好像鹰毛,指甲长长,如同鸟爪。

四 29 “过了十二个月,他游行在巴比伦王宫里。”

“他游行在巴比伦王宫里” 王在王宫的屋顶上散步(撒下十一 2),(55)他向四周观望,所见的就是他建设的大巴比伦城。

四 30 “他说:这大巴比伦不是我用大能大力建为京都,要显我威严的荣耀吗?”

“大巴比伦” 指巴比伦城:“巴比伦”的意思是“神明的城门”,(56)这城是宁录创建的(创十 10),建筑日期不得而知。公元前 626 年,尼布甲尼撒的父亲从亚述国夺得巴比伦城,再由尼布甲尼撒大兴土木,使它

---

(53) 胡里昂(55)认为巴比伦的哲士其实明白梦的意思,却不敢向王讲解,免致激起王怒,自己性命不保。

(54) 但以理对王不但有关怀,也能诚实地讲出王所不喜欢听的话。这是每一个辅导员应有的态度,对受导者一方面有关心,也因为有爱心而敢直言。

(55) Leupold, 198.

(56) [bāb-ili]、[bāb]是“城门”,[ili]是“神明”。

成为中东当时最宏伟壮观的城市。城内的空中花园是世界七大奇景之一，[57]巴比伦城墙高 350 英尺，厚 87 英尺，六排战车可以在其上并驾齐驱。

"用大能大力建为京都" 尼布甲尼撒曾提及他怎样建造修葺巴比伦城，包括城中十五座庙宇，以及那双层的城墙，和雄伟的皇宫。[58]"大能大力"原作"我能力的权势"，与下句"我威严的荣耀"相应，反映出尼布甲尼撒的自负。他强调"我的权势"与"我的荣耀"，竟忘记了人一切的能力权势都是上帝所赐的，因为能力本属乎他（二 20）。他更忽略了人最高的目的乃是荣耀上帝，而不是炫耀自己。[59]

四 31 "这话在王口中尚未说完，有声音从天降下，说：'尼布甲尼撒王啊，有话对你说，你的国位离开你了。'"

"你的国位离开你了" 直译为"你的王国从你身上走开"；他素来以为巴比伦国是他亲手闯出来的事业，是一个永远属于他的江山，现在这被夺走，不再是他的了。

四 33 "当时这话就应验在尼布甲尼撒的身上，他被赶出离开世人，吃草如牛，身被天露滴湿，头发长长，好像鹰毛，指甲长长，如同鸟爪。"

"头发长长……指甲长长" 这是但以理讲解中没有提及的；这几句话衬托出尼布甲尼撒不但有一个"兽心"（16 节），外貌也仿佛野兽。[60]有学者建议把"鹰"与"鸟"互换，即他的头发恰如鸟毛，指甲仿佛鹰爪。无疑，这是更生动的描写，但没有任何圣经古卷支持此建议。[61]

小结

本段记录尼布甲尼撒的梦应验了。正如但以理所预言，上帝愿意

---

[57] Boutflower, 66-67.
[58] 参 Young（109）引用尼布甲尼撒在"东印度大楼的碑文"（East India House Inscription）中自己所说的话。
[59] 尼布甲尼撒建造宏伟的宫殿，为了荣耀自己，叫人称赞和钦佩他；参 Leupold（199），引自 J. Meinhold, *Das Buch Daniel*（C. N. Beck, 1889）.
[60] 古文献如巴比伦的约伯（Babylonian Job）和亚希加的故事（Story of Ahikar）有类似的描写；Lacocque, 86.
[61] Hartman, 173.

给王一段时间去悔改，故此，十二个月过去了，王的梦才应验在他的身上。[62]

王听完但以理的讲解和劝谏，并没有悔改之意，反而口出狂言，夸耀自己的成就和力量。他还未学到那宝贵的功课，就是上帝才是真正的掌权者，他把王位赐给尼布甲尼撒，同样，他也可以把王位收回。

王因自己的骄傲遭受刑罚，他的一举一动和外表都变得与禽兽无异，被赶逐与野兽一起生活。

王所做的梦提及"树"和"兽"，这叫人想起创世记记载上帝造人，以及人因吃分别善恶树的果子而犯罪的经过。人本与禽兽一样，皆是受造之物，只不过因人是按着上帝的形象和样式所造，再加上上帝"将生气吹在他鼻孔里"（创二 7），故与禽兽截然不同。可是，当人离开了造物主，就与禽兽分别不大。[63] 本章的尼布甲尼撒，以及伊甸园的亚当、夏娃都因要与上帝同等而被降为卑（以赛亚书第十四章的巴比伦王，和以西结书第廿八章的推罗王也因此被降卑）。

(V) 尼布甲尼撒的通告之结束（四 34～37）

34 日子满足，我尼布甲尼撒举目望天，我的聪明复归于我，我便称颂至高者，赞美尊敬活到永远的上帝。他的权柄是永有的，他的国存到万代。

35 世上所有的居民都算为虚无，在天上的万军和世上的居民中，他都凭自己的意旨行事。无人能拦住他手，或问他说，你做什么呢？

36 那时，我的聪明复归于我，为我国的荣耀威严和光耀也都复归于我，

---

[62] 这有点像香港法律上的"缓刑"；一个人犯法，本该立时坐牢，但法官有权暂缓执行刑罚，当庭释放犯人。如果犯人在指定的期间内再犯法，就要坐牢，刑期包括上次暂缓执行的刑罚，以及今次犯法应受的刑罚；C. Hampton, *Criminal Procedure*（Sweet & Maxwell, 1982），260–263, 361–362.

[63] 借用 A. Cohen 的话："人本身倾向做野兽"（turn towards animality）；Lacocque, 87. P. Tournier, *The Strong and the Weak*（Highland Books, 1963），230–252，对于人性这方面的倾向有清楚的阐释。尼布甲尼撒的举动仿如野兽，叫人联想到第七章的四兽，参 M. Hooker, *The Son of Man in Mark*（McGill, 1967），15.

并且我的谋士和大臣也来朝见我。我又得坚立在国位上，至大的权柄加增于我。

37 现在我尼布甲尼撒赞美、尊崇、恭敬天上的王，因为他所做的全都诚实，他所行的也都公平。那行动骄傲的，他能降为卑。

四34 "日子满足，我尼布甲尼撒举目望天，我的聪明复归于我，我便称颂至高者，赞美尊敬活到永远的上帝。他的权柄是永有的，他的国存到万代。"

"举目望天" 他得回了人的灵性，承认在天上的上帝是他权力的源头，故举目望天。根据诗篇第一二三篇一至三节，"举目望天"表示仰望上帝，等候他施怜悯（比较诗一二一 1）。(64) 当他仰望上帝，神智就清醒，理智也恢复。

"我的聪明复归于我" 指属灵的透视，而第卅六节的"我的聪明复归于我"是指该节下文的"荣耀、威严和光耀"。(65)

"活到永远的上帝" 根据巴比伦的神话，他们所敬拜的神明每年会死一次，到新年又再复生。圣经强调上帝是永远活着，绝不会死亡（参创廿一 33）。(66) 启示录常用"活到永永远远"描述基督（启一 18，四 9，五 13，十五 7）。

四35 "世上所有的居民都算为虚无，在天上的万军和世上的居民中，他都凭自己的意旨行事。无人能拦住他手，或问他说，你做什么呢？"

"虚无" 微不足道，没有什么分量或价值（赛四十 17）；人不能与上帝相比，更不可以限制他的工作。

"在天上的万军" 耶和华在天上和地下作王，他凭公义刑罚天上的使者和地上的君王（赛廿四 21）。

---

(64) A. A. Anderson, *Psalms* (Oliphants, 1972), II, 858. Bevan、Montgomery 和 Porteous 都指出本章仿若波循皇后的故事（Bacchant Queen in Euripides），两处都提及人的举动和心态仿如野兽，当人举目望天，就重获理智；Young (112 - 113)详细指出两处的分别。

(65) Montgomery, 245; Young, 113.

(66) 参 D. A. Carson, "The Personal God," and B. Nicholls, "Time and Eternity," in *Lion's Handbook of Christian Belief* (Lion, 1982), 151 - 162; M. Greenberg, "The Hebrew Oath Particle hay/he," *JBL* 76:34 - 39.

“拦住他手” 直译是“打他的手”，指父亲刑罚孩子，打他的手，后用来比喻刑罚和责骂。亚兰文的旧约圣经和犹太人的塔木德，却用此句象征“干涉”或“拦阻”，变成了法律的术语。(67)

四 37 “现在我尼布甲尼撒赞美、尊崇、恭敬天上的王，因为他所做的全都诚实，他所行的也都公平。那行动骄傲的，他能降为卑。”

“尊崇、恭敬天上的王” 王有没有真心悔改呢？有学者认为他并没有彻底改过，真正认识上帝；(68)但也有学者指出他真心相信敬拜上帝。(69) 无疑，他对上帝的认识逐步加深(比较二 47，三 28；和本章 34～35 节)。他现在知道：第一，上帝是至高、永远活着的(34 节上)。第二，上帝是真正的掌权者(34 节下)。第三，上帝凭自己的旨意行事，没有人可以干预或拦阻(35 节)。第四，上帝所作的都是诚实和公平(37 节上)。第五，上帝使骄傲的降卑(37 节下)。

小结

本段记载了尼布甲尼撒王因为谦卑而疾病痊愈，神智清醒。“信心”导致“智慧”，这是犹太人思想的一个重点，王先对上帝有信心，就因此得着真智慧。他以前只看见自己的权势和威武，现在他在上帝面前谦卑，才看见真正伟大的乃是他自己。王用短短的几句话，把上帝多种重要的属性(例如他的永活、他的能力、他的主权、他的公平)精简地勾划出来。

尼布甲尼撒受了刑罚之后，才真正认识上帝。上帝管教他的儿女，岂不叫他们得益更大。难怪希伯来书的作者说：“我儿，你不可轻看主的管教。”(来十二 5)

总结

(一) 本章的钥节是“至高者在人的国中掌权，要将国赐与谁，就赐

---

(67) Montgomery, 248.

(68) 加尔文、盖尔(Keil)、贝斯(Pusey)；恒斯坦堡(Hengstenberg)。

(69) Young, 114；胡里昂，59。

与谁"(17、25、32节)。威武如巴比伦王尼布甲尼撒也在上帝的掌管之下,当他自高自大,就遭上帝刑罚,被降为卑。

对于被掳至巴比伦的犹太人来说,这是一个安慰的信息,因为他们所事奉的上帝原来是宇宙的统治者,巴比伦王在他面前也是微不足道,他们虽在异邦仍可信靠和忠心于他。

因为他们的上帝统治世界,敬拜他的人(但以理)可以得着真智慧,超越巴比伦的一切哲士。

(二)本章不但强调上帝的权柄和能力,也指出上帝的慈爱和恩典。骄傲的尼布甲尼撒在受刑罚之前,上帝藉但以理劝他悔改,且给他一年的期限;然而他没有像尼尼微王一听见约拿的宣告,便立刻悔改(拿三6～9)。所以,尼布甲尼撒遭受刑罚;可是,当他一有悔意,愿意仰望上帝,上帝就立刻施恩,让他恢复理智,重登王位,且对上帝有更深的认识。上帝的管教是他施恩的渠道。

(三)巴比伦在圣经中常象征与上帝敌对的势力,启示录指出巴比伦大城最终要倾倒(启十八2)。历代有无数的人(包括基督徒在内),都像巴比伦一样与上帝为敌,他们好像尼布甲尼撒,只看见自己的成就而忘记了赐恩典的上帝,或以为成就便是象征了上帝喜悦的记号,不知不觉陷入虚假的安全感,不再面对自己的本相。[70]

尼布甲尼撒因为"安居平顺"(四4),就骄傲自夸,那个无知的财主也因为自己财雄势大,便叫自己的灵魂"安安逸逸地吃喝快乐"(路十二19)。当我们平安稳妥之际,必须格外留神,不可忘记一切的好处都源于上帝,如果我们骄傲,必降为卑。

伟大的救主耶稣基督,与拥有权势的尼布甲尼撒成了强烈的对比;正如保罗指出:主耶稣本有上帝的形象,却虚己取了奴仆的样式,自己卑微,存心顺服。故此,他被上帝升为至高。

尼布甲尼撒蒙上帝恩待,得以擢升为中东的大王,他却自负,视自己与上帝平等,甚至以为自己凌驾于上帝;结果,他被降为卑,与野兽同居。

"骄傲在败坏以先,狂心在跌倒之前。"(箴十六18)温柔谦卑的人

---

[70] 华勒斯,75。

才是有福的,因他们必承受地土(太五5)。

(四)尼布甲尼撒究竟患了什么病?不少解经家认为他患了"兽性癫狂症"。[71] 这是一种精神病,患病者幻想自己是一只野兽,故仿效野兽生活,一举一动都与野兽无异。夏理逊博士描述他于1964年在英国一间精神科医院亲眼见过一位患此病的病人,[72]这位年仅二十岁的病者在草地上爬行,用手拔草放入口中,他头发长得像鸟的羽毛,指甲像鸟爪;他只肯吃草,不愿吃医院供应的食物。

尼布甲尼撒可能是患了精神分裂症,而不是像俄利根所说被鬼附着。[73] 有学者曾研究历代不少这种幻想自己为野兽的病人,所得的结论乃是,尼布甲尼撒的疾病算是较轻的一种。[74]

有什么证据支持尼布甲尼撒确实有此疯狂的表现呢?为什么巴比伦的文献没有提及此事?这是可以解释的,因为上古的文献都不记载令国家或君王感到羞耻的事情,所以埃及的文献也没有记载以色列人出埃及。而且,值得注意的是,有关尼布甲尼撒生平的巴比伦文献,只偏重他前十三年的统治,对于他在位后十三年的事却很少提到。这岂不是反映出他在位后期有不寻常的事发生,而这些事是国家的耻辱,故未被列入文献之中。我们有其他作品证实尼布甲尼撒曾患此病。[75]

(五)由于死海古卷中有一份"拿波尼度的祷文",此祷文的内容又与尼布甲尼撒的经验相似,有学者认为真正患病的是伯沙撒的父亲拿波尼度,而不是尼布甲尼撒。[76] 这种看法有商榷的余地。

让我们先看看这祷文的内容:"我拿波尼度患上了一种毒症,发炎共七年之久,我变得不像一个人;后来我向我的神承认我的罪,神赐给

---

[71] 医学上称为"狼狂病"(Lycaonthropy)。
[72] R. K. Harrison, *Introduction to the Old Testament* (Eerdmans, 1969), 1116 – 1117.
[73] Montgomery, 220.
[74] Montgomery, 220, 引自 S. Baring-Gould, *The Book of Were-Wolves* (London, 1865); 还有 D. R. Burrell, "The Insane Kings of the Bible," *American Journal of Insanity* (1894), 493 – 504.
[75] 这些作品包括公元前300年的 Megasthenes, 公元前第二世纪的 Abydenus, 公元37至100年的约瑟夫(他引用公元前第四世纪 Berossus 的话), 还有公元265至339年的 Eusebius; 参 Young, 110 – 112; Baldwin, 108 – 109.
[76] Montgomery, 221f; Lacocque, 75.

我一位犹太籍的驱魔人,他向我解释我的病症,叫我把尊荣归于至高神……"⑰文件到此毁坏,没有下文,但可以推想他后来按照这犹太人所说的方法去做,便得痊愈。

这祷文与但以理书第四章的记录有下列的差异:

(1)二者的名字不同,一为尼布甲尼撒,另一为拿波尼度,是两个不同的皇帝。

(2)尼布甲尼撒所患的是精神分裂症,拿波尼度却只说"毒症",⑱可能是麻风病,故皮肤发炎;而且他也没有类似野兽的举动。

(3)尼布甲尼撒在巴比伦患病,而拿波尼度祷文的前言清楚说明他是在他玛城患病,且一直留在那里。⑲

(4)尼布甲尼撒是向上帝献上祈祷,而拿波尼度所祈求的是他敬拜的偶像。

(5)尼布甲尼撒得到但以理为他解梦,而拿波尼度却没有做梦得到启示,帮助他的也只是一位不知名的驱魔人。⑳

总括来说,学者们没有足够的证据坚持但以理书第四章的主角本是拿波尼度,而不是尼布甲尼撒,也不能说但以理书的记载是抄自拿波尼度的祷文。㉛

---

⑰ 译自 Milik, op. cit., 36-37;参 D. N. Freedman, "The Prayer of Nabonidus," *BASOR* 14:31-32. *ANET*(305-307)也有此祷文的英文翻译。

⑱ 巴比伦历代志提到拿波尼度疯狂;*ANET*, 314.

⑲ City of Teima,是阿拉伯一个绿洲,拿波尼度常隐居在此地。

⑳ 这些不同之处是 Lacocque(74)引自 A. Dupont-Sommer, *Ecrits Esséniens*, 339.

㉛ L. F. Hartman, "The Great Tree and Nabuchodonosor's Madness," in *The Bible in Current Catholic Thought*, ed. J. L. McKenzie (Herder and Herder, 1962), 78-82.

伍　伯沙撒的筵席
（五 1～31）

（I）伯沙撒大摆筵席（五 1～4）

1 伯沙撒王为他的一千大臣设摆盛筵，与这一千人对面饮酒。
2 伯沙撒欢饮之间，吩咐人将他父尼布甲尼撒从耶路撒冷殿中所掠的金银器皿拿来，王与大臣、皇后、妃嫔好用这器皿饮酒。
3 于是他们把耶路撒冷上帝殿库房中所掠的金器皿拿来，王和大臣、皇后、妃嫔就用这器皿饮酒。
4 他们饮酒，赞美金、银、铜、铁、木、石所造的神。

　　五 1　"伯沙撒王为他的一千大臣设摆盛筵，与这一千人对面饮酒。"

　　"伯沙撒王"　这名字的意思是："'伯'神保护了皇帝。"①他是拿波尼度的儿子；拿波尼度因常驻守于他玛城，故于公元前 550 年任命伯沙撒为巴比伦大军的统帅，一同执掌王权。当玛代-波斯大军攻陷巴比伦城的时候，伯沙撒被杀。②

　　有学者认为伯沙撒未曾独自作王，但以理书的作者称他为"王"是错误的，③这说法我们不能苟同；因如前文指出，伯沙撒替拿波尼度摄政超过十年，被称为"王"，没有任何不妥之处（虽然他的地位低过父王拿波尼度）。何况对于生活在巴比伦的犹太人来说，伯沙撒才是真正的巴比伦的统治者，而不是住在远方的拿波尼度，故作者称伯沙撒为"王"

---

① [Bēl-šar-uṣūr]：[Bēl]是巴比伦的一位神，[šar]是"皇帝"，而[uṣūr]乃是"保护"。
② ZPEB, I, 517; C.J. Gadd, "The Harran Inscriptions of Nabonidus," *Anatolian Studies* 8：35-92.
③ H.H. Rowley, "The Historicity of the Fifth Chapter of Daniel," *JTS* 32：12-31；可参 R.D. Wilson, *Studies in the Book of Daniel*（Putnam's Sons, 1917），83-95 的反驳。

最自然不过。④

"一千大臣" "一千"是一个约数,表明赴宴者人数众多;古时皇帝喜欢设宴款待客人,例如波斯王曾经每日宴客一万五千人,亚历山大的婚筵参加者也有一万人。⑤ 亚述王于公元前八七九年立宁录为首都,曾宴请六万九千五百七十四个客人。⑥

"对面饮酒" 皇帝通常不与大臣共室饮宴,只有在特别的庆典和节日才会如此做,但仍会分席而坐。

五2 "伯沙撒欢饮之间,吩咐人将他父尼布甲尼撒从耶路撒冷殿中所掠的金银器皿拿来,王与大臣、皇后、妃嫔好用这器皿饮酒。"

"伯沙撒欢饮之间" 酒后失性,做出一些不寻常的傻事。

"他父尼布甲尼撒" 作者为什么称尼布甲尼撒为伯沙撒的父亲呢?第一,拿波尼度娶了尼布甲尼撒的女儿为妻,故伯沙撒本是尼布甲尼撒的外孙,但亚兰文和希伯来文没有"孙子"一词,通常以"儿子"统称。⑦ 第二,伯沙撒本为尼布甲尼撒的儿子,被拿波尼度收养,故作者称尼布甲尼撒为伯沙撒之父。拿波尼度在巴比伦作王时,尼布甲尼撒只死去七年,他儿子为拿波尼度收养,也不是没有可能的。⑧ 综合来说,第一种说法较为合理。

作者提出尼布甲尼撒与伯沙撒的关系,把前者的谦卑悔改(第四章)和后者的骄傲亵渎上帝对比。

"用这器皿饮酒" 用别国的祭器饮酒,表示轻慢和亵渎该国的宗教,中东各国都避免这样做,因被视作极为不敬的行为。

五4 "他们饮酒,赞美金、银、铜、铁、木、石所造的神。"

他们饮酒含有宗教意味,不仅是作乐取兴。这里所提的"金、银、铜、铁、木、石"叫人想起第二章造大像的材料"金、银、铜、铁、泥"。此

---

④ 有关这问题其他方面的探研,参 Young, 116 - 118;还有 G. A. Barton, *Archaeology and the Bible* (American Sunday School Union, 1937),481f.
⑤ Montgomery, 250; Young, 118.
⑥ Walvoord (117)引述 Mallowan 的研究。
⑦ 参 Wilson, 117f;指出"儿子"一词在中东可指十二种不同的关系,包括曾孙和养子; Pusey, 346.
⑧ Walvoord, 118.

外,第五章列出"六"种材料,也回应第三章那大像的高度与宽度的数字,那就是"六十""六"。

小结

本段是第五章的前奏。首先,伯沙撒邀请了许多臣仆参加他的宴会(以斯帖记也是以宴会作开场白)。今回皇帝破例与臣仆共室畅饮,他背壁而坐,面向群臣。⑨

正当他们狂欢痛饮之际,伯沙撒竟醉了,下令搬出尼布甲尼撒所收藏的耶路撒冷圣殿的器皿(一 2),肆无忌惮地以这些器皿盛酒。他妄用圣物,亵渎上帝的举动令人发指,更甚的是,他竟然用这些属于上帝的器皿饮酒赞美假神(4 节)。

他罪上加罪,必要遭受刑罚。

(II) 伯沙撒吩咐哲士解释墙上的字(五 5～9)

5 当时,忽有人的指头显出,在王宫与灯台相对的粉墙上写字。王看见写字的指头,
6 就变了脸色,心意惊惶,腰骨好像脱节,双膝彼此相碰,
7 大声吩咐将用法术的和迦勒底人,并观兆的领进来,对巴比伦的哲士说,谁能读这文字,把讲解告诉我,他必身穿紫袍,项带金链,在我国中位列第三。
8 于是王的一切哲士都进来,却不能读那文字,也不能把讲解告诉王。
9 伯沙撒王就甚惊惶,脸色改变,他的大臣也都惊奇。

　　五 5 "当时,忽有人的指头显出,在王宫与灯台相对的粉墙上写字。王看见写字的指头,"

---

⑨ 考古学家高德伟(Koldeway)发掘巴比伦的遗址时发现,怀疑是伯沙撒摆设筵席的房间;该房间长约 165 英尺,宽 55 英尺,面对入口墙壁有一稍高的平台,相信是伯沙撒所坐的地方,参加者无论坐得多远都可以看见他;胡里昂,63。

"在王宫与灯台相对的粉墙上写字" 当时,王坐在宴会厅的一边,前面有大灯与粉墙相对,灯光照在墙上,显得格外光亮。就在粉墙灯光照亮的地方,忽然有人的指头写字。考古学家掘出来的巴比伦皇宫的墙壁确实涂上石灰粉,与此处的"粉墙"吻合。⑩

"王看见写字的指头" "指头"指手掌和手指,不包括手臂。⑪

五6 "就变了脸色,心意惊惶,腰骨好像脱节,双膝彼此相碰,"

"就变了脸色" 脸色变得苍白;尼布甲尼撒听了但以理三友的回答也同样"变了脸色"(三19),只是伯沙撒变脸色是因惊慌丧胆,而尼布甲尼撒则因怒气填胸。

"腰骨好像脱节,双膝彼此相碰" 描写人因战兢恐惧而全身颤抖(鸿二10;诗六十九23;赛廿一3),这两句话常用来刻画因战败所导致的惊恐。⑫ 希伯来人认为"腰部"(仿若中国人的肾),乃是"害怕"这种情绪的所在地。⑬

五7 "大声吩咐将用法术的和迦勒底人,并观兆的领进来,对巴比伦的哲士说,谁能读这文字,把讲解告诉我,他必身穿紫袍,项带金链,在我国中位列第三。"

"大声" 反映出伯沙撒的惊慌,希望立刻可以找到人把文字的意思讲解出来。

"身穿紫袍" 紫袍是皇帝御用的颜色(参斯八15)。

"项带金链" 颈项穿戴金链是贵族的妆饰,特别是朝见君王时,更要穿戴金链。约瑟被立作埃及宰相时,法老把金链戴在他的颈项上(创四十一—42)。

"位列第三" 有两种解法:第一,因为伯沙撒自己是代父王拿波尼度摄政,他只是位列第二,故"位列第三"是他以下最大权的官员。第

---

⑩ Montgomery(253)引自 Koldeway, *Das Wieder esstehende Babylon*, 103.

⑪ Young, 120; Hartman, 185. 作者故意用[pas yᵉdāh],而不是只用[yᵉdāh],强调手腕至手臂没有出现;Ibn Ezra 称之为"a detached hand", Lacocque, 91.

⑫ L. Boadt, *Jeremiah 26-52, Habakkuk, Zephaniah, Nahum* (Michael Glazier, 1982), 256-257.

⑬ Young, 120; *TWOT*, 292.

二,"第三"是一个官阶的名称,本是一个十分重要的高官。⑭ 两种解释分别不大。

五 8 "于是王的一切哲士都进来,却不能读那文字,也不能把讲解告诉王。"

"却不能读那文字" 有学者认为这些文字是用腓尼基字母写成,巴比伦的哲士不懂得读,⑮但腓尼基文却与希伯来文相似,所以但以理可以轻易把文字读出和解释。⑯ 墙上的文字可能十分怪异,如果没有上帝的指示,人绝不懂其读法。另一方面,巴比伦哲士可能晓得这些文字的读法,却不知道它们的意思(15 节)。

五 9 "伯沙撒王就甚惊惶,脸色改变,他的大臣也都惊奇。"

"脸色改变" 如第六节所描述的一样。伯沙撒起初或许满有信心,相信他的哲士能助他渡过难关,现在却发现他们也是束手无策,不禁感到惊惶失措,脸色变得苍白,而他的大臣们也都和他一样害怕惊慌。

小结

前一段(1～4 节)洋溢着欢乐的气氛,人人开怀畅饮,得意忘形。本段(5～9 节)所见却是战兢恐惧,各人手足无措,等候那逃不脱的厄运降临。

上帝用人的指头在墙上写字,宣布伯沙撒要受刑罚。这种宣判是公开的,在一千名大臣面前宣布;它更是神秘的,叫伯沙撒和大臣惊惶失措。⑰

出埃及记第八章十九节第一次记载上帝的指头(和合本作"上帝的手段",吕本翻作"上帝的手指头"),那里的指头也是刑罚的指头,降灾于埃及人身上。上帝的指头第二次出现是写十诫于两块石板上(出卅

---

⑭ 列王纪上第九章廿二节把类似的希伯来文字译作"军长"(和合本)。
⑮ 乍眼看来,第七节与第八节互相冲突,因第七节"王已对巴比伦的哲士说话",假设他们已进来朝见王,但第八节却说:"于是王的一切哲士都进来。"其实,王的哲士接到传令进去见王,不一定是同时被带进去,有些先进去,有些后进去。王在第七节乃是对第一批的哲士讲话,第八节的哲士乃是后来的一批;两者没有矛盾。Leupold(224)建议把第八节第一句翻作"于是王的一切哲士接续进前来"。
⑯ Young, 122; Wordsworth, 57 - 59; Keil, 184 - 185.
⑰ 苏佐扬,68 - 69。

一18），这是施恩的指头，为人预备了律法。今回在本章内，上帝用人的指头在粉墙上写字，也是刑罚的指头，它宣告了伯沙撒要受的刑罚。

　　巴比伦的哲士面对着唾手可得的大奖赏（名副其实的升官发财的好机会），却无法解释墙上的文字，不知道那将要来临的审判究竟是什么。虽说"重赏之下必有勇夫"，但这一次却没有一个巴比伦哲士挺身而出作勇夫！

（III）太后向伯沙撒举荐但以理（五10～16）

[10] 太后因王和他大臣所说的话，就进入宴宫，说："愿王万岁！你心意不要惊惶，脸面不要变色。

[11] 在你国中有一人，他里头有圣神的灵，你父在世的日子，这人心中光明，又有聪明智慧，好像神的智慧。你父尼布甲尼撒王，就是王的父，立他为术士、用法术的，和迦勒底人，并观兆的领袖。

[12] 在他里头有美好的灵性，又有知识聪明，能圆梦，释谜语，解疑惑。这人名叫但以理，尼布甲尼撒王又称他为伯提沙撒；现在可以召他来，他必解明这意思。"

[13] 但以理就被领到王前。王问但以理说："你是被掳之犹大人中的但以理吗？就是我父王从犹大掳来的吗？

[14] 我听说你里头有神的灵，心中光明，又有聪明和美好的智慧。

[15] 现在哲士和用法术的都领到我面前，为叫他们读这文字，把讲解告诉我，无奈他们都不能把讲解说出来。

[16] 我听说你善于讲解，能解疑惑，现在你若能读这文字，把讲解告诉我，就必身穿紫袍，项戴金链，在我国中位列第三。"

　　五10　"太后因王和他大臣所说的话，就进入宴宫，说：'愿王万岁！你心意不要惊惶，脸面不要变色。'"

　　"太后"　她是尼布甲尼撒的妻子，伯沙撒的外祖母；[18]也有解经家

---

[18] 不少学者赞同此看法，Montgomery，257；Young（122）指出约瑟夫也持此论点。

视她为拿波尼度的妻子,是伯沙撒的母亲。⑲ 后者的解释更合理。相传拿波尼度的妻子乃是尼布甲尼撒的女儿李道葵斯。

因为太后地位崇高,故不必等候皇帝召见,可直接入宫向王进言。

五 11 "在你国中有一人,他里头有圣神的灵,你父在世的日子,这人心中光明,又有聪明智慧,好像神的智慧。你父尼布甲尼撒王,就是王的父,立他为术士、用法术的,和迦勒底人,并观兆的领袖。"

"他里头有圣神的灵" 参第四章九节,指有超人的透视。

"心中光明" 看透万事,什么都不能隐瞒他(参二 22)。⑳

"聪明智慧" "聪明"指"卓见"和"洞察力","智慧"原意是"稳安坚定",描写人有主见,不会随波逐流,任人唆摆,㉑此处却与"知识"同义(12 节)。

五 12 "在他里头有美好的灵性,又有知识聪明,能圆梦,释谜语,解疑惑。这人名叫但以理,尼布甲尼撒王又称他为伯提沙撒;现在可以召他来,他必解明这意思。"

"美好的灵性" 优秀的才能,尤其是思想方面优秀。㉒

"能圆梦" 解释梦的意思。

"解疑惑" 善于处理难题,是不折不扣的解铃人。㉓

小结

正当伯沙撒和群臣充满了惧怕,又无计可施之时,王的母亲前来解

---

⑲ Towner (69)列出六个理由证明他是伯沙撒的母亲;Baldwin,121–122;Young,122;Hartman,184;其实,以色列皇帝的母亲拥有很大权力(参王上十五 13;王下十 13,廿四 12;耶十三 18),仿如清朝的慈禧太后;有关以色列太后的资料,可参 R. de Vaux, *Ancient Israel* (McGraw-Hill, 1965), I, 115–117;韩承良,《圣经中的制度和习俗》(香港:思高,1982),91。

⑳ *TWOT*, 560;可参 Youngblood 一篇近作,R. F. Youngblood, "Qohelet's Dark House," *JETS* 29; 397–410.

㉑ J. L. Crenshaw, *Old Testament Wisdom* (SCM, 1981), 16–21.

㉒ *TWOT*, 836;作者建议第二十节的"灵也刚愎"也是指思想的顽梗。

㉓ "疑惑"原指"绳子的结",比喻不能解决的困难;有关这词与当时的人如何用绳玩弄法术,可参 Montgomery, 259。

围,向王推荐了但以理。

她指出但以理有超人的透视和才能,可以解决任何难题;故此,墙上所写的文字不会难倒他。值得注意的是,太后虽然万分推崇但以理的才干,却只字不提他曾两次为尼布甲尼撒解梦之事(第二和第四章),这又是面子问题作祟。

伯沙撒立刻召见但以理,首先重复太后所提出的有关但以理的超人才能(只是把第 11 节的"圣神"的"圣"字删去,参 14 节),然后再述他所应许过的奖赏,希望但以理能为他解说墙上的文字(伯沙撒也只字不提但以理本是尼布甲尼撒时代的哲士领袖)。

为什么伯沙撒自己没有想起但以理呢？第一,伯沙撒可能早已知道但以理擅长解梦,只是不想找他帮忙,故意忘记但以理的存在,因但以理所说的预言都是凶多吉少,不是伯沙撒想听的。㉔ 第二,伯沙撒自己没有主动找但以理,因为但以理已年纪老迈(八十岁了),处于退休状态,不再属于巴比伦哲士的一分子;故此,伯沙撒一时记不起他来。第三,从伯沙撒见但以理时所说的第一句话:"你是被掳之犹大人中的但以理吗",反映出伯沙撒的偏见,若不是到了最后关头,仍没有出路,他也实在不想借助于一个外籍人。无可否认,他倚靠自己的哲士,多过倚赖掳回来的外籍人。

(Ⅳ) 但以理为伯沙撒解释墙上的字(五 17～28)

17 但以理在王面前回答说:"你的赠品可以归你自己,你的赏赐可以归给别人;我却要为王读这文字,把讲解告诉王。
18 王啊,至高的上帝曾将国位、大权、荣耀、威严赐与你父尼布甲尼撒,
19 因上帝所赐他的大权,各方、各国、各族的人都在他面前战兢恐惧。他可以随意生杀,随意升降。
20 但他心高气傲,灵也刚愎,甚至行事狂傲,就被革去王位,夺去荣耀,

㉔ Lacocque, 97;他甚至认为出埃及记第一章的新王并非不认识约瑟,乃是"刻意"不想去认识约瑟。

21 他被赶出离开世人,他的心变如兽心,与野驴同居,吃草如牛,身被天露滴湿,等他知道至高的上帝在人的国中掌权,凭自己的意旨立人治国。

22 伯沙撒啊,你是他的儿子,你虽知道这一切,你心仍不自卑,

23 竟向天上的主自高,使人将他殿中的器皿拿到你面前,你和大臣、皇后、妃嫔用这器皿饮酒。你又赞美那不能看、不能听、无知无识、金、银、铜、铁、木、石所造的神,却没有将荣耀归与那手中有你气息,管理你一切行动的上帝。

24 因此,从上帝那里显出指头来写这文字。

25 所写的文字是:'弥尼,弥尼,提客勒,乌法珥新。'

26 讲解是这样:弥尼,就是上帝已经数算你国的年日到此完毕;

27 提客勒,就是你被称在天平里,显出你的亏欠;

28 毗勒斯,就是你的国分裂,归与玛代人和波斯人。"

五 17 "但以理在王面前回答说:'你的赠品可以归你自己,你的赏赐可以归给别人;我却要为王读这文字,把讲解告诉王。'"

"你的赠品可以归你自己" 但以理讲解墙上的文字,不是为了要得奖赏;纵然没有奖赏,他都要讲解,这是他的责任(王下五 15~16)。㉕亚伯拉罕也曾拒收所多玛王的赠品(创十四 23)。

五 18 "王啊,至高的上帝曾将国位、大权、荣耀、威严赐与你父尼布甲尼撒,"

"国位、大权、荣耀、威严" "大权"指治国的权柄,"荣耀、威严"乃是治国成绩辉煌所带来的光荣和人的敬重。

五 19 "因上帝所赐他的大权,各方、各国、各族的人都在他面前战兢恐惧。他可以随意生杀,随意升降。"

"他可以随意生杀,随意升降" 但以理指出尼布甲尼撒拥有莫大的权柄,也暗示伯沙撒的权势虽然远远不及尼布甲尼撒,却是这样狂妄

㉕ 但以理并没有像太后一样先向王请安,反映出他不满王亵渎上帝,用圣殿的器皿饮酒;在第六章,但以理与大流士王谈话,却先请安说:"愿王万岁!"(21 节)但以理两次和尼布甲尼撒说话,也没有先问安(二 27,四 19),但第四章却先称王为"我主啊",比第二章客气得多。

高傲。尼布甲尼撒所操的生杀大权乃是源于上帝,而真正随意升降人的亦只有上帝自己(四17)。故此,大权如尼布甲尼撒也不可以在上帝面前狂傲自夸。

五20 "但他心高气傲,灵也刚愎,甚至行事狂傲,就被革去王位,夺去荣耀。"

"心高气傲,灵也刚愎" 这是尼布甲尼撒最基本的问题;他骄傲顽梗,不可一世,甚至要凌驾上帝。

五21 "他被赶出离开世人,他的心变如兽心,与野驴同居,吃草如牛,身被天露滴湿,等他知道至高的上帝在人的国中掌权,凭自己的意旨立人治国。"

"与野驴同居" 这是第四章所没有提到的。本节记载了尼布甲尼撒受刑罚的惨痛经验,反映出世界真正的统治者乃是上帝;人越高傲,所受的惩治越是厉害。

五22 "伯沙撒啊,你是他的儿子,你虽知道这一切,你心仍不自卑,"

"你心仍不自卑" 你没有谦卑的心。近代心理学家鼓吹人不可自卑,有时会矫枉过正,叫人不知不觉失去了谦卑的美德。[26] 自卑的心不可有,谦卑的心却不可无。一个人表现狂傲,可能因为他有极大的自卑感。

五23 "竟向天上的主自高,使人将他殿中的器皿拿到你面前,你和大臣、皇后、妃嫔用这器皿饮酒。你又赞美那不能看、不能听、无知无识、金、银、铜、铁、木、石所造的神,却没有将荣耀归与那手中有你气息,管理你一切行动的上帝。"

"竟向天上的主自高" 伯沙撒不仅没有在上帝面前谦卑,反倒高抬自己,向上帝发出挑战,故意亵渎圣殿的器皿,又赞美假神与上帝作对。他实在愚蠢,毫无智慧。

"手中有你气息" 回应创世记第二章七节"上帝将生气吹在人的鼻孔

---

[26] C.M. Narramore, *Encyclopedia of Psychological Problems*(Zondervan,1966),129-131.

里";人的生命源于上帝,也为他所掌管,受造之物的生命自然由造物主掌握。㉗

五25 "所写的文字是:'弥尼,弥尼,提客勒,乌法珥新。'"

"弥尼,弥尼,提客勒,乌法珥新" 这有不同的解释。第一,它们是三种货币的名称,㉘"弥尼"相等于"弥那"(结四十五 12),㉙"提客勒"是希伯来文的"舍客勒","法珥新"("乌"是亚兰文的连接词)却指半个"弥尼"。"弥尼"代表尼布甲尼撒,"提客勒"是伯沙撒,"法珥新"即是玛代-波斯,这二国加起来相等于尼布甲尼撒。这理论在二十世纪初期颇为流行。㉚ 第二,"弥尼、提客勒、法珥新"是不同重量单位的名称,代表三个皇帝:尼布甲尼撒、拿波尼度和伯沙撒,㉛或是尼布甲尼撒、尼布甲尼撒的儿子以未米罗达(王下廿五 27)和伯沙撒。㉜ 也有学者认为"弥尼、弥尼、提客勒、法珥新"代表五个皇帝,因"法珥新"是复数,预表两个皇帝。这五个皇帝就是在尼布甲尼撒死后统治巴比伦的五王。㉝ 第三,"弥尼、提客勒、法珥新"本是三种重量单位或货币的名称,只不过但以理把它们当作动词解释:㉞"弥尼"即是"被数算",㉟"提客勒"是"被量称","法珥新"是"被分裂"。㊱ 第三种解法最合理。

㉗ 笔者一位友人,年仅三十多岁,最近忽然中风,半边身体瘫痪,不能动弹;病发前他身体健康,没有患过高血压和心脏病,到现在医生仍找不出他中风的原因。他的经历让笔者再一次体会:人的生命在上帝手中,一点也不能自夸。
㉘ 参 Prince 所撰写的博士论文:J. D. Prince, *Mene Mene Tekel Upharsin* (Johns Hopkins, 1893).
㉙ 一"弥尼"等于六十"提客勒";有关第廿五节应是一个抑是两个"弥尼",参 O. Eissfeldt, "Die Menetakel Inscrift und ihre Bedeutung," *ZAW* 63:105-114.
㉚ 有关反驳这理论的理由,参 Young, 126; Leupold, 236.
㉛ D. N. Freedman, "The Prayer of Nabonidus," *BASOR* 14:31-32.
㉜ Ginsberg, 24-26.
㉝ E. G. Kraeling, "The Handwriting on the wall," *JBL* 63:11-18.
㉞ 这种用动词解释名词的方法,死海古卷的注释也有采用;Delcor, 131.
㉟ 先知虽曾指出一个国家在天秤里"称"过后发现有亏欠,则会被"分裂";但把国家"数算",却只有在启示文学才出现;S. B. Frost, *Old Testament Apocalyptic* (London, 1952),186.
㊱ "被分裂"[peres]可解"毁坏",这是犹太拉比(Saadia, Rashi, Ibn Ezra)的解释;参 J. Steinmann, *Daniel : Text Francais , Introduction et Commentaires* (Desclée de Brouwer, 1961),96.第廿八节的"毗勒斯"是"法珥新"的复数。

小结

本段是但以理一篇伟大的讲章。㊲ 他首先叫伯沙撒回想尼布甲尼撒的经验，后者虽然伟大，满有权柄，却因骄傲被上帝刑罚，活得像野兽一样，直至他悔改复原后，才明白到世间真正的掌权者乃是上帝。

但以理旋即一针见血，指出伯沙撒的问题：他并没有以祖父因骄傲而受罚的惨痛经历为鉴戒，竟然重蹈覆辙。伯沙撒未学到谦卑的功课（本章称伯沙撒为尼布甲尼撒的"儿子"，强调他们关系密切，应可以受到警惕），反而比尼布甲尼撒更加妄自尊大，直接敌对上帝，罪不可赦，必遭刑罚。"骄傲"是尼布甲尼撒和伯沙撒共有的问题，伯沙撒更犯了妄用圣殿器皿、拜假神、不把荣耀归给上帝的罪行。

墙上的文字清楚宣告：伯沙撒国度的年日已被数算，而且日子已满。伯沙撒已被放在天秤上量称，显出太多亏欠，故他的国要被粉碎，为玛代和波斯人瓜分。

但以理在第四章曾给尼布甲尼撒进谏，这里却直接宣告上帝的审判，没有劝伯沙撒悔改，因为伯沙撒罪大恶极，刑罚立刻来到，连悔改的机会都没有。

本段的但以理大而无畏指斥伯沙撒，就像以前的先知（如阿摩司、耶利米）向君王宣告审判的信息。

（Ⅴ）伯沙撒提升但以理（五 29～31）

29 伯沙撒下令，人就把紫袍给但以理穿上，把金链给他戴在颈项上，又传令使他在国中位列第三。
30 当夜，迦勒底王伯沙撒被杀。
31 玛代人大流士年六十二岁，取了迦勒底国。

㊲ King, 148.

五 30 "当夜,迦勒底王伯沙撒被杀。"

"迦勒底王伯沙撒被杀" "迦勒底"指巴比伦人,伯沙撒被杀应验了但以理的预言,巴比伦国随即灭亡。

五 31 "玛代人大流士,年六十二岁,取了迦勒底国。"

"玛代人大流士" 即是波斯王居鲁士。[38]

小结

本段记载伯沙撒履行他的诺言赏赐但以理,虽然但以理事先表示他不在乎这些奖赏,只想解释墙上的文字。奇怪的是本段并没有提及伯沙撒听了但以理那番话后的反应,因此,他是否相信但以理的预告、承认自己得罪了上帝,则不得而知。可能时间太急促,他还来不及消化但以理的说话,巴比伦城已被攻陷。

希腊的作家告诉我们,玛代-波斯的联军把幼发拉底大河改道,沿着河床而上,乘巴比伦人狂欢饮宴之时突击,夺取了巴比伦。这与但以理书第五章吻合。

巴比伦的记录告诉我们,当时是公元前 539 年 10 月 12 日。[39]

总结

(一)学者指出本章的记载,准确地把所发生的事记录下来。[40] 无疑,本章主要描写伯沙撒狂妄,亵渎上帝圣殿的器皿,导致上帝刑罚。上帝刑罚伯沙撒,反映出他掌管一切,包括君王的"气息与行动"(23节)。对于被掳的犹太人来说,这又是一个安慰的信息:他们所事奉的上帝不但在耶路撒冷作王,也在普天下作王,统管全世界,连伯沙撒也在他的掌管之下。

(二)伯沙撒基本的问题是"骄傲",不把创造万物的上帝放在眼

---

[38] 居鲁士王曾详细记下他攻陷巴比伦城的过程;*ANET*,315-316.
[39] 米勒德,778。
[40] R.P. Dougherty, *Nabonidus and Belshazzar*(Yale,1929),199-200;Porteous,76.

内。今天不少基督徒也落在相同的境况里,口中歌颂赞美上帝,心中却不当他为主,也没有真心相信和承认上帝掌管一切;对于我们来说,上帝名存实亡。我们事业稍有成就,就自以为了不起,觉得信仰无关重要,可有可无。我们自负,忘记了自己只不过是受造之物,我们所拥有的一切都本于造物主。我们高抬自己,虽然口中不敢承认,但在心里已视自己为生命的主宰。我们觉得没有倚靠上帝的必要,因靠自己能胜过一切。难怪有时上帝要施行管教的手,使我们回转,知道自己在上帝面前没有什么可夸。"心中骄傲"是我们最大的通病,也是上帝最不喜悦的。[41] 什么是"骄傲"呢?以赛亚先知给它下了适切的定义,就是"不尊崇耶和华"(参赛二11)。真正谦卑的人衷心接受上帝的主权,承认他的伟大和崇高。

(三)伯沙撒骄傲的表现,就是妄用圣殿的器皿;他这样做是因为他藐视上帝,以为他在巴比伦没有任何权力,可以任由他羞辱。他妄用器皿,亵渎了上帝。

我们有时忘记了对上帝应有的尊重,落入这种微妙的亵渎行为(太廿一13),对圣餐(林前十一27～29)、崇拜(林前十一17～18,十21～24;徒五1～5)。[42]我们忽略了应持有的尊重。

(四)伯沙撒妄用圣殿的器皿与"酒"有关;他因酒醉失性,下令拿出圣殿的器皿盛酒,这或许是他平常不敢做的。[43]

圣经警告我们,醉酒可以造成许多悲剧,例如挪亚(创九20～27)、罗得(创十九30～38)、便哈达(王上二十章)、亚哈随鲁王(斯一10～11)。箴言的作者也屡次指出醉酒的害处(箴廿一17,廿三19～21,卅一4～7)。

(五)本章与第二和第四章相连。第二章尼布甲尼撒做了一个梦,

---

[41] 基督教强调不可骄傲,要存心谦卑,其他宗教都没有这样强调;IBD, 1265;奥古斯丁、阿奎那、弥尔顿都称"骄傲"为人类最基本的罪恶,"成功"可以成为我们最大的试探;参 H. T. Armending, *A Word to the Wise* (Tyndale, 1980), 105-112.

[42] 华勒斯, 104.

[43] 虽然伯沙撒酒后失性,做出愚蠢的事,但我们没有证据说他"饮酒放纵肉体的情欲,极度荒淫"(丁立介, 182),或视他为"好色之徒"(何慕义, 64)。有关醉酒的害处,可参 Criswell, 36-39.

需要人为他解释，但巴比伦的哲士束手无策，后来透过亚略推荐但以理，才得解梦。本章伯沙撒找人讲解墙上的文字，哲士又是无法可施，后通过太后举荐但以理，才揭示这些文字的含意。

本章与第四章的内容更接近。第四章记载尼布甲尼撒做了一个梦，哲士不能提供任何解释，直至但以理出现，将梦的内容解明。尼布甲尼撒的梦与伯沙撒所见的文字内容性质相同，都是审判的信息；受审判的原因也相同，都因骄傲与不承认上帝的权能。但是，他们的结局却截然不同。

尼布甲尼撒受审判后得着智慧，对掌管宇宙的上帝有更深一层的认识，也重掌王权。伯沙撒却不然，他受了审判后就灭亡。前者经历到审判与恩典，后者却只尝到刑罚的苦杯，不但他自己受刑罚，巴比伦国也受到审判，最终灭亡。

无论如何，第二、第四、第五章都有相同的主题：上帝才是人间真正的统治者；他可以废王立王（二 21），他在人国中掌权，要将国赐与谁，就赐与谁（四 17，五 21），他手中掌握了人的气息，管理人一切的行动（五 23）。故此，人在上帝面前"不可自高，反要惧怕"（罗十一 20）。另一方面，那些敬拜上帝的人可以释怀，因为无论环境如何，上帝仍坐在宝座上掌管一切。

（六）上帝当日数算巴比伦的日子，提醒我们也要学习数算自己的日子，好叫我们得着一颗智慧的心（诗九十 12；弗五 15～17）。㊹

㊹ 翟辅民，44。

陆　但以理在狮子坑（六 1～28）

(Ⅰ) 大流士重用但以理(六 1～3)

1　大流士随心所愿，立一百二十个总督治理通国。
2　又在他们以上立总长三人(但以理在其中)，使总督在他们三人面前回复事务，免得王受亏损。
3　因这但以理有美好的灵性，所以显然超乎其余的总长和总督，王又想立他治理通国。

　　六 1　"大流士随心所愿，立一百二十个总督治理通国。"
　　"总督"　参第三章二节的诠释；大流士委派他们在全国各区协助管理区内的事务。① 他们主要的工作包括：第一，为王征收税项(拉四13)；第二，防止区内居民造反。②
　　六 2　"又在他们以上立总长三人(但以理在其中)，使总督在他们三人面前回复事务，免得王受亏损。"
　　"立总长三人"　"总长"监察总督的工作，一个总长管治约四十个总督。③

---

① 不少学者认为"一百二十个总督"与事实不吻合，因大流士王的版图较小，不需要这么多的总督；但是，以斯帖时代亚哈随鲁王岂不是统管一百二十七省吗？(斯一 1)何况本节并没有说明总督所管辖的区域多大，不一定相等于一省(7 节把"总督"排名在"钦差"之后)。故此，虽然希罗多德的记载(Ⅲ,89)提出后来的大流士王(公元前 521 至前 486 年)只设立了二十位总督，我们不能因此就否认圣经的真实性，因为二者的"总督"一词可有截然不同的定义；Wilson, 201 - 220；他指出希腊史家曾用"总督"(Satrap)称呼一些低级的官员。
② D. Clines, *Ezra*, *Nehemiah*, *Esther* (Morgan, Marshall & Scott, 1984), 80.
③ 总长与总督的关系有如香港政府的布政司(Chief Secretary)与财政司(Financial Secretary)，每人负责监管几个司级或处长级的官员。"总长"一字源于玛代文[saraka]，与阿拉伯文[šarika]相关；Lacocque, 109；Montgomery, 271；[sāra]意"头"，故[saraka]指"首长"。

"免得王受亏损" 指税项的损失,④意即减少了收入;大流士王害怕各区的总督贪污,窃取所征得的税项。

六3 "因这但以理有美好的灵性,所以显然超乎其余的总长和总督,王又想立他治理通国。"

"美好的灵性" 参第五章十二节的诠释,指超卓的能力。

"想立他治理通国" 大流士王"拟定计划",安排但以理作他的副手,代表他管理全国(仿如五7的"位列第三");但以理名副其实是"一人之下,万人之上"。⑤

小结

本段提供了本章的背景资料。它首先叙述大流士崭新的政制,把全国分为一百二十个区,每区由一位总督管理,在总督之上设立三位总长,负责监管总督的工作。

年纪老迈、白发皤皤的但以理竟然是三位总长之一;这反映出但以理的政治生涯横跨巴比伦和波斯两个王朝。

虽然但以理已没有了当年的飒飒英姿,但他的办事能力并没有随着年老而消灭,反而如日中天;他的工作表现远远超越那一百二十位总督和两位总长。于是,大流士王筹划擢升他担任官衔相等于"首相"的官职,让他统治全国。

但以理与约瑟的际遇相似,都是因为有上帝的灵住在他们的内心,适合出任"首相"一职(创四十一37～41)。⑥

(II) 但以理的同僚设计陷害他(六4～9)

4 那时总长和总督寻找但以理误国的把柄,为要参他;只是找不着他

---

④ "亏损"在以斯拉记(四13、15、22)多指税收的损失,在以斯帖记第七章四节却包括其他方面的损失。
⑤ 约拿书第一章六节把"想"字解作"顾念"。
⑥ 该处经文和但以理书第六章提到"灵"和"治理全国"。

的错误过失，因他忠心办事，毫无错误过失。

5 那些人便说："我们要找参这但以理的把柄，除非在他上帝的律法中就寻不着。"

6 于是，总长和总督纷纷聚集来见王说："愿大流士王万岁！"

7 国中的总长、钦差、总督、谋士和巡抚彼此商议，要立一条坚定的禁令（或译：求王下旨要立一条……），三十日内不拘何人，若在王以外或向神、或向人求什么，就必扔在狮子坑中。

8 王啊，现在求你立这禁令，加盖玉玺，使禁令决不更改，照玛代和波斯人的例，是不可更改的。

9 于是大流士王立这禁令，加盖玉玺。

六 4 "那时总长和总督寻找但以理误国的把柄，为要参他；只是找不着他的错误过失，因他忠心办事，毫无错误过失。"

"把柄" 法律上可控诉的理由，与下文的"错误"是同一个字，恰如新约所称的"罪状"（太廿七 37）。

"毫无错误过失" 此处的"错误"，与上一句"找不着他的错误"的"错误"是不同的亚兰字。⑦ 此处应指工作上的错失（参拉四 22，六 9）。约瑟夫却相信本节乃指但以理在处理金钱的事上没有过失，耶柔米认为是在情欲方面无过犯。⑧ 这两种说法与经文的上下文不吻合。

六 5 "那些人便说：'我们要找参这但以理的把柄，除非在他上帝的律法中就寻不着。'"

"在他上帝的律法中" 和他信仰有关的事情。⑨

六 6 "于是，总长和总督纷纷聚集来见王说：'愿大流士王万岁！'"

---

⑦ 第一个"错误"原文是[ʿillâ]，第二个"错误"却是[šālû]。
⑧ Bravermann, 82－83；耶柔米的建议乃基于他把"该国"翻作"得罪国王"，故指侵犯王的妃嫔。
⑨ 这里的"在"[bᵉ]乃是"beth sphaerae"，GKC, 279，与"范畴"或"范围"有关。至于"律法"代表"信仰"，可比较以斯拉记第七章十二、十四、廿五节。

"纷纷聚集来见王" "聚集"(11、15节)原指持共同看法的人彼此交往,后用来描述一群人同心达到一个目标。⑩ 此处描写总督和总长偷偷地商量妥当,拟定阴谋后才去见王(留心第7节他们承认曾"彼此商议"),这是"只求有利于己,何妨结党行凶"。

六7 "国中的总长、钦差、总督、谋士和巡抚彼此商议,要立一条坚定的禁令(或译:求王下旨要立一条……),三十日内不拘何人,若在王以外或向神、或向人求什么,就必扔在狮子坑中。"

"国中的总长、钦差、总督、谋士和巡抚" 第六节只提到"总长"和"总督",然而在此处,他们却说请愿的人包括了钦差、谋士和巡抚在内,原因何在?第一,可能是他们撒谎,把其他官员也包括在内;但我们没有足够的资料鉴定这说法是否真确。第二,杨以德认为第六节的"总长"与第七节所指的不同,前者是一个概括名称,包含了第七节的"总长、钦差、谋士、巡抚"四种官员;这只是一种臆测,没有任何证据支持。第三,"钦差、谋士、巡抚"实际上有参与陷害但以理的阴谋,只是第六节回应第一至五节单单提及"总长"和"总督"。无论如何,虽然但以理没有参加他们的秘密会议,他们却说:"国中的总长",把但以理也包括在内。

"在王以外或向神、或向人求什么" 王是神明在地上全权的代表,是神明与人之间唯一的中保,故此除了向王祈求以外,向神明或任何人祈求都在禁止之列;这无疑是间接把王的地位提高,变成与神明平等。古时的皇帝有权要求人民在宗教的事情上,听命于他,譬如尼尼微王下令全国人民"披上麻布,切切求告神"(拿三8)。

"扔在狮子坑中" 上古有些帝皇以狩猎狮子为他们的消遣,埃及和美索不达米亚的壁画,也常刻有国王追捕狮子的情景(王上十三23~26;结十九2~9);⑪捕获的狮子被放在深坑里,判了死刑的囚犯便被扔在坑中(罗马皇帝也把犯人扔入狮子坑任由狮子咬死)。

---

⑩ Montgomery (273)详尽地说明这词发展的过程。诗篇第二篇一节(还有诗五十五15,六十四3)用同一个希伯来字,和合本作"争闹",现中翻为"妄图";现中的译法较佳,与下一句的"谋算"相平行;M. Dahood, *Psalms* I (Doubleday, 1966),7.

⑪ Y. Yadin, *The Art of Warfare in Biblical Lands* (Weidenfeld and Nicolson, 1963),214-215.

六 8 "王啊,现在求你立这禁令,加盖玉玺,使禁令决不更改,照玛代和波斯人的例,是不可更改的。"

"立这禁令,加盖玉玺" 加盖了玉玺的禁令是立时生效的法律,不能更改。"加盖玉玺"可能是用王的戒指盖印(斯八10),等于王的签署。

"照玛代和波斯人的例,是不可更改的" 这两句话在本章出现了三次(本节与12、15节),以斯帖记也两次指出,玛代和波斯的法例不可以更改(斯一19,八8)。相传大流士王三世在忿怒中定了爱子死罪,签署文件后忽然后悔,想收回成命;但是,根据玛代和波斯人的法律,他不可以收回以皇帝身份签署了的命令,终于铸成大错。⑫

值得注意的是:本节明显表示出大流士不仅是玛代人的王,也是波斯人的王,故此,他所立的法律就是玛代和波斯的法例。

小结

本段记载但以理的同僚设计陷害他的经过,他们联手攻击但以理,乃因嫉妒大流士王对但以理的青睐,他们不能接受一个被掳的犹太人作他们的上司。亡国奴竟成为当朝的宰相,凌驾万人之上,他们实在心有不甘。

他们首先从但以理的工作下手,设法找出可以控诉他的把柄。他们以为但以理在为人操守上,虽然是无懈可击,工作必定会露出破绽;结果,他们大失所望,因为但以理的工作表现全无瑕疵。第四节"忠心办事"原来只是"忠心",可指但以理对上帝和王的忠心,故办事谨慎,鞠躬尽瘁,全力以赴。

于是,他们把矛头转向但以理的信仰。他们知道他有每日祷告的惯例,故想出一条毒计,求王颁布法律,不准任何人在三十日内向神明祈祷或向人求什么,违法者将被扔入狮子坑喂饲狮子。

大流士王接受他们的请求,因为:第一,他不知道这法律是他们陷

---

⑫ Montgomery (270)引自 Bochart, *Hierozoicon* I, 748.

害但以理的阴谋；第二，这法律可考验出人民对他的忠心和顺命，他当然乐意接受；第三，这法律间接把他的地位提升，成为神明在世上最高的代表，差不多与神明平等；第四，这法律只生效三十日，不是长期的禁令。

但以理的同僚看见一切安排就绪，只等他掉入陷阱之中。

(III) 但以理被扔进狮子坑(六 10～18)

10 但以理知道这禁令盖了玉玺，就到自己家里（他楼上的窗户开向耶路撒冷），一日三次，双膝跪在他上帝面前，祷告感谢，与素常一样，
11 那些人就纷纷聚集，见但以理在他上帝面前祈祷恳求，
12 他们便进到王前，提王的禁令说："王啊，三十日内不拘何人，若在王以外或向神、或向人求什么，必被扔在狮子坑中，王不是在这禁令上盖了玉玺吗？"王回答说："实有这事，照玛代和波斯人的例是不可更改的。"
13 他们对王说："王啊，那被掳之犹大人中的但以理不理你，也不遵你盖了玉玺的禁令，他竟一日三次祈祷。"
14 王听见这话，就甚愁烦，一心要救但以理，筹划解救他，直到日落的时候。
15 那些人就纷纷聚集来见王说："王啊，当知道玛代人和波斯人有例，凡王所立的禁令和律例都不可更改。"
16 王下令，人就把但以理带来，扔在狮子坑中。王对但以理说："你所常侍奉的上帝，他必救你。"
17 有人搬石头放在坑口，王用自己的玺和大臣的印封闭那坑，使惩办但以理的事毫无更改。
18 王回宫，终夜禁食，无人拿乐器到他面前，并且睡不着觉。

六 10 "但以理知道这禁令盖了玉玺，就到自己家里（他楼上的窗户开向耶路撒冷），一日三次，双膝跪在他上帝面前，祷告感谢，与素常一样。"

"楼上的窗户开向耶路撒冷" "楼上"指属屋顶天台上的房间；以利亚寄居于撒勒法的寡妇家中，也是住在类似的房间内（王上十七19）；使徒行传也三次提到这种屋顶上的房子（徒一 13，九 37，二十 8）。犹太人喜欢用一个指定的房间作为祷告室（比较撒下十八 33）。

　　"窗户开向耶路撒冷"是犹太人祈祷的习惯（参诗五 7，廿八 2），这可能是受了所罗门的祷文所影响，以为向着耶路撒冷圣殿所献上的祷告，才蒙上帝的垂听（王上八 35、42；代下六 34）。犹太拉比因此教导会众，不要在一间没有窗户的房间祈祷。回教创立人穆罕默德也借用此习惯，吩咐信徒祈祷时要脸向他们的圣地麦加城。⑬

　　"一日三次"　正如诗人的宣告："我要晚上、早晨、晌午哀声悲叹"（诗五十五 17）；⑭犹太教强调每日至少祈祷三次。另一方面，诗篇也指出诗人"一天七次赞美神"（诗一一九 164）。⑮

　　"双膝跪在他上帝面前"　这是被掳后一直沿用至新约时代的祈祷方式（拉九 5；太六 5；路十八 11，廿二 41；徒七 60）。⑯

　　六 11　"那些人就纷纷聚集，见但以理在他上帝面前祈祷恳求，"

　　"纷纷聚集"　在第六节他们拟好毒计一齐去见王。今次他们布下天罗地网，一同来到但以理的居所，亲眼目睹他照惯例向上帝祈祷。他们洞悉但以理的祈祷生活，肯定他会掉进他们的陷阱里。

　　"祈祷恳求"　第十节是"祷告感谢"，此处是"祈祷恳求"，求上帝帮助他晓得如何面对眼前的危机。

　　六 12　"他们便进到王前，提王的禁令说：'王啊，三十日内不拘何人，若在王以外或向神、或向人求什么，必被扔在狮子坑中，王不是在这禁令上盖了玉玺吗？王回答说：'实有这事，照玛代和波斯人的例是不可更改的。'"

---

⑬ G. F. Moore, *Judaism* II (Harvard, 1946), 218；Walvoord (138)指出"打开窗户向着耶路撒冷"象征但以理有信心，知道百姓必重返耶路撒冷。
⑭ 犹太人计算日子，是从黄昏开始计算，故诗人先说"晚上"，才说"早晨、晌午"。
⑮ 伊斯兰教徒每天要祈祷五次。
⑯ 虽然跪在地上祈祷是被掳后常用的方式，这不是说所有提及用这样方式祷告的经文都是被掳后所撰写；参 J. Gray, *I and II Kings* (SCM, 1963), 214，他把第八章五十四节归入被掳后的作品，因该节提及"屈膝"。

"进到王前" 此处的动词是法律的用语,指开始了控诉的第一步。[17]

六 13 "他们对王说:'王啊,那被掳之犹大人中的但以理不理你,也不遵你盖了玉玺的禁令,他竟一日三次祈祷。'"

"但以理不理你" 他既然不遵守王所颁布的法令,表明他不尊重王。迦勒底人控告但以理的三个朋友不拜金像,也是这样对王说:"他们不理你。"(三12)

这群官员称但以理为"被掳之犹太人",不但反映出他们种族歧视的心理,也暗示但以理不是波斯人,故此对王不忠。[18]

其实,但以理照往常一样祈祷,并不表示他不尊重或不忠于王,而是他知道他要忠于那比王更高的万王之王。

六 14 "王听见这话,就甚愁烦,一心要救但以理,筹划解救他,直到日落的时候。"

"筹划解救" 王尝试用各种途径解救但以理。这句话显示王不单停留于思想计划的层面,且有实际的行动。

六 15 "那些人就纷纷聚集来见王说:'王啊,当知道玛代人和波斯人有例,凡王所立的禁令和律例都不可更改。'"

"那些人就纷纷聚集来见王" 这次他们按早已商量妥当的计谋,催逼王立刻执行刑罚,把但以理扔进狮子坑。他们要亲眼看见眼中钉被除去。根据玛代-波斯人的法律,王要即日处决但以理,刻不容缓。

六 16 "王下令,人就把但以理带来,扔在狮子坑中。王对但以理说:'你所常侍奉的上帝,他必救你。'"

"你所常侍奉的上帝" "常"原指"不断",没有停止过;但以理侍奉上帝不是一曝十寒,乃是不间断地由年少至年老都忠于他的上帝。

"他必救你" 或作"愿他救你"(现中),[19]从亚兰文的文法结构来看,"他必救你"是较佳的译法;[20]这并不是说大流士王对上帝有信心,

---

[17] 有关[qᵉrîb]这样的解释,参 Hartman, 195.
[18] Young, 136; Leupold, 264.
[19] 英文圣经把本句翻作"愿他救你",有 RSV、NASB 和 NIV;思高也是"望他拯救你"。
[20] 如果这字[šēzebinnak]是"愿望"(jussive)的表达方式,则不应有字中间的[nn];F. Rosenthal, *A Grammar of Biblical Aramaic* (O. Harrassowitz, 1961), 195; P. P. Jouon, *Grammaine de L'Hebreu Biblique*, 305.

相信他必能救但以理出狮子坑,若是这样的话,他就不会闷闷不乐,甚至失眠(18节)。无论如何,大流士的宣告"他必救你"和尼布甲尼撒带着鄙视口吻的询问"有何神能救你们"(三15),真是天渊之别。

六17 "有人搬石头放在坑口,王用自己的玺和大臣的印封闭那坑,使惩办但以理的事毫无更改。"

"封闭那坑" 在堵塞坑口的石头上贴了盖印的封条(王上廿一8;斯三12,八8),以致没有人(包括王自己)可以擅自"动手脚"去救但以理,表明王和臣仆彼此不信任。主耶稣被钉十字架后,祭司长和文士也曾封了那堵塞坟墓口的石头(太廿七66)。[21]

六18 "王回宫,终夜禁食,无人拿乐器到他面前,并且睡不着觉。"

"乐器" 这词有译作"食物"、[22]"妃嫔",[23]现在还不能肯定它的真意。本节主要描写王因但以理被害忧心忡忡,以致食欲全无,也没有兴趣像往常一样娱乐,甚至寝不成眠。

小结

本段记叙但以理对上帝的忠心和信靠。虽然他知道大流士王已颁布法律,禁止人民在三十日内向神明或人祈求,他也洞悉此禁令乃是同僚陷害他的诡计,但他没有退缩或逃避,反而回到自己的家里,照常一日三次向上帝祈祷。摆在他前面的是叫人胆战心惊的狮子坑,他却泰然自若,面无惧色,也不为自己辩护以便避过这场危机。其实,他可以自圆其说,在禁令的期限之内(三十日)暂停祈祷,相信上帝是会体谅的;或是他可以在隐蔽的地方祷告,令敌人察觉不到;或是他可以妥协,

---

[21] 狮子坑有两个入口;地下有一个活门,是狮子进入坑的通道,地面上的坑顶另有一洞孔,让人可以从该处把食物抛入坑里,但以理也是从这个孔"被系上来"(23节)。大石所封闭的应是地面上那洞孔;参Baldwin, 130;米勒德,779。

[22] 不少犹太拉比把此词解作"桌子",象征"食物";Montgomery, 277;马丁·路德也这样翻译这词;Leupold, 267; Rosenthal, op. cit., 21.

[23] Ibid.,引述 M. Jastrow, *Dictionary of the Targumim* 和 G. Behrmann, *Das Buch Daniel*; Young, 137; Lacocque, 117;此词的原文与阿拉伯文的"妃嫔"音相似。

三十日内只在心中默祷。

但以理的祷告有以下的特点:第一,他在固定的地方祈祷;第二,他打开窗向着耶路撒冷祈祷;第三,他一日三次祈祷;第四,他跪在地上祈祷;㉔第五,他的祷告不但有祈求,也有感谢;第六,他的祷告生活乃是不间断的,日日如是地持续下去(10节的"素常",16节的"常")。

但以理的同僚看见他竟然不理会禁令,仍然一日三次祈祷(经文没有说明他们是看见但以理祈祷三次抑或是一次,这并不重要,因为一次已足以定他的罪),简直是自投罗网,他们于是兴高采烈去见王,提出控诉。

他们控诉的手法狠毒。第一,他们三次重申:"你岂不是立了禁令吗"(12、13和15节),以致王没有转圜的余地。第二,他们进去见王时,先声明王所立的禁令,以及违犯禁令的刑罚(12节)。当王表示同意,且承认禁令乃不可以更改,他们才进一步把底蕴说出来,指出但以理违反了禁令(13节;但却没有再次提及违犯者的刑罚,旨在让王自己宣告应执行的刑罚)。第三,当他们见王忧愁,迟迟未处决但以理时,就再一次见王,指出玛代和波斯的法例必然要实施,间接催使王立刻行刑。

面对一群工于心计的臣仆,大流士王束手无策;他用尽办法营救但以理,却是白费心机,徒劳无功。于是,他在臣仆的催逼下,下令把但以理扔在狮子坑里。他能够做的,就是在狮子坑旁安慰但以理说:"你所常侍奉的上帝,他必救你。"

王返回皇宫(18节),脑海中仍不竭地浮现出这位八十多岁老人的影子;他佩服但以理对上帝的忠心,也为自己无能为力救但以理而自怨自艾。他心情沉重,食不下咽,寝不成眠。

(Ⅳ) 但以理获上帝救护(六 19~24)

¹⁹ 次日黎明,王就起来,急忙往狮子坑那里去。

㉔ 圣经还记载了其他的祷告方式,例如"站立"(撒上一9;耶十八20),"俯伏在地"(民十四5;书七6;撒下十二20)。由于站立祈祷时,多伸开手(出九29,十七11;王上八22;哀三41),因而伸开手或举手都表示祈祷;思高,113。

20 临近坑边，哀声呼叫但以理，对但以理说："永生上帝的仆人但以理啊，你所常侍奉的上帝能救你脱离狮子吗？"

21 但以理对王说："愿王万岁！

22 我的上帝差遣使者封住狮子的口，叫狮子不伤我，因我在上帝面前无辜，我在王面前也没有行过亏损的事。"

23 王就甚喜乐，吩咐人将但以理从坑里系上来。于是但以理从坑里被系上来，身上毫无伤损，因为信靠他的上帝。

24 王下令，人就把那些控告但以理的人，连他们的妻子、儿女都带来，扔在狮子坑中。他们还没有到坑底，狮子就抓住他们，咬碎他们的骨头。

六 19 "次日黎明，王就起来，急忙往狮子坑那里去。"

"次日黎明" 天一亮，㉕王就起来，前往狮子坑，他挂念但以理，期望有神迹发生。他前一晚可能没有闭过眼，焦急地等候天色破晓，就立刻赶去查看但以理的安危。大流士王的行动可媲美抹大拉的马利亚，天还没亮便往主耶稣的坟墓里去（约二十 1）。

"急忙" 刻画出王的焦急与挂虑，亚略也曾"急忙"打发但以理去见尼布甲尼撒（二 25）。

六 20 "临近坑边，哀声呼叫但以理，对但以理说：'永生上帝的仆人但以理啊，你所常侍奉的上帝能救你脱离狮子吗？'"

"哀声呼叫" 充满焦虑的声音。㉖

"永生上帝的仆人" 永远活着，永远掌权的上帝（四 34 "活到永远"，可比较申五 26；书三 10）。

"你所常侍奉的上帝能救你脱离狮子吗？" 这是启示文学的一个重要的思想，也是犹太人的信念：只有上帝能拯救人脱离死亡。㉗

六 22 "我的上帝差遣使者封住狮子的口，叫狮子不伤我，因我在

㉕ 原文用两个亚兰文［biš^eparpārā'］（"at dawn"）和［b^enāg^ehā'］（"at daybreak"）来强调翌日清早稍有曙光，王就起来出去。

㉖ ［'ăṣîb］基本意思是"忧愁"；Walvoord, 142；七十士译本却把"哀声"解作"高声"。

㉗ Lacocque, 118；可比较以赛亚书第廿六章十四至十五节。

上帝面前无辜,我在王面前也没有行过亏损的事。"

"我的上帝差遣使者封住狮子的口" 上帝的使者下到狮子坑,亲自封住狮子的口(诗卅五 17,九十一 11～13);狮子坑内除了狮子和但以理外,还有上帝的使者(预表上帝的同在)。封洞孔的石头不能阻止上帝的使者进入狮子坑,正如基督复活后不用挪开坟墓口的石头便走出坟墓。

"无辜" 犯人在法庭上被宣告"无罪";但以理的罪名不成立,因为他并没有如他的同僚所指示的对王不忠心,不尊重王。[28]

"亏损的事" 回应第二节"免得王受亏损",身为总长的但以理,不但监管总督的工作,以维护王的权益,他自己也没有做任何对不起王的事。

六23 "王就甚喜乐,吩咐人将但以理从坑里系上来。于是但以理从坑里被系上来,身上毫无伤损,因为信靠他的上帝。"

"王就甚喜乐" 原作"万分快乐",因他所爱的臣仆能够脱离"狮口",起死回生,难怪他异常地欣喜。

"从坑里系上来" 大流士王下令用绳子把但以理拉"上来",尼布甲尼撒也曾请但以理的三友从火窑里"上来"(三 26);而且,三个朋友在火窑里没有受伤,但以理在狮子坑里也"毫无伤损"。

"因为信靠他的上帝" 但以理对上帝有信心,坚定不移倚靠他;一个信靠上帝的人不会整天忧虑。[29]

六24 "王下令,人就把那些控告但以理的人,连他们的妻子、儿女都带来,扔在狮子坑中。他们还没有到坑底,狮子就抓住他们,咬碎他们的骨头。"

"控告但以理的人" 与第三章八节的"控告"同一个字;他们是那些因嫉妒而带头把但以理置于死地的官员。到头来,受害的反而是他们自己。[30]

---

[28] "无辜"[zākû]源于亚兰文的[zakûtu],是法律上的术语;CAD 21,23 - 33;参约伯记第廿五章四节;诗篇第五十一篇六节。

[29] 韩承良,《圣经中的制度和习俗》(香港:思高,1982),211。

[30] 同上。

"**连他们的妻子、儿女都带来**"㉛　根据波斯人的法例，犯人的妻子和儿女要一同被处决(斯八 12)。作者记下当时所发生的事，没有加上评语或赞许。申命记禁止"因父杀子"的刑法(申廿四 16；王下十四 6)。

"**咬碎他们的骨头**"　饥饿的狮子迫不及待地吞噬这些扔在狮子坑的人，这更衬托出但以理没有被咬伤，乃是奇妙的神迹，并非因为狮子刚吃饱而不加害但以理(有人认为大流士事先把许多猫狗丢在坑中，喂饱了狮子)。

小结

本段反映出大流士王对但以理的关顾；他为但以理忧心如焚，彻夜失眠，甚至一大清早就跑去狮子坑查看但以理的安危。根据古代的法律，如果犯人在狮子坑里安然无恙地度过一夜，则可获无罪释放。㉜ 大流士王衷心希望但以理安然无恙，他就可以立刻释放但以理。

大流士相信但以理或许有一线生机，因为他寄望但以理素常事奉的上帝能保守他不被狮子咬毙。

他的寄望终成事实，但以理果然还活着，并且可以与他交谈；他欣喜若狂，马上命令人救出但以理。原来好戏仍在后头，但以理不但获得狮子口里的余生，而且肌肤毫无损伤，因为上帝打发使者封住这一群饿狮的口。

众先知曾预言有一日狮子要像在创造之时一般，再次向人屈服(赛十一 6，六十五 25；何二 18)。㉝ 但以理预先品尝征服狮子的滋味；它们蜷缩在他的脚前，仿佛一群驯良的羔羊。

为什么上帝保护但以理不受狮子的袭击？第一，因但以理没有做错事(22 节)。第二，因他信靠上帝(23 节)。

但以理脱险之后，王就按照波斯的法律处决攻击但以理的官员，他们的家人也受牵连而丧命于狮子口中。

㉛ 原文是"他们的儿女妻子"，这与"妻子儿女"分别不大，没有什么特别的意思。
㉜ Lacocque，118；这种法规在巴比伦时代最通行。
㉝ J. Philip, *By the Rivers of Babylon* (Didasko Press, 1972), 18.

(V) 大流士命人民尊崇但以理所侍奉的上帝（六 25～28）

25 那时，大流士王传旨，晓谕住在全地各方、各国、各族的人说："愿你们大享平安！
26 现在我降旨晓谕我所统辖的全国人民，要在但以理的上帝面前战兢恐惧，因为他是永远长存的活上帝，他的国永不败坏，他的权柄永存无极。
27 他护庇人、搭救人，在天上地下施行神迹奇事，救了但以理脱离狮子的口。"
28 如此，这但以理当大流士王在位的时候和波斯王居鲁士在位的时候，大享亨通。

六 25 "那时，大流士王传旨，晓谕住在全地各方、各国、各族的人说：'愿你们大享平安！'"

"传旨晓谕" 他像尼布甲尼撒因亲睹神迹而向全国人民发出通告（三 29）。

六 26 "现在我降旨晓谕我所统辖的全国人民，要在但以理的上帝面前战兢恐惧，因为他是永远长存的活上帝，他的国永不败坏，他的权柄永存无极。"

"战兢恐惧" 尼布甲尼撒只是不准国民说任何得罪上帝的话，大流士王却更进一步，命令国民尊敬上帝，在他面前存着敬畏的态度。

"永远长存的活上帝" 原是"他是一位活神，永远存在"。㉞

"他的国永不败坏" 回应第二章四十四节"天上的上帝必另立一国，永不败坏"。

"他的权柄永存无极" 他永远在掌管一切（参四 3、34）。

㉞ "活神"即是第二十节的"永生神"；"永远存在"常在亚兰文的旧约圣经出现，源于出埃及记第十五章十八节；诗篇第十篇十六节，第廿九篇十节，第六十六篇七节，第一〇二篇十二节；耶利米书第十章十节；参 Lacocque, 121；撒玛利亚人喜称上帝为"永存者"。

六 27 "他护庇人、搭救人,在天上地下施行神迹奇事,救了但以理脱离狮子的口。"

"他护庇人、搭救人" 回应第三章廿八节"他差遣使者救护倚靠他的仆人"。

"施行神迹奇事" 参第四章二节。

六 28 "如此,这但以理当大流士王在位的时候和波斯王居鲁士在位的时候,大享亨通。"

"大流士王在位的时候和波斯王居鲁士在位的时候" 大流士在位的时候,即波斯王居鲁士在位的时候;即是同一个人,有两个不同的称号。㉟

小结

本段中大流士王的通告糅合了第二、第三、第五章有关上帝的属性,他是:第一,活着,积极掌管着历史的进程。第二,永远长存。第三,他的国永不灭亡。第四,他永远掌权。第五,他保护和拯救人,救了他的仆人但以理。第六,他能行神迹奇事,做出超自然的事。

虽然大流士王公开承认上帝的伟大,我们没有证据显示他相信和接受上帝,与他有个人的关系。㊱ 其实,"生命的绝对性永远是一种关系,在人与上帝终极的关系里,人才可探索生命"。㊲

末了,作者指出敌人虽企图置但以理于死地,他并没有因此死亡,反而在大流士王的时代万事亨通,没有人可以再陷害他。

值得注意的是,大流士第一次降旨不准人民在三十日内向任何神求什么(7 节),第二次降旨却吩咐人民敬崇但以理的上帝(26 节),因为但以理对上帝至死忠心的态度,导致这两次降旨的内容截然不同。

㉟ 参米勒德,779;NIV 的注脚。
㊱ Rushdoony, 45.
㊲ 鲁宗,"相对论",《突破》(8/1987),22。

总结

（一）本章的重点仍是上帝掌管一切，他是全能者。但以理虽身处狮子坑中，却安然无恙。但以理为什么被扔进狮子坑？因为他选择顺从上帝而不顺从人（包括操生死之权的君王），他要面对自己的选择所带来之后果。所以，被扔进狮子坑中，是无可避免。[38] 这是一个豁出生命的选择；任何有意义的选择，都须付出昂贵的代价。[39]

对于与但以理一同生活在巴比伦的犹太人来说，他的经历又替他们上了宝贵的一课。只要他们忠于上帝，就算是在最危险的关头，上帝仍能拯救他们。当然，这种神迹性的救护不是常规，而是特殊的情况；无论上帝是否拯救，他们仍须忠心（使徒保罗也有类似的经历，被毒蛇咬了，却丝毫没有受伤）。[40]

旧约圣经三次记载狮子咬死不听从上帝话语的人（王上十三 24，二十 35～36，王下十七 25），魔鬼今天也像狮子到处吞吃人（彼前五 8），我们需要倚靠上帝的大能去抵挡它，纵然落在最危险的环境里，仍然不向它投降，不放弃我们对上帝的信心。[41]

（二）但以理为何可以面对死亡的威胁仍能够忠于上帝？因为他信靠他的上帝（23 节），正如希伯来书的作者提到一群伟人"因着信"制伏了敌国、行了公义、得了应许、堵了狮子的口（来十一 33）。虽然摆在前面的结局乃是命丧狮口，但以理却因对上帝有信心而宁死不屈，绝不妥协。

为什么但以理具有这种伟大的信心呢？答案就是在于他每日都与上帝相交（留心 10 节的"素常"）。因为他天天亲近上帝，对他自然有真实的认识，培养出莫大的信心。

一个只作"礼拜天信徒"的人，从来不找时间灵修、读经和祈祷，他对

---

[38] 有关狮子象征"危险"，可参诗篇第廿二篇十四至廿九节，第九十一篇十三节；死海古卷也用狮子比喻危险，IQH 5:5f.
[39] 约瑟帕加曾说过："all primacy has to be paid for"；Rushdoony, 39.
[40] W. Churchill, *The Eloquence of Winston Churchill* (Signett, 1957).
[41] 丁立介，214。

上帝的认识必然很肤浅,自然不会对他有信心,一遇上困难,便会掉头就跑,甚至放弃信仰。可惜的是,今天的教会就有不少这样的信徒,从不付出时间亲近和认识上帝;[42]故此,他们不能在困境中"信靠上帝"。

最近美国两位基督徒的精神科医生,在多间学院作一项调查,研究神学生的心理健康。他们发现神学生可分三类:第一类有优秀的心理健康,第二类有良好的心理健康,第三类心理健康颇差,且有各种情绪问题。最叫他们讶异的是,第一类和第二类的神学生都有每日灵修的习惯,且这习惯维持了三年之久。这两位医生因此下了一个震憾人心的结论:如果一个基督徒每日与上帝相交,他的心理健康会不断改善。[43]

华人教会急需大力强调"每日灵修",以致弟兄姊妹可透过不断亲近上帝而更深认识他,进而对他有更大的信心。

(三) 本章与第三章有不少类似的地方,包括所用的字汇(六 4 与三 29;六 7 与三 2;六 13 与三 12;六 21 与三 22;六 25 与三 29;六 26 与三 29;六 27 与三 28;六 25～28 与三 21、33)和结构("引言"六 1～8 与三 1～7;"第一部分"六 9～18 与三 8～23;"第二部分"六 19～24 与三 24～27;"结束"六 25～28 与三 28～30)。[44]

两章的主题也雷同:忠心于上帝的犹太人受外邦的官员嫉妒和逼迫,但在最危险的关头仍获拯救,因他们所事奉的上帝是大能者,掌管着整个宇宙。故此,但以理的三个朋友在火窑中被救护,同样,但以理自己也在狮子坑中获救,丝毫不受损伤。他们在痛苦的试炼中,都经历到上帝差遣使者与他们同在。这全都因他们对上帝至死忠心,信仰坚定不移。正因为这样,尼布甲尼撒和大流士王均下旨,吩咐全国人民尊重但以理和三友所敬拜的上帝;他们宁死不屈的态度,成了带领人认识

---

[42] 加拿大民众教会的创办人史密斯博士在他的名著《神合用的工人》中多次强调每日灵修的重要性,这是得能力唯一的秘诀;参史密斯,《神合用的工人》(印尼:圣道,1963),49 - 54,62 - 66,72 - 80。

[43] P. Meier, "Spiritual and Mental Health in the Balance," in *Renewing Your Mind in a Secular World*, ed. J. D. Woodbridge (Moody, 1985), 25 - 38, 尤其是 25 - 29。

[44] Lacocque, 107.

上帝最有效的渠道。㊺

两章最明显的不同之处，乃是尼布甲尼撒决心要置但以理三友于死地，大流士王却是在无可奈何中，被迫把但以理扔在狮子坑中，且用尽一切方法去营救但以理。虽然如此，我们仍不能妄下结论，以为大流士是一个敬畏上帝的君王。㊻

（四）本章反映出法律被滥用的悲剧，但以理的同僚谋害他，是通过大流士王所立的法律。希特勒也曾立法杀害犹太人，故在著名的纽伦堡的审讯中，纳粹党的残余分子自辩说："我们杀犹太人并没有犯法，我们所做的乃是根据德国当时的法律。"盟国的主控官只能用人类的良心和应有的表现控诉这些纳粹党。㊼ 正如孟德斯鸠所说："以正义为名，并以法律为掩护而遂行暴政，最为残忍。"

建基于人的标准而厘定的法律可能会引起许多的问题。我们需要的是以圣经（上帝的启示）的要求作为应有的要求，让上帝所定下的永不改变的标准成为我们的标准，这样的法律才是人类最佳的保障。㊽

㊺ 我们最大的惭愧，就是因对上帝信心不足，不能在患难中站稳，以致别人可以透过我们的经历亲睹我们信仰的真实；参贾玉铭，53。

㊻ 有关但以理今次的经历如何预表主耶稣，可参翟辅民，53。

㊼ R. Jackson, "Closing Address in the Nurembery Trial," in *19 Proceedings in the Trial of the Major War Criminals Before the International Military Tribunal*, 1948.

㊽ 参 H.J. Berman, *The Interaction of Law and Religion* (SCM, 1974), 21 - 48; J. W. Montgomery, *The Law above the Law* (Dimension Books, 1975), 17 - 57.

柒　但以理见四兽和像人子的异象（七 1～28）

(I) 异象的内容（七 1～14）

1 巴比伦王伯沙撒元年，但以理在床上做梦，见了脑中的异象，就记录这梦，述说其中的大意。

2 但以理说：我夜里见异象，看见天的四风陡起，刮在大海之上。

3 有四个大兽从海中上来，形状各有不同。

4 头一个像狮子，有鹰的翅膀。我正观看的时候，兽的翅膀被拔去，兽从地上得立起来，用两脚站立，像人一样，又得了人心。

5 又有一兽如熊，就是第二兽，旁跨而坐，口齿内衔着三根肋骨。有吩咐这兽的说："起来吞吃多肉。"

6 此后我观看，又有一兽如豹，背上有鸟的四个翅膀；这兽有四个头，又得了权柄。

7 其后，我在夜间的异象中观看，见第四兽甚是可怕，极其强壮，大有力量。有大铁牙，吞吃嚼碎，所剩下的用脚践踏。这兽与前三兽大不相同，头有十角。

8 我正观看这些角，见其中又长起一个小角，先前的角中有三角在这角前，连根被它拔出来。这角有眼，像人的眼，有口说夸大的话。

9 我观看，见有宝座设立，上头坐着亘古常在者，他的衣服洁白如雪，头发如纯净的羊毛，宝座乃火焰，其轮乃烈火。

10 从他面前有火，像河发出，侍奉他的有千千，在他面前侍立的有万万。他坐着要行审判，案卷都展开了。

11 那时我观看，见那兽因小角说夸大话的声音被杀，身体损坏，扔在火中焚烧。

12 其余的兽,权柄都被夺去,生命却仍存留,直到所定的时候和日期。

13 我在夜间的异象中观看,见有一位像人子的,驾着天云而来,被领到亘古常在者面前,

14 得了权柄、荣耀、国度,使各方、各国、各族的人都侍奉他。他的权柄是永远的,不能废去;他的国必不败坏。

七 1 "巴比伦王伯沙撒元年,但以理在床上做梦,见了脑中的异象,就记录这梦,述说其中的大意。

"伯沙撒元年" 公元前 553 或前 552 年。九年前尼布甲尼撒逝世,儿子以未米罗达(562-560 B.C.)接续作王两年,就给亲戚尼甲沙利薛(560-556 B.C.)篡位,作王四年后又被尼布甲尼撒的女婿拿波尼度夺回王权(556-539 B.C.);拿波尼度长期定居于阿拉伯,委任儿子伯沙撒摄政。

"在床上做梦,见了脑中的异象" 所做的梦,就是脑中的异象,[①]强调他见异象时神智清醒。

"记录这梦" 把所见的异象写下,以便日后异象应验时可作参考(参十二 4;赛八 16;哈二 2;启一 19,廿一 5)。

"述说其中的大意" 也可作"以下是此异象的开首",[②]与第廿八节的"那事至此完毕"首尾相应。第二至廿八节,乃是但以理所见的异象。

七 2 "但以理说:我夜里见异象,看见天的四风陡起,刮在大海之上。"

"天的四风" 来自东南西北四方的大风,预表上帝的能力(创六 3)。[③]

"大海" 指"无底的深渊"(创七 11;赛五十一 10;摩七 4),[④]象征世上列邦(赛十七 12;耶四十六 7);天使的解释也指出"大海"即是"世

---

① Barr,597。
② 把[rēš]解作"开始";参 C. C. Torrey,"Notes on the Aramaic Part of Daniel," in *Transactions of the Conn. Academy of Arts and Sciences* 1909,281; NEB 翻作"Here his account begins"。
③ Keil,222; Walvoord(152)认为但以理书每次提到"风"都是象征上帝的能力。在"巴比伦的创造故事"(Enuma Elish)里,马杜克神也是用天的四风去控制敌人他亚玛;参 Enuma Elish,IV,42-43。唐佑之(38)认为"天的四风"是指四面八方的势力。
④ "海"在各国的创造故事,都比喻恶势力或混乱;参 Lacocque,138,n.69。

上"(17节)。此处的"大海"并非地中海。⑤

七3 "有四个大兽从海中上来,形状各有不同。"

"四个大兽" 圣经常用野兽或怪兽比喻外邦列国(诗六十八30,七十四13~14,八十13;赛廿七1;结廿九3)。这四个是"大兽",体积惊人,凶猛残暴。

"从海中上来" 描述它们从海中走上陆地(启十三1),它们一个接踵一个走上来,不是同时一起上岸;它们可能被汹涌的海浪抛上陆地。⑥

七4 "头一个像狮子,有鹰的翅膀。我正观看的时候,兽的翅膀被拔去,兽从地上得立起来,用两脚站立,像人一样,又得了人心。"

"头一个像狮子,有鹰的翅膀" "狮子"是百兽之王,"鹰"是禽鸟之首,"狮鹰"糅合强调第一兽威武,凌驾一切飞禽走兽之上。圣经作者多次把尼布甲尼撒比喻为狮子或鹰(耶四7,四十九19,五十17;哀四19;结十七3;哈一8)。但以理在第二章指出尼布甲尼撒就是大像的金头(二38),与此处的"狮鹰"吻合。巴比伦皇宫的大门也置有鹰翅膀的狮子雕刻,作为守门神;而且,有翅膀的狮子是巴比伦的国徽。用"狮鹰"象征尼布甲尼撒和他所代表的巴比伦国,最恰当不过。

绝大部分的学者都同意,第一兽象征尼布甲尼撒和巴比伦国;但是,有学者建议第一兽是伯沙撒王,有的则说代表埃及,也有的说是代表玛代国;这三种建议理由不充足。⑦

"我正观看的时候" 但以理继续凝神观看。⑧

"兽的翅膀被拔去" 尼布甲尼撒因狂妄被罚,一举一动仿若野兽,有如翅膀被拔去的狮子一样,受了创伤不能像往日一样威风凛凛,统治百兽。

"用两脚站立,像人一样,又得了人心" 描写尼布甲尼撒谦卑后,

---

⑤ 地中海的希伯来文是[hayyām haggādôl],本节却是[yammā' rabbā'],相等于希伯来文的[tᵉhôm rabbāh];虽然如此,仍有学者认为"大海"即是"地中海";G. H. Lang, *The Histories and Prophecies of Daniel* (Oliphants, 1942),86-89;Casey, 18.

⑥ Baldwin, 139.

⑦ H. H. Rowley, *Darius the Mede and the Four World Empires in the Book of Daniel*, 67.

⑧ Leupold (289)翻作"He Kept Looking";参 Walvoord, 153.

兽心变回人心(四16)。另一方面,这几句话也描写巴比伦国早期君王残狠暴戾,与野兽无异,后来的统治者却较有人性,不像以前的君王那样大肆杀戮。"得人心"也可指巴比伦王要成为人,恢复人的尊贵。⑨

七5 "又有一兽如熊,就是第二兽,旁跨而坐,口齿内衔着三根肋骨。有吩咐这兽的说:'起来吞吃多肉。'"

"又有一兽如熊" "熊"的力量和形状都不及狮子威猛,比喻玛代和波斯国。

"旁跨而坐" 耶柔米认为这句话反映出玛代、波斯善待犹太人,只是坐在一边,没有下毒手迫害他们;⑩这是毫无根据的臆测。"旁跨而坐"原作"一边站起来",描写熊正站立起来,准备随时向前扑出去。也有学者认为"旁跨而坐"描写此兽蹲立,一边高一边低的情景,正是玛代和波斯二国实力不相等的写照,⑪波斯的势力远超玛代国,二国联合并不是"平等并合"。

"口齿内衔着三根肋骨" 指玛代、波斯并吞的三个国家,就是巴比伦、吕底亚、埃及。⑫ "三"是象征性数字,可当作一个约数,强调玛代、波斯占领了许多国家。另一方面,"三根肋骨"可代表圣经提过的三个巴比伦王,就是尼布甲尼撒、以未米罗达、伯沙撒。⑬

"起来吞吃多肉" 可指肋骨上的肉,预表玛代、波斯彻底侵略上述三国,也可代表玛代、波斯会穷兵黩武,继续侵略更多的国家。⑭ 第一种解释假设肋骨上有肉,这是经文所没有提及的,故第二种解释合理。

七6 "此后我观看,又有一兽如豹,背上有鸟的四个翅膀;这兽有

---

⑨ Young(144)引述 Bevan 的看法;唐佑之,39。
⑩ Jerome 的解释主要是受了犹太拉比的影响,拉比们因为波斯王居鲁士下令准许犹太人归国,故多数赞许波斯国;参 Bravermann, 84–89.但是,初期教父也有认为用"熊"象征波斯国,因它对待敌人十分残暴,与"熊"的性格吻合;J. P. Migne, ed. *Patrologial Cursus Completus*:*Series Graeca*(Paris, 1912), 81:1416–1417.
⑪ Young(145)依据 Keil 而提出的看法。
⑫ Walvoord(156)认为三根肋骨乃代表玛代、波斯和巴比伦。耶柔米首先提倡这种解释,参 Jerome, 74;但根据这样的说法,玛代-波斯把自己也吞吃了,故不大合理。
⑬ Lacocque, 140;也有学者把"肋骨"根据亚拉伯文翻作"利牙",则熊口中三只尖锐的牙齿代表它的残酷;R. M. Frank, "The Desription of the Bear in Daniel 7:5," *CBQ* 21:505–507.
⑭ Young(145)接受第一种解释,Leupold(292)却赞同第二种。

四个头,又得了权柄。"

"又有一兽如豹" "豹"以行动迅速和聪明驰名(耶五6;何十三7);"豹"代表亚历山大的希腊帝国,以迅雷不及掩耳的速度征服各国。

"有鸟的四个翅膀" 加强形容此豹的速度惊人,其跑速如四翼齐飞,仿如飞鸟翱翔。头一个兽只有一对翼(4节),而豹却有两对,可见第三个征服敌人的速度远比第一国快速。

"有四个头" 第一,指地球的四角,⑮描写希腊帝国所向无敌,征服各处(相传亚历山大甚至远征印度)。第二,指亚历山大死后国家分裂为四,每一部分由一位将领管治;"四头"就是四个将领。⑯ 第二种说法有两种困难:(a)本节先提到"四头",跟着才说"得了权柄";根据第二种的说法,"四头"代表国家分裂,怎可说"又得了权柄"?(b)但以理书用"角"预表君王(参24节),而不是用"头"比喻皇帝;故有学者建议这四个头乃是预表四个将领所管辖的四区。⑰ 综合来说,第一种的解释比较可取,强调这国的版图广大。

"又得了权柄" 直译是"统治权柄交给了它",指出第三兽能够征服各处,不是因为它的武力,而是有更高的权势使它战无不胜。

七7 "其后,我在夜间的异象中观看,见第四兽甚是可怕,极其强壮,大有力量。有大铁牙,吞吃嚼碎,所剩下的用脚践踏。这兽与前三兽大不相同,头有十角。"

"见第四兽" 但以理没有指出此兽究竟像哪一种动物,它的形状奇异,不能与任何走兽比拟。犹太拉比认为第四兽就是诗篇第八十篇十三节的"走兽",⑱这说法没有根据。第四兽象征罗马帝国。⑲

"大铁牙,吞吃嚼碎" 回应第二章四十节第四国"强壮如铁,压碎

---

⑮ 有关四兽与天的四方的关系,参 A. Caquot, "Les quatre bêtes et le fils d'homme," *Semitica*, 17:35－71;唐佑之,40。

⑯ Jerome, 75; Keil, 293.

⑰ Walvoord, 158.

⑱ Bravermann (90)引述 *Song of Songs Rabbath* 3:4; *Midrash Psalms* 80:6; *Abot de Rabbi Natan A*, 34.

⑲ Young, 275－294;唐佑之,40。

一切"。罗马帝国所向无敌,随意杀害战败国的人民,与此处的描述相吻合。[20]

"头有十角" 第廿四节说明"十角"是十王,因"角"是力量的记号(申卅三 17;撒上二 1;诗十八 2),而皇帝拥有大权和力量,以"角"代表甚为适切。

至于这十王是谁,历来有不同的说法。有说是罗马帝国最后的十个君王,有说是指罗马帝国灭亡后再复国的十王,更有说是遥指主耶稣第二次再来前在罗马版图所兴起的十王。杨以德指出"十"是一个象征数字,比喻"完全"或"繁多","十王"不一定是十个同时期的君王,可指多个皇帝。[21]

普通的动物只有两角,第四兽却有"十角",表明它威武惊人。

七 8 "我正观看这些角,见其中又长起一个小角,先前的角中有三角在这角前,连根被它拔出来。这角有眼,像人的眼,有口说夸大的话。"

"小角" 不少圣经学者认为是指"敌基督"(启十三 5～8,十七 11～14)。它虽称为"小角",力量却最大,消灭了其他三个"角"。"小"表示轻蔑之意。不过,赞成希腊是第四个国家的学者却把"小角"视为安提阿哥四世。

"有眼,像人的眼,有口说夸大的话" 暗示这"小角"是人,有人的"眼"(八 23)和"口",可以像人一样说话;"夸大的话"是攻击上帝的妄言(七 25,十一 36)。这小角不是超自然灵界的权势,乃是一个骄傲狂妄的人。

七 9 "我观看,见有宝座设立,上头坐着亘古常在者,他的衣服洁白如雪,头发如纯净的羊毛,宝座乃火焰,其轮乃烈火。"

"见有宝座设立" "宝座"原文是复数,意即"有多个宝座设立";有学者认为这"复数"并不是描写有多个的宝座,只是强调上帝的宝座荣

---

[20] Leupold(298)指出:"Rome had no interest in raising the conquered nations to any high level of development. All her designs were imperial; let the nations be crushed and stamped underfoot."

[21] Young, 147.

美和崇高，㉒但更可能的是，天使也坐着与上帝一同施行审判(参四14；诗八十九7~8)，故不是只有一个宝座。㉓ "宝座设立"暗示天上法庭一切准备就绪，快要开庭审判。

"亘古常在者" 创世记第廿四章一节用相同的字汇描写亚伯拉罕"年纪老迈"；但以理看见上帝以一个德高望重的长者的形象出现(东正教画家常把上帝绘画成一个有长胡子的老人)。㉔ 一般而言，一个年长的法官因阅历丰富，较善于分辨证供的真伪，审讯更加公平。㉕ "亘古常在者"的观念源于上帝的永在和永存(诗九8，廿九10，九十2)。以赛亚曾描绘上帝为一个年青的壮士(赛六十三1~6)，与此处刻画上帝为老人成强烈对比。

"衣服洁白如雪" 强调纯洁与高贵；马太描绘天使衣服"洁白如雪"(太廿八3)，撒狄教会的得胜者也是穿白衣(启三5)，二十四位长老在天上同样是身穿白衣(启四4)。圣经常用"洁白"来描写罪蒙上帝宽恕洗涤干净(诗五十一7；赛一18)。

"头发如纯净的羊毛" 皤皤白发更加突出这审判官的年纪老迈，㉖以回应"亘古常在者"(暗示他满有智慧)。"羊毛"也回应上一句"洁白如雪"，强调纯洁和高贵。㉗ 使徒约翰曾用"头与发皆白，如白羊毛"来描写站在七灯台之间的主耶稣(启一14)。

"宝座乃火焰" 旧约作者常描绘上帝显现时，有火在四周(出十九18，二十18；申四24，九3；诗十八8，五十3)，新约也有类似的描述(来

㉒ 就是所谓"Plural of Majesty"；Montgomery，297.
㉓ Young，151；马太福音第十九章廿八节提及"十二个门徒要坐在十二个宝座上审判十二个支派"，启示录第二十章四节也指出圣徒将来要坐在宝座上。其实启示录还提到"七灵"和"二十四位长老"坐在宝座上(启一4，四4)。
㉔ 吕本的"寿高年迈者"较和合本的"亘古常在者"更合原文。
㉕ Gaebelein (77)却根据约翰福音第五章廿二节认为"亘古常在者"乃是主耶稣基督，这建议与上下文不吻合。
㉖ 英国和香港的法官与大律师出庭之时，都戴上用马毛所制的白色假发，这习俗始于第十七世纪安妮皇后时期，当时上流社会视戴假发掩盖原来头发为时髦；最近有传说英国大律师公会考虑放弃戴假发的传统，但法官仍会戴上白色的假发；参彭鹏，"大律师拟弃假发"，《明报》，1987年8月31日。
㉗ 有学者认为"纯净的羊毛"应作"绵羊的羊毛"；M. Sokoloff，"Lamb's Wool,"*JBL* 95：277-279.

十二 29；启四 5）。此处的"火焰"一方面表明上帝作为审判官所具有的刑罚能力，可以消灭恶人（诗五十 3；结十三 9；玛四 1），另一方面也是威武庄严的记号。㉘

"其轮乃烈火" 指宝座有轮，仿如以西结先知所见的异象一样（结一 15～21）。㉙ 此处的"宝座"和"轮"都是烈火。

七 10 "从他面前有火，像河发出，侍奉他的有千千，在他面前侍立的有万万。他坐着要行审判，案卷都展开了。"

"从他面前有火，像河发出" 象征上帝的刑罚必然临到，敌人不能逃避，定遭焚毙（11 节，"扔在火中焚烧"）。"有火像河"从上帝宝座前流出，与"新天新地"的"生命河"成强烈对比（启廿二 1）。

"侍奉他的有千千，在他面前侍立的有万万" 圣经常强调上帝有无数的使者侍候他，任他差遣（王上廿二 19，"我看见耶和华坐在宝座上，天上的万军侍立在他左右"）。"千千"和"万万"都是象征数字，比喻"无数"。

"案卷都展开" 这记录了犯人的一切行为；波斯王常派遣臣仆往各省窥探，详细记下所见的罪行，以便作呈堂证供。新旧约圣经都指出上帝好像用书卷记下人一切的行为（赛六十五 6；耶十七 1；玛三 16；启二十 12）。此处的"案卷"记录了四兽和小角的罪行。

七 11 "那时我观看，见那兽因小角说夸大话的声音被杀，身体损坏，扔在火中焚烧。"

"我观看" 由小角说夸大的话开始，直至第四兽被杀。㉚

"说夸大话的" 马加比壹书用此句描述安提阿哥四世（马加比壹书一 24，可比较十一 36）。

七 12 "其余的兽，权柄都被夺去，生命却仍存留，直到所定的时候和日期。"

㉘ 诗篇第九十七篇指耶和华是审判官，"公义和公平是他宝座的根基"（2 节），随即指出"有烈火在他前头行，烧灭他四围的敌人"（3 节）；这样的描述与本节雷同。
㉙ 为什么以西结见上帝宝座有轮子呢？因为他的信息中心乃是：当选民犯罪，上帝的宝座就上升离开耶路撒冷（结十 15～19）。公元第五世纪伯阿尔法（Beth Alpha）会堂地板上也雕嵌了上帝有轮的宝座；Towner, 98.
㉚ Montgomery, 302-303；Young, 152.

"其余的兽" 指头三兽,因第十一节只提到第四兽被杀。

"权柄都被夺去" 这三兽并没有像第四兽那小角说夸大的话亵渎上帝,故虽然"权柄被夺去",不能再掌权,却仍可存留,直至所定的时间。

就如第二章所记载的大像,"金、银、铜"三国虽然失势,不再在中东称霸,但它们的文化影响力仍然存留,直至大像"半铁半泥"的脚被砸碎,整座大像才瓦解粉碎。

七13 "我在夜间的异象中观看,见有一位像人子的,驾着天云而来,被领到亘古常在者面前,"

"见有一位像人子的" 头三兽像"狮子、熊、豹",这位从天而来的却像"人子";"人子"即是"人",有人的形象。[31]

谁是这"一位像人子的"? 起码有三种说法:

第一,他是天使,是保护犹太人的米迦勒(十二 1)。这是施密特于1900 年所提倡的,[32]近年来为柯林斯大力鼓吹。[33] 施密特指出但以理书的作者多次把天使描写作人;例如:第八章十五节"加百列形状像人",第九章廿一节原作"那人加百列",第十章五节"加百列像人身穿麻衣",第十章十六节"他像人",第十章十八节"有一位形状像人",第十二章五节天使像"两个人站立",还有以西结书第一章廿六节、启示录第十九章十四节都把天使描写作人。故此,这位"像人子的"乃是天使。但是,如果基于圣经其他地方把天使描写为人,则此处的"像人子的"也应指天使,这不合逻辑,也缺乏足够的证据支持。

柯林斯认为"像人子的"与第十八和廿二节的"圣民"相等,而"圣民"(18、21、22、25、27 节)一词原为"圣者",启示文学常用此词来描写"天使",故"像人子的"即是这群天使的首领,是一位天使长(米迦勒)。

---

[31] "儿子"[bēn]指"一群或一组之一分子"(a member of a group),如"以色列之子"即是"以色列人";参 TWOT,114;J. A. Emerton,"The Origin of the Son of Man Imagery,"JTS 9:225 - 242;J. Muilenberg,"The Son of Man in Daniel and the Ethiopic Apocalypse of Enoch," JBL 79:197 - 209.

[32] N. Schmidt,"The Son of Man in the Book of Daniel," JBL 19:22 - 28.

[33] J.J. Collins,"The Son of Man and the Saints of the Most High in the Book of Daniel," JBL 93:50 - 66;Barr(597)也支持这说法。

这建议也有破绽,因为:(a)旧约圣经从未称"天使"为"人民"(七 27),㉞第八章廿四节的"圣者"明显也是人民,不是天使。(b)柯林斯进一步说第七章廿七节表明保护犹太人的天使,与忠心于上帝的犹太人是混为一体,㉟因第八至十二章把地上发生的事与天上的事糅合为一,二者不能分割,故第七章同样地把天上保护犹太人的天使与犹太人合而为一。这理论尚待证实。(c)如果这位"像人子"是一位天使,他与第十节在上帝面前侍立的使者有何不同?(d)如果是天使,为何被"小角"折磨(21、25 节)?

第二,"像人子"是历史上一位人物,有三个可能:(a)他是摩西,㊱因本段关联于申命记第卅二章二至四节;这纯粹是一种假设。(b)他是犹大马加比;㊲但本书作者却从未提过此人,而且这理论假设本书于公元前 165 年之后才完成。(c)他是但以理自己,㊳因在第八章十七节他被称为"人子";这理由不充分,因圣经也称以西结为"人子","人子"即是"人",只是一个称号。何况,但以理正在观看异象,见"像人子的"驾着天云而来,他怎可能是那位"像人子的"呢?

第三,"像人子的"代表忠心于上帝的犹太人,㊴就是天使所说的"至高者的圣民"(18、27 节);㊵"像人子的"乃是忠于上帝的犹太人的代表人物,有如旧约的祭司和君王以领袖身份代表全国的人民。㊶

㉞ Noth 建议希伯来文的['am]可指天使,且企图用死海古卷 IQH 3:21 支持他的说法,其实死海古卷的['am]应是['im]; M. Noth, "The Holy Ones of the Most High," in *The Laws in the Pentateuch and Other Essays*(Fortress, 1967), 215 – 228; G. F. Hasel, "The Identity of the Saints of the Most High," *Biblica* 56:173 – 192.
㉟ Collins, 79; "Heavenly and earthly realities are correlated."
㊱ M. Gaster, "The Son of Man and the Theophany in Daniel Ch. VII: A New Interpretation," *The Search* 1:15 – 30.
㊲ H. Sahlin, "Antiochus IV Epiphanes und Judas Maccabaeus, Einzige Geschichtspunkte zum Verständnisse des Daniel – buches," *Study of Theology*, 23:41 – 68.
㊳ H. Schmid, "Daniel, der Menschensohn," *Judaica* 27:192 – 220.
㊴ Casey, 28 – 39; C. F. D. Moule, "From Defendant to Judge," *BSNTS* 3:40 – 53.
㊵ Vermes 认为这群"至高者的圣民"乃是那些被安提阿哥四世逼害的犹太人;G. Vermes, *Jesus the Jew*(Collins, 1973), 169.
㊶ O. Cullmann, *The Christology of the New Testament* (SCM, 1959), 140; J. W. Rogerson, "The Hebrew Conception of Corporate Personality. A Re-examination," *JTS* 21:1 – 16.

谁是这一位代表至高者圣民的"像人子的"呢？不少学者认为他是旧约以色列人朝夕所盼望的弥赛亚；[42]因为：(a)"像人子的"表明他不是像那四兽一样属人的国度；(b)只有弥赛亚的国度是永远的国度，也只有弥赛亚才是各方、各国、各族的人所事奉的对象(14节)；(c)他"驾着天云而来"，旧约通常都用此句话描写上帝自己的显现和来临(参出十六10，十九9)；犹太人也称弥赛亚为"天云之子"；[43](d)新旧约圣经指出耶稣基督就是以色列人的弥赛亚，他自称为"人子"(太十六27；可十45；路九44)；[44]而且，他多次指出"你们必看见人子，坐在那权能者右边，驾着天上的云降临"(太廿六64；可十三26，十四62)，使徒约翰在拔摩岛看见他也是"驾云降临"(启一7)，他降临施行审判(启十四14)，与但以理书此处的描述吻合。

但以理形容这位忠心于上帝的犹太人之代表为"像人子"，为什么不干脆说他是人子呢？加尔文认为因基督那时还未道成肉身。[45]更合理的解释乃是，但以理强调他与世人的君王和国度截然不同，他"像人子"，后者却像"兽"。[46]从第二至第七章，上帝每次干预和插手，都是藉着从天上打发来的代表，在这六次的差遣中，其中三次的代表与人的形状有关(三25，五5，七13)。[47]

"驾着天云而来" 或作"随天云而来"。[48]

---

[42] 有关这方面的资料，参 J. Baldwin, *Lamentation to Daniel* (Scription Union, 1984), 117; R.D. Rowe, "Is Daniel's Son of Man Messianic?" in *Christ the Lord*, ed. H.H. Rowden (IVP, 1982), 90-91. 两约之间的以诺书十四次称弥赛亚为"人子"。

[43] 参 L. Sabourin, "The Biblical Cloud," *Biblical Theology Bulletin*, 4: 290-311; "天云之子"(Bar-nivli)；唐佑之，43。犹太拉比(例如亚兰巴)认为本章第九节的众宝座，其中一座是为弥赛亚，就是那位"像人子"而设的；思高，125。

[44] C.F.D. Moule, *The Origin of Christology* (Cambridge University Press, 1977), 16. F.F. Bruce 指出基督用"人子"代替"我"；F.F. Bruce, "The Background to the Son of Man Sayings," in *Christ the Lord*, ed. H.H. Rowdend (IVP, 1982), 51.

[45] Young, 154.

[46] 本章指出"神、人、兽"的相连关系，有如诗篇第八篇所刻画的。有关"人子"与"神子"的关系，参 S. Kim, "*Son of Man*" *as Son of God* (Tübingen, 1983).

[47] 有关在第八至十二章上帝如何插手和干预，参 Rowe, op. cit., 90.

[48] 旧释，15；Anderson, 84；把['im]翻作"with"，比"from"或"on"更适合，参 *TWOT*, 676-677, 1055. 有关"驾云"与基督站在殿顶的关系，参 J.G. Gammie, "A Journey Through Danielic Spaces," *Interpretation*, 39: 150.

小结

本段是但以理在本书里所见的第一个异象,这异象描绘了人类历史的四个时期。第一个时期是"四个大兽"的时期,这四头兽所代表的四个国家是:巴比伦(狮子)、玛代和波斯(熊)、希腊(豹)、罗马(无名的巨兽)。巴比伦的特点是威武,玛代-波斯是不对称的联盟,希腊是迅速征服各国,罗马却残暴凶狠。

第二个时期乃是"十角"的时期(7节),包括了由古罗马帝国至末世所有的国度。

第三个时期的重点人物是"小角"(8节),它是末世那与上帝作对的敌基督。

第四个时期紧接着第三个时期,口出狂言的敌基督被坐在天上的大法官(就是那亘古常在者)审判和惩罚,而那代表圣民的"像人子的"却被带到大法官的面前,得了权柄、荣耀和国度,受全世界的人所敬奉;他的国度是永远的,永不能废去(比较二44)。

(II) 异象的撮要(七15～18)

15 至于我但以理,我的灵在我里面愁烦,我脑中的异象使我惊惶。
16 我就近一位侍立者,问他这一切的真情。他就告诉我,将那事的讲解给我说明:
17 这四个大兽就是四王将要在世上兴起,
18 然而,至高者的圣民,必要得国享受,直到永永远远。

七15 "至于我但以理,我的灵在我里面愁烦,我脑中的异象使我惊惶。"

"我的灵在我里面愁烦" "灵"一词在旧约出现了三百八十七次,可有多种的解释,此处乃指"内心"(思高把本句翻为"我因此事心中忧戚",五 20 中"心高气傲"的"气"与此处的"灵"原文同一个词)。㊾"愁烦"原指惊恐、忧虑不安,与下句"惊惶"同义。但以理因所见的异象心里满是烦忧,一方面因为他不明白异象的意思,㊿另一方面因在异象中看见自己的同胞被第四兽的小角所折磨和战胜(21 节)。

七 16 "我就近一位侍立者,问他这一切的真情。他就告诉我,将那事的讲解给我说明:"

"侍立者" 就是那些侍候"亘古常在者"的天使(10 节)。

"真情" 原指"肯定",就是必定发生的事情真相。

"他就告诉我,将那事的讲解给我说明" 可作"他就对我说,他必会叫我知道那事的讲解"。51但以理在第二、第四、第五章虽能解梦和解释墙上的字,但他作为人仍有限制,所以,需要天使把异象的意思告诉他。

七 17 "这四个大兽就是四王将要在世上兴起,"

"四个大兽就是四王" 此处天使说"四兽"即是"四王",但下文却指出"第四兽就是第四国"(23 节),表明"王"与"国"可互相替代,"王"就是"国"的代表,有王必有国,有国必有王。52

"将要在世上兴起" "将"不是指"将来",乃是"必"的意思,因第一国巴比伦已经兴起了。53 有学者认为第三节提到第四兽从"海中上来",与此处的"世上"矛盾,故建议把本节改作"从地上灭绝";54这忽略了"海中"本象征世界。

㊾ G. S. Whitlock, "Structure of Personality in Hebrew Psychology," *Interpretation* 14:3-13; Young (156)把此处的[rûaḥ]解作"自己",即但以理本人觉得愁烦。

㊿ "在我里面"原文是[bᵉgô' nidneh]本指藏剑所用的"鞘"(代上廿一 27),比喻人的内心被身体包住,有如剑在鞘里;Baldwin, 144; Lacocque, 149。

51 把连接词[û](and)解作代名词(that); Young, 157; Montgomery, 307; W. Wright, *A Grammar of the Arabic Languages* (1898),31.列王纪上第二章十七节的[wᵉ yitten]之连接词[wᵉ]也解作"that"。有关但以理为什么需要天使帮忙解梦,参 J. A. T. Robinson, *But That I Can't Believe* (N. Y., 1967),125。

52 Delcor, 157。

53 可比较第十六节的"问"['ebᵉē']本是"将来时式",但可解作"Imperfect of purpose"; Montgomery, 307。

54 Wordsworth, 79;他根据七十士译本作此翻译;Lacocque (149)也视此为一种可能的译法。

七 18 "然而,至高者的圣民,必要得国享受,直到永永远远。"

"至高者的圣民" "至高者"暗示上帝超然至尊,以及全能(诗十八 13;哀三 38)。⑤ "圣民"直译是"圣者",这里指忠于上帝的子民,㊶此观念乃源于以色列民族归给上帝,作"祭司的国度、圣洁的选民"(出十九 6)。除本章与第八章廿四节,只有诗篇第十六篇三节和第卅四篇九节用"圣民"称呼以色列人。新旧约圣经喜欢称基督徒为"圣徒",暗示基督徒是以色列民的延续(罗一 7;林前一 2;腓一 1)。㊷ 无论是旧约或新约,"圣洁"一词都强调分别出来归上帝。㊸

小结

但以理因所看见的异象忧虑不安(参 28 节,他在十 8 也因见异象"浑身乏力,面貌失色"),在第八章廿七节因异象"昏迷不醒,病了数日"),先知耶利米(耶四 19)、以西结(结三 15)、撒迦利亚(亚九 1,十二 1)也曾为所得的启示或所见的异象付上代价。但以理忧烦,因他不明白异象的意思(尼布甲尼撒也曾因此"烦乱",二 1,四 5;伯沙撒亦因不能明白墙上的字而"变了脸色、心意惊惶",五 6),故他请求在上帝宝座面前侍立的一位天使帮助他,解释异象的含义。以西结(结四十至四十八章)和撒迦利亚(亚一至六章)都同样在异象中获得了天使的援手,这显示出天使在启示文学所占的重要地位。㊹

天使简略地告诉但以理,四头巨兽象征在地上兴起的四王(或是他们所代表的四国),但忠于上帝的选民(就是那位"像人子"所代表的)必会得国权,直到永永远远,暗示四个帝国都会消逝,只有上帝子民的国

㊵ D. V. G. Levi, "El. 'Elyon in Gen 14:18-20," *JBL* 63:1-9.
㊶ 第四章十三、十七节用同一个字描述天使,但本章第廿七节加上"人民"一词,指出他们是一群"圣民"。
㊷ 冯荫坤指出"即如以色列是因上帝的拣选成为圣民,新约的信徒也是由于上帝的呼召得以成为圣徒";冯荫坤,《腓立比书注释》(香港:天道,1987),68。
㊸ O. R. Jones, "The Concept of Holiness," in *TDNT* V, 489-493; R. Otto, *The Idea of the Holy* (Oxford, 1926).
㊹ Russell, 129.

度才能存到永恒。

(III) 异象的解释（七 19～28）

19 那时我愿知道第四兽的真情，它为何与那三兽的真情大不相同，甚是可怕，有铁牙铜爪，吞吃嚼碎，所剩下的用脚践踏。
20 头有十角和那另长的一角，在这角前有三角被它打落。这角有眼，有说夸大话的口，形状强横，过于它的同类。
21 我观看，见这角与圣民争战，胜了他们，
22 直到亘古常在者来给至高者的圣民伸冤，圣民得国的时候就到了。
23 那侍立者这样说：第四兽就是世上必有的第四国，与一切国大不相同，必吞吃全地，并且践踏嚼碎。
24 至于那十角，就是从这国中必兴起的十王，后来又兴起一王，与先前的不同，他必制伏三王。
25 他必向至高者说夸大的话，必折磨至高者的圣民，必想改变节期和律法。圣民必交付他手一载、二载、半载。
26 然而，审判者必坐着行审判，他的权柄必被夺去，毁坏，灭绝，一直到底。
27 国度、权柄和天下诸国的大权，必赐给至高者的圣民。他的国是永远的，一切掌权的都必侍奉他、顺从他。
28 那事至此完毕。至于我但以理，心中甚是惊惶，脸色也改变了，却将那事存记在心。

　　七 19 "那时我愿知道第四兽的真情，它为何与那三兽的真情大不相同，甚是可怕，有铁牙铜爪，吞吃嚼碎，所剩下的用脚践踏。"

　　"我愿知道第四兽的真情" 但以理不满意天使对于四兽轻描淡写的解释，他对于第四兽与前三兽截然不同感到趣味盎然，故继续向天使诘问。有学者认为他只想知道有关第四兽的真相，表明本书不是写于公元前第六世纪；不然的话，他应该查询第一兽的详情。⁶⁰ 这说法并不

---

⑥⓪ Montgomery, 309.

合理,因为他所见的异象大部分与第四兽有关,而且第四兽的小角战胜了圣民(21节),他有兴趣更深了解第四兽,最自然不过。㉑

"甚是可怕"　第四兽形状恐怖,叫人不寒而栗。

"铜爪"　这是第七节没有提及的。但以理在这里更详尽地描绘第四兽,这不等于"铜爪"是后来的人所加上去,是原文所没有的。

七 20　"头有十角和那另长的一角,在这角前有三角被它打落。这角有眼,有说夸大话的口,形状强横,过于它的同类。"

"有三角被它打落"　"三角"有如"十角",也是一个象征的数目,指"几个"君王。㉒

七 21　"我观看,见这角与圣民争战,胜了他们,"

"我观看,见这角与圣民争战"　这句话也是但以理加上的补充,先前没有提及。

七 22　"直到亘古常在者来给至高者的圣民伸冤,圣民得国的时候就到了。"

"给至高者的圣民伸冤"　大法官宣判:至高者的圣民赢了官司,得了胜诉(申十 18;诗一四○ 12～13)。也有学者根据马太福音第十九章廿八节"你们要坐在宝座上,审判十二个支派",和哥林多前书第六章二节"圣徒要审判世界",将本句解作"把审判的权柄赐给至高者的圣民"(启二十 4),㉓因"伸冤"原指"审判"或"裁决"。第二种的说法与上下文不吻合,因在本章里"亘古常在者"自己是法官,也是执行刑罚者(10～12、26 节)。

"圣民得国"　圣民不但获胜诉,且得到赔偿,"得国"回应第十四节。

七 23　"那侍立者这样说:第四兽就是世上必有的第四国,与一切国大不相同,必吞吃全地,并且践踏嚼碎。"

"吞吃全地,并且践踏嚼碎"　"吞吃"指毁灭(赛九 12;耶十 25),

㉑ 但以理用了三节经文记录有关头三兽的异象,描述第四兽却用了八节经文。
㉒ Young, 150.
㉓ Driver, 91;把 [lᵉ] 视作"to",是 [lᵉ] 通常的翻译,但 [lᵉ] 也可作为"a dative of advantage",则全句英文译为"Judgment was rendered in favour of the saints."

"践踏"有如牛在场上踹谷(弥四13),"嚼碎"原作"粉碎",多指把东西搅磨成粉末(赛廿八28)。⑭ 第四国所向无敌,战无不胜;它吞灭、蹂躏、粉碎所有敌对的势力。

七24 "至于那十角,就是从这国中必兴起的十王,后来又兴起一王,与先前的不同,他必制伏三王。"

"又兴起一王" 即第八节的"小角"。

七25 "他必向至高者说夸大的话,必折磨至高者的圣民,必想改变节期和律法。圣民必交付他手一载、二载、半载。"

"折磨" 历代志上第十七章九节作"扰害",此词本描述一件衣服穿旧了渐渐破烂,不能再穿;⑮后来用此词形容人身体因年老衰败,像被虫蛀的衣服一样破烂(创十八12;伯十三28)。这"一王"迫害圣民,正如一件衣服渐渐破烂,他折磨玩弄他们,叫他们因受蹂躏,变成像废物一样,破烂毫无价值。

"改变节期和律法" "节期"指宗教的节日,⑯或一般的时序季节(如春夏秋冬四季)。⑰ "律法"也同样可有两种解释:第一,指圣民的信仰,因"律法"可指宗教的法律;⑱第二,指一般的法律,即是圣民的道德标准。⑲ 根据上下文(特别是九27),此处的"节期"乃指圣民的宗教节日(撰写死海古卷的昆兰团体坚持要按犹太人的日历写他们的节期),而"律法"也该和他们的信仰有关,只是选民的信仰与道德不能分割,故"律法"可包括宗教和道德的规条。但以理在第二章指出:只有上帝才可"改变时候、日期"(二21),但此王(敌基督)以自己和上帝平等,企图改变时序季节。

"一载、二载、半载" "载"原文是"期",指一段时间,可有三种解

---

⑭ 圣经用此词形容以色列人有一天会粉碎敌国(赛廿九5,四十15;弥四13)。
⑮ C.J. Labuschagne, "Ugarit BLT and BILTI and in Isa. 10:4," *VT* 14:97-99.
⑯ Montgomery, 311; Walvoord, 175; Baldwin, 146; Hartman, 207; Hammer, 81.
⑰ Young, 161; Leupold (324)提及法国大革命时,曾有人企图把一星期七日改为一星期十日;Hammer, 81.
⑱ Montgomery, 311; Russell (135)认为"律法"应作"裁决",指这王想推翻上帝对他所作的宣判。
⑲ Young, 161; Baldwin, 146.

释:第一,根据第八章十四节、第九章廿七节,把"期"当作"年",这是和合本的译法。⑩ 第二,照原文直译为"期",故是"一个时期、两个时期、半个时期"(吕本,思高),⑪这象征圣民被折磨了一段时间,跟着是双倍长的时间,因上帝插手,褫夺了那折磨圣民者的权柄。⑫ 第三,把"两期"视之为复数(不当它为双数);则"一期、多期、半期"是启示文学的一种术语,乃指一段不确定的时间。⑬ 换言之,圣民被交付在那"一王"手中一段时间,然后上帝才干预,灭绝了该王。

七 27　"国度、权柄和天下诸国的大权,必赐给至高者的圣民。他的国是永远的,一切掌权的都必侍奉他、顺从他。"

"至高者的圣民"　此处指出第廿一、廿二、廿五节的"圣民"是人民,而不是天使,因此处的原文是圣洁的人民,赞成第十三节"像人子"是天使长的学者,建议把"人民"解作"一群",即是一群的圣者,这建议没有足够理由支持。⑭

"他的国是永远的"　"他"指第十三节的"像人子"(太廿八 18);另一方面,依文法结构来看,"他"也可回应上一句的"圣民",⑮即圣民的国是永远的,这是一个属灵的国度,是主第一次降临时所开始,在他第二次再临时才进入高峰。

"侍奉他、顺从他"　"他"也可指"圣民";⑯启示录指出被羔羊买赎

---

⑩ Wood, 150; Walvoord, 176; Unger, 1648; Lacocque, 154;胡里昂, 93;苏佐扬, 108;他们觉得"一载、二载、半载"(三年半)与启示录第十一章二节,十二章六节,十三章五节吻合。
⑪ Young, 161; Leupold, 325;米勒德, 780;思高, 126。
⑫ 本节反映出这位君王开始时不太惹人注目,后来却显赫辉煌,大有权柄,正当人以为他权势会继续扩充之际,他忽然衰败倒下;也有学者认为"一载、二载、半载"指三年半,即是"七"的一半,而"七"表征"完全",故"三年半"是"完全"的一半,即指"不完全"象征"罪恶",故三年半是罪恶猖獗的时间;Jerome, 456。
⑬ TWOT, 1054; C. D. Isbell 建议把［iddānîn］视作"复数"(plural),而不是"双数"(dual);无疑,从亚兰文的文法来看,［iddānîn］是复数,双数应是［iddānayin］。但是,圣经的亚兰文常用复数代替双数,例如第八节的"双眼"便是用复数而非倍数,又如以西结书第四十七章十三节的"两份",也是用复数代替双数;参 Montgomery, 312; Lacocque, 154。
⑭ V. S. Poythress, "The Holy Ones of The Most High in Dan. 7," VT 26:208－213。
⑮ "他的国"［malkûtēh］的后缀是阳性单数,而"人民"［ʿam］也是阳性单数。
⑯ Young (162)把下半节翻作"Their Kingdom is an eternal Kingdom and all Sovereignities shall serve and obey them."

的人"成为国民,作祭司,归于上帝,在地上执掌王权"(启五10)。

七28 "那事至此完毕。至于我但以理,心中甚是惊惶,脸色也改变了,却将那事存记在心。"

"那事" 所见的异象与所听见有关异象的解释。

"脸色也改变了" 但以理见异象后立刻焦虑不安,现在听完天使的解释,不但惊惶,连脸色都变白,可能因为他知道自己的同胞("圣民")会遭遇被折磨的厄运。

小结

本段集中描写末世的事情。到时候,敌基督会兴起,以下的事情便随着发生:第一,他除掉一些君王(或王国);⑰第二,他口出狂言亵渎上帝;第三,他迫害蹂躏圣民;第四,他图谋更改圣民的宗教(包括节期和规条),但没有完全成功;第五,圣民被交付他手,受他统治一段时期;第六,上帝插手,审判惩罚他(他被火烧死,11节);第七,基督与圣民获得国度权柄,在全地作王,国度永存。

总结

(一)本章采用了法庭审讯的过程作为体裁。

(1)犯人是那"小角"(8节,即是24节的"一王")。作者首先叙述此"小角"的起源:当巴比伦、玛代-波斯、希腊、罗马四大帝国消逝后,地上还有许多的君王或政权兴起("十角"的时期),之后,"小角"才兴起;而且,是在末世基督再来之前。

(2)主审法官是上帝("亘古常在者",9节),他在天上开庭审讯,他自己坐在宝座上,有无数的使者在他面前侍立。他要根据那本记录册上所记载的,聆讯"小角"的罪行。

(3)"小角"的罪行有二项:(a)它"说夸大的话"(8、11、20、25节),

---

⑰ 何慕义(95)认为"三王"(24节)代表末世时代一些颇具势力的国家。

作者四次提及小角口出狂言，说僭妄的话顶撞上帝，它骄傲自恃，自以为超越上帝，不把上帝放在眼内（比较帖后二4），故敢说狂言亵渎上帝。尼布甲尼撒、伯沙撒和此处的"小角"都因骄傲而堕落；巴比伦王堕落（赛十四12～14）、亚当和夏娃的犯罪都与骄傲有关，难怪奥古斯丁、阿奎那、但丁都视骄傲为人类最根本的罪恶。[78]"骄傲"也把本书的尼布甲尼撒、伯沙撒、"小角"几个重要人物串连起来，他们都因骄傲而得罪上帝。(b)"小角"迫害"圣民"（21、25节）；它骄傲、不惧怕上帝，故迫害忠心于上帝的子民，又试图更改他们的信仰。

（4）主审法官（上帝）审判的结果：宣告"小角"的罪名成立。上帝一方面刑罚"小角"，另一方面把国度、权柄颁赐给那些虽受迫害，但仍然忠心于他的圣民之领袖"像人子的"，而"像人子的"和圣民会永远作王。

"但以理"一名的意思是"上帝审判"，可说是本章最恰当的撮要。圣经最后的一卷书启示录用了多种譬喻（包括七印、七号、七碗）强调上帝审判恶人，只是人仍不肯悔改，继续咒诅上帝（启十六9、11）。[79]今天基督徒岂不是常常漠视上帝的公义和审判，很容易陷入"放任"的网罗里；让我们不要忘记，有一天我们都要向这位"烈火"的上帝（来十二29）交账，在他面前那本"案卷"（10节）记录了我们一切的言行举止。

（二）本章和第二章有相同的主题，都是比对人的国（四国代表）与上帝的国（第二章里上帝的国乃是上帝所设立，第七章没有提及这一点，只强调谁得到此国度），藉此表明上帝掌管着人类的历史，人的国都必消逝，至终乃是上帝的永远的国度降临；故此，被掳的犹太人应该继续倚靠和忠于上帝，因他们最终必得胜利。[80]

第二章四个国家同属于一尊大像，是一个整体，但第七章的四国却是四头不同的巨兽，且看来不是同时候出现，乃是一头接着另一头。

第二章只描述四国，第七章却指出四国后还有"十角"和"小角"，以

---

[78] IBD，1264.
[79] 有关启示录中"上帝审判"的讨论，参 D. Guthrie, *The Relevance of John's Apocalypse* (Eerdmans, 1987), 115f.
[80] Casey, 8-9.

及"小角"如何折磨"圣民"。此外,第七章记录"亘古常在者"在天上开庭审判,以及"像人子的"得国权,这都是第二章没有提及的。

第二章上帝的国用一块大石代表,第七章却说是"像人子的"得国权。第七章用"像人子的"("人"),与代表人国的"野兽"相比,而且,"像人子的"是在天上得国权,人的国却源于"海中"(3 节)。圣经常用"海"比喻与上帝作对的势力(诗七十四 13;赛廿七 1),故"像人子的"国权超越"海中上来"的国,是不是暗示上帝必然胜过抵挡他的势力呢?[31] 对于但以理的读者(即被掳至巴比伦的犹太人)来说,这是莫大的安慰和鼓励。

第二章指出大像被石头砸碎,第七章的重点却是与第四国有关的"小角",故只提第四国被灭(12 节),而没有论到其他三国如何灭亡。

第二章提到上帝的国要成立,但第七章指出上帝的国要交给"像人子"和他所代表的忠于上帝的圣民,因为第二章没有记载圣民为信仰受苦,第七章却指出他们受折磨。[32] 凡对上帝至死忠心,并且不因迫害离弃他的人自然配受尊荣,可和基督永远作王。荣誉的桂冠都是用荆棘编织而成的。

(三)如果把本章与启示录作一比较,以下几点值得注意:

(1)本章中从海中上来的四兽,前三头像狮、熊、豹,启示录第十三章的兽也是从海中上来,它"口像狮子的口"、"脚像熊的脚"、"形状像豹"(启十三 2)。[33] 启示录的兽和本章第四兽同样有十角(启十三 1)。本章的"小角"向"至高者说夸大的话"、"折磨圣民",并且"圣民交付他手一载、二载、半载"(25 节),启示录第十三章的兽也"开口向上帝说亵渎的话"(6 节)、"任凭它与圣徒争战,并且得胜"(7 节)、"任意而行四十

---

[31] "海也不再有了"(启廿一 1)是否暗示在新天新地再没有与上帝对抗的恶势力呢?有关第七章与巴力胜过海神那故事的关系,参 J. J. Collins,"Apocalyptic Genre and Mythic Allusions in Daniel," *JSOT* 21:83–100.

[32] 第七章用野兽象征列国,因为本章指出"兽"折磨圣民,令他们受苦;第二章从未提到圣民受迫害,故用"金属"比喻列国。

[33] 本章是"狮、熊、豹",而启示录第十三章二节乃是"豹、熊、狮",这是一种交叉的对偶(chiastic parallelism),可比较诗篇第廿二篇十二至廿一节的"牛、狮、狗"与"狗、狮、牛"。有关启示录第十三章的"兽"是否罗马帝国,参 Jerome,456.

二个月"(5节)。㉞ 本章的第四兽"因小角说夸大话的声音被杀,扔在火中焚烧"(11节),启示录的那兽"被扔在烧着的硫磺火里"(启十九20)。

(2) 本章描述天上有上帝的宝座,千万天使在他面前侍立,启示录也绘画无数被救赎的人在宝座前唱新歌(启十四1～3)。启示录的作者在同一章中更指出,有一位"像人子的"坐在白云上(14节),与但以理书第七章十三节吻合。启示录第二十章六节指出圣徒与基督作王,回应本章所说的圣徒与"像人子的"一同得国权(参启十一15)。

(3) 本章指出上帝坐着行审判,在他面前"案卷都展开"(10节),这案卷相等于启示录第二十章十二节的"案卷",详细记下恶人的罪行(出卅二32)。㉟ 启示录提到另一本"案卷",就是生命册(诗六十九28;启三5,十三8,十七8,二十15,廿一27),这册记下那些忠于上帝,有资格进入新圣城耶路撒冷的人的名字。㊱

(四) 福音派学者多数同意本章这四兽象征巴比伦、玛代和波斯、希腊、罗马,但对于"十角"却有不同的看法。

(1) 第一种乃是本注释所采用,"十角"和"三角"都是象征的数字,前者代表古罗马帝国灭亡至主再来前所有的君王或国度,后者则是在末世为敌基督所歼灭的三个君王或国度;"小角"乃是敌基督,"圣民"乃是忠心于上帝的基督徒。当敌基督正要加紧迫害圣徒的时候,忽然被上帝消灭,故圣徒所受的折磨只是"一载、二载、半载",他们在水深火热中获得拯救,不需要继续遭受更厉害的折磨。"小角"被毁,"像人子"的弥赛亚获得国权,与众圣徒一同作王。

(2) 接纳时代论的学者,认为本章像第二章一样指出历史有一间隔期,即第四兽乃指古罗马帝国,"头有十角"(7节)却属于将来要兴起的新罗马帝国(十王鼎立);"古""新"二罗马帝国之间有一段长时期的空隙,就是教会现今所处的时代。

赞成这种解释(第二种)的学者指出:(a)"十角"的"十"不是一个象

㉞ 贾玉铭(60节)因此认为但以理第七章的小角和启示录第十三章的野兽都是指"敌基督"。
㉟ 公元第三世纪的一位著名拉比曾过:"如果你记得天上有一只眼注视着你的举动,一只耳听你说话,一本册子记录你的行为,则你不会轻易犯罪";Towner,101.
㊱ IBD,203-204;次经却提到另一本"灭亡册",写上所有会灭亡的恶人名字(以诺壹书八十一4;禧年书三十22;利未遗训五4);*IB* III,130.

征的数字,乃是十个君王,且是同时期作王的。古罗马的历史从没有一个时期有十王执政,故必会在将来的新罗马帝国应验。[87] (b)当这十王同时掌权的时候,敌基督兴起,他会除灭十王中的三王,然后成为新罗马帝国最末的一位君王,联合各国迫害犹太人,犹太人被交在他手中三年半(即是本章 25 节的"一载、二载、半载");正当选民受逼迫极厉害的时候,"像人子"的弥赛亚降临在橄榄山(亚十四 4;徒一 12),歼灭了敌基督和他的同党(启十九 19~21),然后和圣徒一同作王,并始了千禧年的国度。[88]

这种的解释有三大特点:(a)它对第二和七章的诠释一致,认为两章不但论及已发生的事,也预言到将来(就是空隙以后)的事。第一种解释〔(1)〕把第二章的记录视为全部发生过了,第七章却包括过去和将来的事;无可否认,第一种解释不及第二种解释那样前后一致。虽然如此,我们要问:有什么证据支持第四兽和十角之间有一空隙期呢?(b)第二种解释把"一载、二载、半载"(25 节)看为三年半,这是很自然的解法,好像比第一种解释视"一载、二载、半载"为象征数较可取。(c)第二种解释试图以经解经,用新约经文(尤其是启示录)来诠释但以理书,这是很值得欣赏的,只不过我们能否肯定,所引用的新约经文是论及与但以理书相同的人物或事情?何况,"千禧年"也不是永远的国度。[89]

(3)第一兽是巴比伦,第二兽是玛代,第三兽是波斯,第四兽是希腊,而"十角"乃指希腊分裂后的叙利亚国(北国)的十个君王,他们是谁呢?这有两种可能:(a)"十"只是个象征数字,[90]乃指北国叙利亚安提阿哥第四世以前所有的君王。(b)"十"乃指十个君王,他们是西流古一世、安提阿哥一世、安提阿哥二世、西流古二世、西流古三世、安提阿哥三世、西流古四世、安提阿哥五世(底米丢的哥哥)、底米丢、亚历山大巴拉。而"三角"指最后三位:底米丢(本继承父亲西流古四世作王,却

---

[87] 胡里昂,89。
[88] R.G. Clouse, ed. *The Meaning of the Millennium* (IVP, 1977), 63 - 92; L.J. Word, *The Bible and Future Events* (Zondervan, 1976), 96 - 110; M. J. Erickson, *Contemporary Options in Eschatology* (Baker, 1977), 109 - 124.
[89] E.J. Young, *The Messianic Prophecies of Daniel* (Eerdmans, 1954), 30 - 31; Swim, 659.
[90] Colloins (Form), 80.

代替叔叔安提阿哥四世在罗马为人质)、安提阿哥五世(为叔叔安提阿哥四世所杀)和亚历山大巴拉(安提阿哥四世的外甥,他在安提阿哥四世篡位前,曾作叙利亚王一个月)。㉛ 有学者认为"三角"应是底米丢、安提阿哥五世、希略多路,因为希略多路虽然不是皇帝的后代,他却谋害了西流古三世,准备自己登基作王,但为安提阿哥四世所杀。㉜

赞成把第四国解作"希腊"的学者,都认为"小角"是安提阿哥四世,㉝因他屡次折磨犹太人;他首先下令把犹太人"希腊化",逼他们说希腊语,穿希腊服装,吃希腊食物。他又在公元前 167 年把圣殿改为宙斯庙,在圣殿祭坛上设立希腊的宙斯像,也可能曾把自己的像立在圣殿里。他又下令不准人在圣殿祭祀的供献,不许守安息日,不许行割礼,不准读律法书,且强逼犹太人吃猪肉,拜偶像。㉞ 而"一载、二载、半载"乃指安提阿哥四世迫害犹太人的时期(168 - 164 B. C.);安提阿哥四世后来猝然暴毙,因被上帝的审判所灭。

许多接受第三种说法的学者,认为"人子"只是"人"的别号,㉟"像人子"意即"像人",重点是和"兽"作对比,没有其他含义。"像人子的"比喻"圣民",就如像狮子的第一兽比喻巴比伦,像熊的第二兽比喻玛代,像豹的第三兽比喻波斯一样,故不是扮演"代表"圣民的角色;"像人子的"与圣民是相同的。故此,本章第十四节说"像人子的得了权柄、荣耀、国度",第廿七节却指出"国度、权柄和天下诸国的大权",必赐给至高者的圣民,因"像人子的"就是"圣民"。㊱ 这些学者认为"像人子"不会是"天使"或"弥赛亚",因此处只说他随天云而来,不是说他乘坐天云

㉛ 旧释,14;谢秀雄,184。
㉜ Colloins (Form), 80; Towner, 95;有关安提阿哥四世,参 O. Morkholm, *Antiochus IV of Syria* (Gyldendalske Boghandel, 1966)。
㉝ Barr, 597;赞成"小角"是敌基督,参 Swim, 659。
㉞ 谢友王,《两约中间史略》(香港:种籽,1978),258 - 259。
㉟ G. Vermes, "The Use of כרנש/כרנשא in Jewish Aramaic," in *An Aramaic Approach to the Gospels and Acts*, ed. M. Black (Oxford, 1967),310 - 328。
㊱ G. R. Beasley-Murray, "The Interpretation of Daniel 7," *CBQ*, 45:50; "The man-like one represents the Faithful, he also stands for the representative of the people". 因为在但以理书"国民"和"国王"是互相代用的,故"像人子的"既是代表"圣民",作为"圣民"的君王,自然相等于"圣民";故此,说"像人子的""代表圣民"或"就是圣民"二者分别不大。

而来,后者才是上帝显现的特征。⑰"圣民"就是那些虽受安提阿哥四世迫害,仍然忠心于上帝的犹太人。

对于第三种的说法,我们提出两点的质疑:(a)这些受安提阿哥四世迫害的犹太人怎样得了永远的国度,且为一切掌权的所事奉和服从?(27节)(b)如果"像人子的"只是"人"的别号,怎样解释新约称基督为人子,和那些用本章来描述他第二次降临的经文呢?⑱

至于哪一种解释更为合理,可参"附录"。

---

⑰ 此处是用介词[ʾim](with),而不是[bᵉ](on),后者才是用来描述上帝显现;如果接受此说法,"像人子的"是被天使带领随着天上的云,上到上帝宝座面前;Towner,104;Hartman,206.

⑱ 接受第三种说法的学者会指出:但以理书第七章的"像人子的"只是"人"的别称,但到了两约之间,次经和伪经的作者却把此名号应用在弥赛亚身上(参以诺传、以斯拉贰书等),而基督既是那真正的弥赛亚,故采用"人子"这称号;W. O. Walker, Jr.,"Dan. 7:13-14," *Interpretation* 39:178.

捌　但以理见公绵羊与公山羊的异象（八 1～27）

(I) 引言（八 1～2）

1 伯沙撒王在位第三年，有异象现与我但以理，是在先前所见的异象之后。
2 我见了异象的时候，我以为在以拦省书珊城（或译宫）中，我见异象又如在乌莱河边。

　　八 1 "伯沙撒王在位第三年，有异象现与我但以理，是在先前所见的异象之后。"
　　"伯沙撒王在位第三年"　这是获得第七章的异象之后两年，即是公元前 550 或前 549 年。就在伯沙撒第三年，波斯王朝的创国者居鲁士并吞了玛代，成为玛代－波斯国。① 但以理在第七和八章所见的异象，比第五章所发生的事较早。圣经章节编排不一定按发生的次序；作者把第五章排在第七章之前，目的是要让第二和第七章、第三和第六章、第四和第五章互相呼应，这三组的内容相似。
　　"异象"　此处并没有提及"梦"（七 1），故不是在梦中所见的异象。②
　　八 2 "我见了异象的时候，我以为在以拦省书珊城（或译宫）中，我见异象又如在乌莱河边。"
　　"我以为在以拦省书珊城（或译宫）中"　"以拦"位于今日的伊朗境

---

① Baldwin，155；米勒德，780。
② Young，165.

内，古时本是一个独立的国家，为亚述打败，成为亚述的附属国；后再为波斯并吞，变成波斯的一省。③"书珊城"本是以拦的首都，波斯王因其风景秀丽，以它作为全国的首都和夏宫（尼一 1；斯一 2）；汉谟拉比法典便是在书珊城发现的。"书珊"意即百合花，因该地盛产百合花。"城"亦作"堡"，指书珊的皇宫按堡垒模型建造，也可指整座书珊城像一座堡垒，十分坚固。④

"我以为在"有两种解法：第一，伯沙撒打发他前往书珊城办事（27节，这也解释他为什么在第五章这么晚才出现）；⑤第二，他在异象中被送到书珊城，正如以西结在异象中由巴比伦带返耶路撒冷（结八 3，四十 1），使徒约翰也曾有类似的经验（启十七 3）。⑥ 但以理在异象中看见自己到了书珊城，观察当地所发生的事。从上下文看来，第二种解释比较合理。第一种说法乃基于公元第六世纪的传说，在书珊城有但以理的坟墓，故揣测但以理曾前往该城。

但以理称以拦为"省"，反映出但以理写下此异象时，以拦已经成为波斯的一省。另一方面，"省"基本上乃是一个有政府统治的地方，不一定指波斯时代的一百二十多个省份。⑦

"乌莱河" 书珊城里的人工运河，此河十分宽阔，两岸相距九百尺；它贯通城中两条大河，⑧再流经城的东北。⑨ 有学者却建议"河"应解作"城门"，这要把该字的希伯来母音修改，七十士译士以及叙利亚

---

③ 有关以拦的历史，可参 G. C. Cameron，*History of Early Iran*（Chicago，1936）；*ZPEB* II，262 - 264。
④ [bîrâ] 可指耶路撒冷的圣殿（代上廿九 1、19）；参 *TWOT*，105；Young，166；Montgomery，326。
⑤ 这是 Rosenmueller 的看法，参 Young，166；苏佐扬，111。
⑥ G. R. Beasley-Murray，*Revelation*（Eerdmans，1974），251；他认为使徒约翰不是实际被带到另外一个地方，只是他现在可以更清楚看见巴比伦的情景。
⑦ *TWOT*，188；Montgomery(326)认为此处的"省"与第三章二节一样，只是指一个地区，不是波斯王所划分的各省；Young（167）也赞成此看法。
⑧ 两条河是 Choaspes 和 Coprates；Young，167。
⑨ 亚历山大的舰队曾在此运河航驶前往波斯湾，参 J. J. Finkelstein，"Ulai and Its Topography," *JNES* 21；89f。

文、拉丁文译本都这样做。⑩ 但希伯来文的"河"应该保留，因不必修改字的母音；况且，修改后的意思（乌莱城门）不比原来的（乌莱河畔）优胜。

小结

　　本段交待异象的背景。第一，但以理看见异象的时间是伯沙撒王在位第三年，就是他见第一个异象之后两年（七 1）。第二，但以理见异象的地点，乃是以拦的首都书珊城以东的乌莱河畔。

　　为什么但以理在异象中，看见自己在书珊城？⑪ 这暗示书珊城不久将成为玛代-波斯联合王国的首都和行宫；另一方面，在波斯的首都（书珊城），看见波斯被希腊征服的异象（7 节），犹如波斯毫无颜面，表示它将一败涂地，无法翻身。⑫

　　本段开始至本书末，作者再用希伯来文撰写。

(II) 异象的内容（八 3～14）

3　我举目观看，见有双角的公绵羊站在河边，两角都高，这角高过那角，更高的是后长的。

4　我见那公绵羊往西、往北、往南抵触，兽在它面前都站立不住，也没有能救护脱离它手的，但它任意而行，自高自大。

5　我正思想的时候，见有一只公山羊从西而来，遍行全地，脚不沾尘。这山羊两眼当中有一非常的角。

6　它往我所看见站在河边有双角的公绵羊那里去，大发忿怒，向它直闯。

7　我见公山羊就近公绵羊，向它发烈怒、抵触它，折断它的两角。绵羊

---

⑩ Hartman（224）提议把［'ûbal］改为［'abûl］，视之为源于亚甲文的［abullu］（city gate），但提出的理由并不充分。
⑪ 书珊城位于巴比伦东部二百三十英里，是在波斯湾以北一百二十英里；胡里昂，97。
⑫ 思高，133；Young，168。

在它面前站立不住,它将绵羊触倒在地,用脚践踏,没有能救绵羊脱离它手的。

8 这山羊极其自高自大,正强盛的时候,那大角折断了,又在角根上向天的四方(原文是风)长出四个非常的角来。
9 四角之中,有一角长出一个小角,向南、向东、向荣美之地,渐渐成为强大。
10 它渐渐强大,高及天象,将些天象和星宿抛落在地,用脚践踏。
11 并且它自高自大,以为高及天象之君,除掉常献给君的燔祭,毁坏君的圣所。
12 因罪过的缘故,有军旅和常献的燔祭交付它。它将真理抛在地上,任意而行,无不顺利。
13 我听见有一位圣者说话,又有一位圣者问那说话的圣者说:"这除掉常献的燔祭和施行毁坏的罪过,将圣所与军旅(或译:以色列的军)践踏的异象,要到几时才应验呢?"
14 他对我说:"到二千三百日,圣所就必洁净。"

八 3 "我举目观看,见有双角的公绵羊站在河边,两角都高,这角高过那角,更高的是后长的。"

"有双角的公绵羊" 表征玛代-波斯王(20 节)。"公绵羊"在旧约可比喻能力或领袖(结卅四 17,卅九 18;亚十 3)。[13] 相传波斯王出征时喜戴上精金造的羊头头盔,[14]考古学家也曾掘出这些羊头状的冠冕。[15] 绵羊是玛代-波斯的国徽,曾出现在古钱币及其他古物上。用双角的公绵羊表征玛代-波斯再恰当不过。

"这角高过那角,更高的是后长的" 但以理见公绵羊有双角,其中一角继续长高,比另一角更长。无疑,这象征玛代和波斯势力不均等,波斯虽比玛代较后崛起,却在居鲁士王的领导下,变得比玛代更为强大,后还克制了玛代。

八 4 "我见那公绵羊往西、往北、往南抵触,兽在它面前都站立不

---

[13] 阿拉伯文[kabš]可指绵羊或战士;Montgomery, 328.
[14] Delcor, 170.
[15] M. Avi-Yonah and E. G. Kraeling, *Our Living Bible* (Jerusalem, 1962), 224–225.

住,也没有能救护脱离它手的,但它任意而行,自高自大。"

"往西、往北、往南抵触" 玛代-波斯位于中东的东面,自然先向"西、北、南"进攻。直到大流士作王时,波斯帝国才开始进攻国土以东的地方,且多数是战胜后,便班师回国,没有永久合并。⑯"西"指巴比伦、叙利亚和吕彼亚;⑰"北"指亚米尼亚和西古提;"南"指埃及;⑱"西"也可指波斯王进攻希腊的战事(参6节的诠释)。

"兽" 其他的国家。用"兽"象征国家,回应第七章用四兽比喻四大帝国。

"任意而行" 这本是上帝独有的特权(二21,四25、35,五21,六26),⑲故这句话暗示公绵羊的骄傲,与下一句"自高自大"相应。

"自高自大" 描写公绵羊要把自己显大,强调它妄自尊大(本章8、11、25;耶四十八26、42)。

八5 "我正思想的时候,见有一只公山羊从西而来,遍行全地,脚不沾尘。这山羊两眼当中有一非常的角。"

"思想" 基本意思是"分辨",也可解作"明白"(27节,十二8);但以理指出,上帝把知识赐给那些能够分辨和明白事理的人(二21,和合本把同一个字译作"聪明人")。⑳

"公山羊" 指希腊的君王(21节)。旧约圣经用"公山羊"比喻能力和国家领袖(赛三十四6),而公山羊多被形容为比公绵羊更有力量(结卅四17;亚十3)。用公山羊描写希腊的君王十分适切,因该国第一位君王亚历山大喜欢用公山羊代表自己,自称是利比亚亚扪神的儿子,该神就是用公山羊的头作表征。其实,希腊的"爱琴城"和"爱琴海",意即山羊城和山羊海,在希腊的古代碑石也刻有山羊的图画。㉑

---

⑯ Young,167;故此,以斯帖记指出亚哈随鲁曾管辖印度(斯一1),与此处没有冲突。
⑰ "西"可指希腊,参 Lacocque,160.
⑱ "西、北、南"可否代表第七章五节的"三根肋骨"呢?
⑲ 上帝凭自己意旨行事,偶像却被敬拜它的人任意摆布;上帝随自己意旨行事,是他与偶像截然不同的地方(诗一一五3~8)。
⑳ TWOT,104.
㉑ "利比亚亚扪"(Libyan Ammon)与亚历山大的传说,记载于教父革利免的著作里,参 Montgomery,330.

"从西而来" 希腊位于中东的西面。

"遍行全地" 到处进攻和征服，就如马加比壹书描绘亚历山大的战绩说："他打遍全地直至地极，征服了无数的国家；全地在他面前寒噤不敢作声。"（马加比壹书一 3）

"脚不沾尘" 形容亚历山大进军神速，瞬息间就战胜了无数的敌国，[22]正如一位希腊史家所写："亚历山大的军队每次出征都不是步行，而是飞奔。"[23]

"非常的角" 指体积庞大（8、17 节称它为"大角"），夺人眼目。[24]这角在公山羊两眼之间长出，并不是生于它的头顶。根据第廿一节，这角是指希腊第一个君王亚历山大大帝。

八 6　"它往我所看见站在河边有双角的公绵羊那里去，大发忿怒，向它直闯。"

"它" 指"角"而不是指公山羊。本节描写亚历山大征服波斯的经过。

"大发忿怒" 亚历山大怒气膺胸，很想立刻取去公绵羊的命，故猛烈地撞击公绵羊。

为什么亚历山大大发雷霆呢？理由是波斯曾两次出兵攻打希腊。[25]波斯帝国第一次远征希腊是在大流士一世作王时，他于公元前490年派将军达忒先占取了伊利特里亚，再挥兵进攻雅典。[26]波斯国第二次攻打希腊是亚哈随鲁执政时，他于公元前480年派出精兵六万前往攻打希腊，许多希腊城市都纷纷投降屈服，雅典城也被焚毁，但最后波斯军在撒罗米海峡败于希腊军。翌年（479 B.C.），波斯军在雅典西

---

[22] Hammer，85.
[23] 思高，133；以赛亚曾描写居鲁士用刀击杀敌人如砍尘土，强调他不费吹灰之力瞬息间便战胜敌人，参 C. Westermann，*Isaiah 40 - 66*（SCM，1978），64；J. L. Mckenzie，*Second Isaiah*（Doubleday，1968），26.
[24] 把［ḥazût］解作"抢眼"（Conspicuous）有七十士译本和叙利亚文、拉丁文各译本支持。
[25] Lacocque，160；有关波斯、希腊两次交战的经过，参谢友王，《两约中间史略》（香港：种籽，1978），61 - 64。
[26] 达忒（Datis）将军先灭掉伊利特里亚（Eretia）的军队，再前进到马拉松（Marathon）附近，马拉松距雅典二十三英里，马拉松有一长跑家迅速将波斯的虚实通报给雅典，结果雅典大胜，希腊大败；这是世界驰名的马拉松长跑的起源；参谢友王，62。

北三十英里的普拉提亚又吃一次败仗,之后再无力量出征。

虽然波斯军两次都铩羽而归,亚历山大仍然记恨在心,立誓一雪国人的耻辱。

八7 "我见公山羊就近公绵羊,向它发烈怒、抵触它,折断它的两角。绵羊在它面前站立不住,它将绵羊触倒在地,用脚践踏,没有能救绵羊脱离它手的。"

"折断它的两角" 公元前334年,亚历山大把马其顿希腊本土交给他的爱将安提帕德管理,自己带着三万步兵、五千骑兵进入小亚西亚,在格兰尼古河大胜波斯军。㉗

翌年,亚历山大在伊索士大败波斯军,波斯王大流士三世弃甲而逃,他的财宝与家眷都落在亚历山大手中,时为公元前333年的秋天。㉘ 公元前331年,亚历山大横渡幼发拉底大河(旧称伯拉大河),经过西北再渡底格里斯大河(旧称希底结河),抵达尼尼微城东北的高加米拉;当时,波斯军正在高加米拉设防准备作最后的顽抗。㉙ 两军于10月1日正式交战;结果,希腊军大获全胜,继而长驱直入,占领了巴比伦、书珊、波斯波立(当时波斯的首府)。大流士三世在逃亡中被他的一个省长所杀,称霸二百多年的波斯帝国就此殒亡。㉚

亚历山大消灭波斯帝国的经过,吻合本节的描写:"公绵羊在公山羊面前站立不住,公山羊将公绵羊触倒在地,用脚践踏,没有能救绵羊脱离它手的。"此外,亚历山大第一次战胜波斯军是在格兰尼古河一带,叫人联想起异象中两次指出"公绵羊站在河边"(3、6节)。

八8 "这山羊极其自高自大,正强盛的时候,那大角折断了,又在角根上向天的四方(原文是风)长出四个非常的角来。"

"这山羊极其自高自大" 有两种解法:第一,像第四节,乃是形容

㉗ 格兰尼古河(Granicus River)的战役,是在公元前334年5、6月间发生;谢友王,108。
㉘ 这是有名的伊索士之役(Battle of Issus);谢友王,109。
㉙ 谢友王,110‑112。
㉚ 相传亚历山大征服了波斯,继续挥军远达印度河(公元前327年),他在印度河畔痛哭,因再没有地方让他去攻占;J. Bright, *A History of Israel* (SCM, 1981),413。

亚历山大的骄傲狂妄；㉛第二，指山羊正在扩大自己的势力（吕本），㉜与下一句"正强盛的时候"同义。两种解法都与上下文吻合；第二种可取，因第一种解法涉及亚历山大的品性，这是本段经文没有明显提到的。

"那大角折断了" 当亚历山大的权力和成就达到巅峰的时候，竟患上热病，于公元前 323 年 6 月在巴比伦遽然逝世。一代英雄就此殒落，死时仅三十三岁。

"在角根上向天的四方（原文是风）长出四个非常的角来" "角根"指大角原处，㉝此四角代替了大角。"向天的四方"记述四角向着四个不同的方向长出来。"非常"与第五节同一个字，描写四角忽然代替大角长出来的过程叫人惊讶，且引人注目。㉞

"四角"指亚历山大死后，帝国被四个将军瓜分：加山得管治马其顿和希腊，吕西马加获得大部分的小亚细亚及特拉西，西流古则得了叙利亚及东面一大片土地（包括巴比伦），多利买统辖埃及。㉟ 在但以理书第十一章，西流古称为北国，多利买是南国。

8 9 "四角之中，有一角长出一个小角，向南、向东、向荣美之地，渐渐成为强大。"

"一个小角" 指北国西流古王朝的安提阿哥四世。他生于公元前 215 年，于公元前 175 至前 163 年作王。他是安提阿哥三世的次子，当他父亲于公元前 190 年败给罗马军时，被迫与罗马缔结和约，规定安提阿哥三世交出部分领土，赔款一万五千他连得银子（可分十二年摊还，但要交付人质二十名作抵押，其中一位必须是王子）。㊱ 安提阿哥四世就在这条约下，以王子的身份被送到罗马为人质，约有十四年。他哥哥西流古四世作王一段日子，于公元前 175 年打发自己的儿子底米丢去罗马，代

㉛ Young，169；Anderson，93.

㉜ Leupold，343；Hartman，221；思高："公山羊长得极其强大"。

㉝ 参现中；思高。

㉞ Young，169；Montgomery（332）认为这个词是多加上去的，应该删除。也有学者建议把它改为[ᵃhēr°t]（other），即是"其他四角"；Hartman，225.

㉟ Jerome，85；大多数学者都赞同此看法。这四个将军（Cassender，Lysimachus，Seleucus，Ptolemy）把国家瓜分为四，是经过廿二年的争夺战形成的；胡里昂，99。

㊱ 谢友王（168）详细记下麦尼西亚之役（Battle of Magnesia）的经过，以及和约的详情。

替安提阿哥四世为人质,安提阿哥四世获释后赴雅典,出任地方官。㊲

当他在雅典获悉哥哥西流古四世被大臣希略多路谋杀,㊳立刻返回叙利亚,杀掉希略多路。按当时的习俗,他应把王位交给西流古四世的两个儿子(在罗马作人质的底米丢和弟弟安提阿哥五世);但是,他并没有这样做,反而用卑鄙的手段夺取了王位(十一 21)。他又自称为"以比反尼",即神明(希腊宙斯)的显现。一般人却因他为人卑鄙可憎,称他为"以比马尼",即狂人的意思。㊴

"小角"原文直译是"从一小处生出一角",㊵强调安提阿哥四世本来没有资格成为皇帝,而且起初力量微小,却渐渐握大权("成为强大")。也有学者建议修改其中两个字母,则本句变成"从一角中生出另一个小角",与第七章八节完全一样。㊶ 安提阿哥四世是"小角",与亚历山大的"大角"成强烈对比。

"向南、向东、向荣美之地" "南"指埃及,安提阿哥四世曾远征埃及(十一 25~30;马加比壹书一 16~19)。㊷"东"是位于东面的帕提亚(166 B.C.他曾攻打该地)和亚美尼亚(马加比壹书三 31,六 1~4),即美索不达米亚一带(包括波斯帝国以前的领土)。㊸"荣美之地"指巴勒斯坦迦南地(耶三 19;结二十 6);这是上帝赐给以色列人的应许之地,对于选民(特别是那些被掳去巴比伦的犹太人)来说,迦南地是最荣美、最上好的佳地。㊹ 安提阿哥四世于公元前 169 年侵略埃及大获全胜,回国途中经过迦南地,大肆抢掠圣殿的宝物(包括金香坛、金灯台、陈设饼的桌子、一切贵重的器皿)。

㊲ 励德厚、陈金镛,《旧约历史》(香港:辅侨,1965),155。
㊳ 相传希略多路(Heliodorus)曾被西流古四世派往耶路撒冷掠夺圣殿的财富去清还欠下罗马的赔款,这举动导致犹太人不满;戴业劳:《旧约以色列民族史》(台湾:光启,1951),338。
㊴ "以比反尼"本是(Epiphanes),而"以比马尼"则是(Epimanes),发音十分接近;谢友王,178。
㊵ "There went forth one horn from the little," Young, 170.
㊶ Montgomery, 333.
㊷ 他于公元前 169 至 168 年出兵攻打埃及;Hammer, 85;马加比壹书第一章十六至二十节和马加比贰书第五章一至十四节记载安提阿哥四世远征埃及的经过。
㊸ Lacocque, 161;Anderson, 95;马加比壹书第三章廿七至卅七节。
㊹ Leupold(345)认为迦南地称为"荣美之地",因上帝屡次在该地显现,而上帝显现的荣光导致该地变为荣美;这说法只是一种推想,此处的经文并没有这样的意思。

八10 "它渐渐强大,高及天象,将些天象和星宿抛落在地,用脚践踏。"

"天象和星宿" "天象"和"星宿"在此处相同(耶卅三22)。㊺ 它们象征什么呢?这有两种可能:

第一,"天象"乃指天上的日、月、星、辰(创二1),常被人当作神明敬拜(耶八2;番一5),暗示安提阿哥四世命令人,把他当作神明一样的尊崇敬拜,他要成为名副其实的"以比反尼"(神明的显现)。㊻ 他这样做法,重蹈明亮之星的覆辙;明亮之星曾说:"我要高举我的宝座在上帝众星以上"(赛十四13)。安提阿哥四世要高及天象,与上帝平等;他更要代替星辰成为人敬拜的对象("把天象和星宿抛落在地,用脚践踏")。

第二,"天象"指选民(创十五5,廿二17;出十二41;但十二3;太十三43),故"将天象和星宿抛落在地,用脚践踏"乃描写安提阿哥四世迫害杀戮犹太人(马加比壹书一24、30);据说,他曾一下子杀了约十万的犹太人。㊼

两种解释都合理;㊽第一种强调安提阿哥四世的狂傲,与第十一节的"自高自大,以为高及天象之君"吻合;第二种解释偏重他迫害犹太人,与第十一节下半部至第十二节的描写首尾呼应。

八11 "并且它自高自大,以为高及天象之君,除掉常献给君的燔祭,毁坏君的圣所。"

"天象之君" 指上帝;也有学者认为"君"可指大祭司,故"天象之君"即选民的大祭司,就是当时的大祭司奥尼亚三世,㊾他于公元前171年被安提阿哥四世下令处决。只是把"天象之君"解作大祭司有三个问

㊺ "星宿"解释"天象"的意思;Hartman, 225.
㊻ 这是十九世纪一位学者首先建议的;G. F. Moore, "Dan. 8:9-14," JBL 15:193-197. 参 Baldwin, 157; Hartman, 236.
㊼ 胡里昂,97;赞成"天象"比喻选民的还有 Young, 171; Leupold, 346; Walvoord, 185.
㊽ 还有第三种解释,就是把"天象"解作"天使",强调人间的战争与灵界的争战同时进行(士五20);Collins, 88;启示录第十二章四节被认为也把"星"解为天使;Beasley-Murray, op. cit., 199.
㊾ 这说法最有力的支持者是 M. A. Beeks, Das Danielbuch (Leyden, 1935),80; Lacocque (162)指出历代志上第十五章十六节、第廿四章五节,以斯拉记第八章廿四节三处经文的[śar]都可解作大祭司。

题产生：第一，这里的介词"高及"表示安提阿哥四世骄傲自大，要升高像"天象之君"一样；如果"天象之君"只是大祭司，有皇帝身份的安提阿哥四世，又何必要高升成为大祭司呢？第二，如果"天象之君"是大祭司，怎样解释"献给君的燔祭，毁坏君的圣所"呢？[50] 第三，把"天象之君"解作大祭司，则"天象"只能指犹太人，而不可以按字面解为日、月、星、辰，因大祭司不可能是日、月、星、辰的"君"。

总括来说，"天象之君"指上帝比较合理（25 节），安提阿哥四世自诩为神明，与上帝平等。

"常献" 指以色列人早晚献上祭牲（出廿九 38～42），此处可象征选民所有献祭的礼仪。[51] 安提阿哥四世曾下令："凡在圣殿内所行的全燔祭、和平祭及奠祭，都应废止。安息日和节日一律禁止遵守。"（马加比壹书一 45）既然没有人前往圣殿献祭，圣殿就因而荒凉；不但如此，他还变本加厉在圣殿建立希腊宙斯神像，以及敬拜宙斯的祭坛，以猪肉为祭。他名副其实"毁坏了圣所"，污秽了圣殿。[52] 他又禁止犹太人的儿童行割礼，强迫犹太人吃猪肉，又到处兴建外邦偶像的祭坛，命令犹太人参与拜偶像的仪式（马加比贰书六 18～31）。

八 12 "因罪过的缘故，有军旅和常献的燔祭交付它。它将真理抛在地上，任意而行，无不顺利。"

"因罪过的缘故，有军旅和常献的燔祭交付它" 此两句原文意思不明，下列三种解释均可接受：第一，他在常献燔祭的地方安放了"罪过"，[53]即是希腊的宙斯神像（13 节）。第二，"有军旅（指犹太人）交付他手，他站起来反对常献的燔祭"。[54] 第三，他在常献燔祭的地方安驻军队，阻止人献祭。[55] 无可否认，我们不能肯定原来的意思，只知道这是

---

[50] 他们把此两句解作：安提阿哥四世杀掉了大祭司亚尼亚三世，就是除了他献祭的权利，而"圣所"则指圣民，描写安提阿哥四世折磨圣民；Lacocque，162.
[51] Baldwin，157.
[52] 伯来基，《圣经历史手册》（香港：道声，1965），349－350。
[53] Hartman（224）把"军旅"放在第十一节末，该节变成"毁坏君的圣所和天象"，"天象"与"军旅"原文同一个字。
[54] NEB；把"罪过"视为"兴起""站起"。
[55] Barr，599.

继续描写迫害犹太人和污染圣殿的事情。安提阿哥四世曾纵容军兵屠杀犹太人，抢劫和毁坏耶路撒冷，连城墙也拆毁了（马加比壹书一 20～50）。

“真理” 指律法书（玛二 6），(56)安提阿哥四世派官员赴各城各乡搜集律法书，然后把律法书付之一炬。他折磨犹太人，改变他们的信仰，并且强迫他们接受希腊的宗教；他这样做，目的是要统一犹太人，强迫他们希腊化。

有学者认为“真理”不是指“律法书”，(57)乃指安提阿哥四世废除献祭和污秽圣殿，就是把真理践踏在地。(58) 而他可以这样“任意而行，又无不顺利”，是否表示真理已不复存在呢？(59)

八 13 “我听见有一位圣者说话，又有一位圣者问那说话的圣者说：‘这除掉常献的燔祭和施行毁坏的罪过，将圣所与军旅（或译：以色列的军）践踏的异象，要到几时才应验呢？’”

“圣者” 天使（四 10）；撒迦利亚在异象中也听见天使的对话（亚一 12f，二 7）。两位天使可能是米迦勒和加百列。

“施行毁坏的罪过” 指“那行毁坏可憎的”（九 27，十一 31，十二 11）。(60) “毁坏”可暗示一个人因疯狂做出的破坏行为，用此影射安提阿哥四世的别号（“以比马尼”——“狂人”）。(61)

“要到几时才应验呢” 应作“要到何时呢”，选民受迫害和圣殿被污秽要多久呢？

八 14 “他对我说：‘到二千三百日，圣所就必洁净。’”

“二千三百日” 原文直译为“二千三百个晚上和早晨”，如果是回应第十一节早晚的献祭，由于每天献祭两次（早晚各一），二千三百次的献祭就是一千一百五十日，约等于三年半（一千二百六十日），故与第七

---

(56) Heaton (195), “The meaning of the first half of v.12 is lost beyond recall.”

(57) Lacocque (163)认为罗马书第二章二节的“真理”也指律法书（全部的旧约）。

(58) 胡里昂，100。

(59) Anderson, 96.

(60) 马加比壹书第一章五十四节指出，这行毁坏可憎的，乃是安提阿哥四世在圣殿所设立的宙斯神像。

(61) H.H. Rowley, *The Relevance of Apocalyptic* (Association Press, 1963), 52.

章廿五节“一载、二载、半载”和第九章廿七节“一七之半”有关连,(62)都指圣殿被污秽至洁净那一段日子。有学者却认为此处乃指二千三百日,因为旧约其他地方的“四十昼夜”(创七 4;出廿四 18;王上十九 8)不是指二十日,乃是四十日;“三日三夜”(拿一 17;太十二 40)也不是一日半,乃是三日。(63) “二千三百日”乃由安提阿哥四世于公元前 171 年开始迫害犹太人起计算,直至他死于公元前 164 年。

其实,无论是哪一种说法(一千一百五十或二千三百日),这句话都象征选民受迫害是有一个限期,(64)不会永无止境地继续下去。

“圣所就必洁净”　狭义来说,指圣殿必会恢复原状(参马加比壹书四 43f)。(65)

小结

但以理在异象中,首先看见乌莱河畔有一只公绵羊,它有三大特点:第一,它的外貌:它有一双长短不一的角,长的角是后来长出的。第二,它的行动:它向西、北、南方撞去,没有兽可以抵挡它。第三,它的态度:它因为战无不胜而十分狂傲。

但以理跟着看见一只公山羊,也有三大特点:第一,它的外貌:它只有一只引人注目的角,这角长于两眼间。第二,它的行动:它撞击公绵羊,公绵羊无力抵抗被摔倒在地上,又被践踏。第三,它的态度:它也是狂傲自大。

公山羊的胜利叫人吃惊,它的崩溃更令人惊讶。正当它自高自大,

---

(62) Baldwin, 158;米勒德,781;唐佑之,47;本节先提“晚上”后才说“早晨”,因为希伯来人计算“一日”是从晚上开始(创一 5,“有晚上,有早晨,这是头一日”),故献晚祭先于早祭。

(63) Young, 174; Keil, 304.

(64) 二千三百日是六年四个月,不够七年(完全的数目),故同样象征一段短时间。

(65) [w^{e}niṣdaq]多指“被当作公义”“宣告为无辜”,此处却指圣殿“得回清白”,即是恢复原状;Hartman(227)认为用此希伯来字形容圣殿不大妥当,因此字多用来描写人,故猜想作者混淆了原来的亚兰文。但是:第一,我们没有证据说本章是由亚兰文翻译为希伯来文;第二,此字可表示圣殿现今再得回应有的权利,就是重新成为犹太人献祭和敬拜上帝的地方(即是“恢复原状”),故十分恰切。有关[ṣdq]的基本意思,参 N. Snaith, *Distinctive Ideas of the Old Testament*(Schocken, 1964),73.

大角折断了，取代大角的乃是新长出的四角，而四角之一又长出一个小角。这小角有下列的特点：第一，它向南方、东方和荣美之地扩充势力；第二，它自高自大攻击天象和星宿；第三，它公然对抗天象之君，不准人向他献祭；并且毁坏他的圣所，把真理抛在地上；第四，它任意而行，一切都顺利。

接着，但以理听见两位天使交谈，知道那四件事(献祭被废除、罪过被建立、圣殿被污秽、选民被蹂躏)要继续二千三百个早晨和晚上，这段日子过后，圣殿就会恢复原状。(66)

我们从下文天使的解释得知公绵羊象征玛代-波斯帝国，公山羊是希腊帝国，大角指亚历山大，四角是亚历山大死后希腊分裂形成的四个政权，小角指北国西流古王朝的安提阿哥四世，他曾残酷地迫害选民，就是他们在信仰上受到的第一次严重的逼迫。(67)

安提阿哥四世迫害选民一段时期，马加比的革命就爆发了，(68)祭司马他提亚的儿子犹大(别号“马加比”，就是大锤的意思)成功地反抗安提阿哥四世，带领革命军攻入耶路撒冷，于公元前 165 年 12 月进行清洁圣殿的工作，一年后举行了圣殿奉献礼。“圣所得洁净”，恢复原来的光荣。

(III) 异象的解释(八 15～26)

15 我但以理见了这异象，愿意明白其中的意思，忽有一位形状像人的站在我面前。

16 我又听见乌莱河两岸中有人声呼叫说：“加百列啊，要使此人明白这异象。”

17 他便来到我所站的地方。他一来，我就惊慌俯伏在地，他对我说：

---

(66) Ford (161－177)指出“圣所就必洁净”，乃是和第七章廿六至廿七节与第九章廿四节有关，指基督洁净信徒的罪恶，开始了上帝的国度。

(67) 犹太人虽曾亡国被掳，却从未试过被强迫放弃信仰，直至安提阿哥四世的宗教迫害。

(68) 有关马加比争战的详情，参 Bright, op. cit., 422－427; M. Noth, *The History of Israel* (Harper & Row, 1960), 359－401；谢友王，247－314。

"人子啊,你要明白,因为这是关乎末后的异象。"

18 他与我说话的时候,我面伏在地沉睡,他就摸我,扶我站起来,
19 说:"我要指示你恼怒临完必有的事,因为这是关乎末后的定期。
20 你所看见双角的公绵羊,就是玛代和波斯王。
21 那公山羊就是希腊王(希腊:原文是雅完;下同),两眼当中的大角,就是头一王。
22 至于那折断了的角,在其根上又长出四角,这四角就是四国,必从这国里兴起来,只是权势都不及他。
23 这四国末时,犯法的人罪恶满盈,必有一王兴起,面貌凶恶,能用双关的诈语。
24 他的权柄必大,却不是因自己的能力,他必行非常的毁灭。事情顺利,任意而行,又必毁灭有能力的和圣民。
25 他用权术成就手中的诡计,心里自高自大,在人坦然无备的时候,毁灭多人;又要站起来攻击万君之君,至终却非因人手而灭亡。
26 所说二千三百日的异象是真的,但你要将这异象封住,因为关乎后来许多的日子。"

八 16 "我又听见乌莱河两岸中有人声呼叫说:'加百列啊,要使此人明白这异象。'"

"加百列" 意即"上帝的勇士",他除了在本章解释公绵羊和公山羊的异象,在第九章也用七十个七的预言向但以理解释被掳七十年的意思。加百列曾向撒迦利亚显现,预报施洗约翰的生(路一 11~20),后又向马利亚显现,预报基督降生(路一 26~38)。

但以理书是唯一提及天使名字的旧约书卷,除了此处的加百列,还有米迦勒(十 13)。米迦勒负责保护犹太人(十 13),加百列则为上帝传达信息。

八 17 "他便来到我所站的地方。他一来,我就惊慌俯伏在地,他对我说:'人子啊,你要明白,因为这是关乎末后的异象。'"

"惊慌俯伏在地" 当加百列走近但以理,但以理惊惶害怕,立刻俯伏在地(士六 22;伯一 20;赛六 1~5),以西结见异象也因惊慌而俯伏在地(结一 28,三 23,四十四 4)。"俯伏在地"包括尊敬的意思(启一

17，廿二 8）。

"人子啊" 暗示但以理只是人，而不是上帝。以西结被称为"人子"一百多次（结二 1、3、6、8 等），反映出他面对荣耀的创造主时，心中发出的脆弱、卑微和必朽的感叹。本节经文表明但以理和以西结有类似的经验。

"关乎末后的异象" "末后"可解作末世，即主耶稣第二次再来前那段日期，⑥⑨但更合理的解释是把"末后"视为犹太人被安提阿哥四世迫害的末期（参 19 节，可比较摩八 2 与结七 2）⑦⓪。"末后"多指与上帝作对的人的末期，因上帝插手干预。

八 18 "他与我说话的时候，我面伏在地沉睡，他就摸我，扶我站起来，"

"面伏在地沉睡" 像沉睡的人暂时失去了知觉（创二 21，十五 12），启示文学常记叙，人因得知上帝的计划惊慌昏迷（但十 9；启一 17）。⑦①

"他就摸我，扶我站起来" 加百列摸但以理（赛六 7；耶一 9），使他苏醒，重新有力，可以站起来。主耶稣基督医治病人，常用手摸他们（太八 15，九 20、21、29，十四 36，十七 7，二十 34）。"站起来"正是一个人觐见君王的礼仪（斯五 2），⑦②也表明但以理不但要听见上帝的启示，更要准备根据所得的启示采取行动。⑦③

八 19 "说：'我要指示你恼怒临完必有的事，因为这是关乎末后的定期。'"

"恼怒临完必有的事" 选民犯罪不守和上帝所立的约，导致他"恼怒"。上帝曾用亚述作他"怒气的棍"（赛十 5）惩罚以色列人，只是亚述超越指定的范围，故同样遭罚（赛十 15～19）。上帝所兴起刑罚选民的异邦，如果过分地对付选民，上帝的怒气就会转向他们（赛五十一 21～23；亚一 12～15）。安提阿哥四世对选民的迫害，乃是上帝"恼怒"的最后

---

⑥⑨ Walvoord, 193.
⑦⓪ Baldwin, 159; Hartman, 233; Young, 176.
⑦① 还有以斯拉贰书第五章十四至十五节、第十章廿九至卅三节。
⑦② 米勒德, 781.
⑦③ Baldwin, 159.

阶段，因上帝的“忿怒就要完毕”(赛十 25)。“忿怒过去”后(赛廿六 20)，选民的历史揭开新的一页；就是旧约过去，新约来临。这最后阶段的迫害是有“定期”的，(74)不会无止境地延长(十一 36)。

八 21 “那公山羊就是希腊王(希腊：原文是雅完；下同)，两眼当中的大角，就是头一王。”

“希腊王” 原作“雅完”，指源于希腊的爱奥尼亚，(75)这些爱奥尼亚的希腊人居于小亚细亚，而亚述、波斯、埃及等国都是通过他们才接触到希腊的文化，故称希腊为爱奥尼亚。

八 23 “这四国末时，犯法的人罪恶满盈，必有一王兴起，面貌凶恶，能用双关的诈语。”

“犯法的人罪恶满盈” 指那些愿意被希腊文化所同化的犹太人，他们丢弃了祖传的信仰(马加比壹书一 11～15，四十三 52)，又欺骗及鼓励同胞与他们看齐，学效希腊的生活方式。当他们离经叛道的罪恶到达高峰时，安提阿哥四世就兴起；(76)也有学者把本节上半部译作：“这四国末时，就是当罪恶满盈的时候。”(77)上帝是公义的，他等到一个人或一个国家恶贯满盈，才加以刑罚(创十五 16；帖前二 16)。

“面貌凶恶，能用双关的诈语” “面貌凶恶”原指他为人厚颜无耻，“双关的诈语”形容他诡谲多端，只要对他有利，他可随时易口，背弃诺言(参马加比贰书四 7～26)。(78)

八 24 “他的权柄必大，却不是因自己的能力，他必行非常的毁灭。事情顺利，任意而行，又必毁灭有能力的和圣民。”

“却不是因自己的能力” 上帝让他暂时掌权，他只不过是上帝怒气的工具(19 节)。但以理书强调一切王权都源于上帝，是他把国度、

(74) “定期”解作“一段时间”，是有期限的；Young，179；Hartman(222)把[l^{e}môʿēḏ]读作[lammôʿēḏ]，则变成“到了定期，事就了结”(参十一 27、35)。

(75) “雅完”(Javan)来自“爱奥尼亚”(Ionian)； Hammer，90。

(76) Young，179.

(77) 把“犯法的人”[happoš^{e}ʿîm]改作“罪恶”[happ^{e}šaʿîm](只须修改母音)，上古的译本包括七十士译本和叙利亚、拉丁文译本都这样更改；参 Baldwin，160；现中、吕本、思高都同样更改。

(78) Hartman (223)把这两句翻作“brazen-faced and skilful in trickery”十分适切。

能力、尊荣赐给君王(二37),也是他废王、立王(二21)。有一些学者认为安提阿哥四世的权威"不是自己的能力",乃是源于鬼魔的权能。

"有能力的" 指被安提阿哥四世征服的国家的掌权者,或是他的政敌。也有学者认为此词和"圣民",都指那些遭受安提阿哥四世迫害却仍然忠于上帝的选民。[79]

八25 "他用权术成就手中的诡计,心里自高自大,在人坦然无备的时候,毁灭多人;又要站起来攻击万君之君,至终却非因人手而灭亡。"

"心里自高自大" 指满肚子叫自己成功高升的大计。

"毁灭多人" "多人"从本节开始常在但以理书出现(八25,九27,十一14、33、34、39、44,十二2、3),这词在死海古卷可指"蒙拣选的团体",[80]在但以理书则描写那些在患难中仍然忠于上帝的圣民。

安提阿哥四世曾乘人不备加害多人(可参马加比壹书一10、29~36)。

"万君之君" 指上帝(11节称他为"天象之君")。

"至终却非因人手而灭亡" "非因人手"回应第二章卅四、卅五节那"非人手凿出来的石头",就如这石头代表国度来自上帝,安提阿哥四世灭亡也是来自上帝。他不是被人杀死,乃在波斯战败后受刺激、忧郁而死(马加比壹书六6~16;马加比贰书九5~29)。[81]

八26 "所说二千三百日的异象是真的,但你要将这异象封住,因为关乎后来许多的日子。"

"将这异象封住" 但以理见异象乃在伯沙撒第三年,有关安提阿哥四世的预言要几百年后才应验,故把异象封住,暂时保密。

"因为关乎后来许多的日子" 这异象关乎很遥远的将来(结十二27),[82]故把异象封住。

---

[79] Lacocque,165;他没有提出支持这说法的理由。
[80] IQS 六20~23;参 Lacocque,171。
[81] 希腊史家波尼比亚斯(Polybius),记载安提阿哥四世于公元前164年在波斯患癫狂症而死;Hammer,91。
[82] 考古学家发现在一块亚扪的碑文上刻有同样的一句话:"关乎将来很远的日子";C. Krahmalkor, "An Ammonite Lyric Poem," *BASOR* 223:55-57。

小结

这一段经文(15～26节)主要记述异象的解释:

第一,解释异象者(15～18节)。天使加百列显现,跟着乌莱河边传来上帝或米迦勒的声音,呼叫加百列向但以理解释异象,[83]这异象关乎安提阿哥四世迫害选民的最后阶段。

第二,异象的解释(19～25节)。异象的焦点是安提阿哥四世迫害犹太人,故加百列只是轻描淡写提过波斯、希腊和由希腊分裂出来的四国,却集中描写安提阿哥四世;他有几个特点:(a)厚颜无耻;(b)为人诡诈,善用手段;(c)势力越来越大,但不是靠自己的力量得来的;(d)成功地消灭多人(尤其是犹太人);(e)骄傲自大,攻击上帝;(f)被毁灭却非经人手。

第三,异象的处理(26节)。加百列吩咐但以理封住异象(保密),因为在遥远的将来才应验。

(IV) 结束(八 27)

27 于是我但以理昏迷不醒,病了数日,然后起来办理王的事务。我因这异象惊奇,却无人能明白其中的意思。

八 27 "于是我但以理昏迷不醒,病了数日,然后起来办理王的事务。我因这异象惊奇,却无人能明白其中的意思。"

"昏迷不醒" 原是描写但以理"晕倒",因异象的意义深远,对选民影响又是这么大,但以理如遭晴天霹雳,昏迷不省人事。[84]另一方面,他可能因极度难过痛心而病倒,因为得知同胞犯罪受严厉的刑罚。

---

[83] 一般学者认为说话者是上帝,Young, 175;但耶柔米却认为是米迦勒,因为犹太人传统认为第十三节那两位天使是米迦勒和加百列,Bravermann, 95。
[84] Ginsberg (59)认为[nihyêtî]本是翻译亚兰文['twht],应解为"惊奇"。

小结

本段描写但以理见异象之后的反应，他好像被异象"打倒了"，筋疲力竭，卧病在床，几日后才有力量从床榻起来，回到工作的岗位替王办事。

总结

（一）本章记录了安提阿哥四世的兴起，以及他残酷迫害选民。他不但折磨选民，更自高自大攻击上帝（侵犯他的子民和污秽他的圣殿）。但是，上帝仍然坐着为王，掌管一切，安提阿哥四世终必灭亡（非人手所毁灭）。

本章继续发挥前七章的主题，狂妄的君王（就如尼布甲尼撒、伯沙撒、安提阿哥四世）终必遭受刑罚，因为整个世界都在上帝控制下，任何人（包括最有权力的君王）如果骄傲自恃与上帝作对，都不能逃出他的手，必受惩罚。

既然万物都在他掌管之下，选民受迫害自然也得他准许（因为他们背弃圣约），而这迫害也会在他指定的时间内完结（"到二千三百日，圣所就必洁净"）。"圣所"可指"圣民"，"洁净"基本意思是"称为义"，(85)故时候将到，圣民会经历上帝的救恩，也会被称为义。

这些"圣民"乃指在逼迫中仍然忠心于上帝的选民，他们不像那些"犯法的人"（23 节）接受希腊的文化，且放弃自己的信仰。"圣民"就像但以理和三个朋友，不肯让外邦的事物（第一章是"王的食物"）玷污他们对上帝的信心和忠心。

故此，本章再次提醒被掳到巴比伦的犹太人：不要忘记一切都在上帝掌管之中，他们要洁身自爱，不让任何事物侵蚀他们的信仰。在任何环境下仍要忠心于上帝，就算为此遭受逼迫，上帝也会按他的时候插手

(85) Ford，162－163；他认为本节不但是但以理书的中心经文，更是全本圣经的中心思想，是"救赎信息"的撮要。

干预。

（二）本章与第二章和第七章有密切的关系，因为本章也是讨论四大帝国的事情，只是本章没有提及巴比伦，只论及玛代-波斯和希腊，且把焦点放在希腊之后的安提阿哥四世。本章用两种家畜，就是公绵羊和公山羊象征玛代-波斯和希腊，与第七章的凶狠残暴的巨兽截然不同。作者在本章采用家畜可能有两个原因：第一，用公绵羊与公山羊表示两个国家最适切（参诠释）；第二，本章比较偏重于外国与犹太人的关系，而波斯第一个君王居鲁士和希腊第一个君王亚历山大都曾善待犹太人。居鲁士王曾批准被掳的犹太人回国，亚历山大也十分优待犹太人。相传亚历山大带兵抵达耶路撒冷时，大祭司率领人民出来迎接他；他发现大祭司的服装与在梦中向他预言他必征服世界的老人完全一样，他于是向大祭司下跪。他后来善待以色列人，且鼓励他们移民往亚历山大城。[86] 故此，用驯良的公绵羊和公山羊象征波斯和希腊，比较把他们形容为凶暴的巨兽适切得多。

当我们讨论本章和第七章的关系时，必定面对一个问题：本章的小角是否同等于第七章的小角呢？

（1）第一种说法认为这两小角是截然不同的；理由如下：（a）第七章的小角拔出三角（8节），而第八章的小角并没有这样做。（b）第七章的小角像人"有眼、有口"（8节），第八章并无此描述。（c）第七章的小角不像第八章的小角"渐渐成为强大"（八9）。（d）第七章的小角和第四兽经过审判后被"扔在火中焚烧"（11节），但第八章却没有提到天上审判那一幕，也没有指出公山羊的灭亡。（e）在第七章被小角折磨的圣民得国（22、27节），但第八章却没有这样的描述。[87]

（2）第二种说法却认为第七章和第八章的小角相同，理由如下：（a）两个小角都在帝国第二阶段生长出来（第一阶段帝国强盛，第二阶段衰弱、分裂）。（b）第七章的小角"向至高者说夸大的话"（25节），第八章的小角亦"自高自大，以为高及天象之君"（11、25节）。（c）第七章

---

[86] 谢友王，110；伯来基，342。
[87] Young, 276–279；他列出八处两个小角相异的地方，但正如Baldwin（162）承认，最有力的一点乃是这里的"第五"点。

的小角"折磨至高者的圣民"（25 节），第八章的小角亦"毁灭有能力的和圣民"（24 节）。（d）第七章的小角"想改变节期和律法"（25 节），即改变圣民的宗教节日和礼仪，第八章的小角亦"除掉常献给君的燔祭"（11 节）。（e）有关第七章的小角，"圣民必交付他手一载、二载、半载"（25 节），第八章的小角亦迫害圣民和毁坏圣殿二千三百个晚上和早晨（14 节）。（f）第七章的小角被上帝"毁坏、灭绝"（26 节），第八章的小角亦"非因人手而灭亡"（24 节）。[88]

第二种的说法比较合理，因它提出积极方面的证据，指出第七章和第八章的小角共有的特质和行动，第一种说法却偏重于第七章或第八章所没有提及的（就如第七章提及十角，第八章却没有提到）。[89] 第一种说法忘记了第八章和第七章是互相补充的，描述并不完全，何况二者的重点又有所不同。其实，第十一章也补充第七章和第八章，更详细地描写这"小角"。再者，从文学角度来看，第七章和第八章的"小角"均指同一个人，叫读者更易明白，不至产生混淆，这可能是作者的原意。

（三）福音派的学者大多数认为，第八章的小角预言安提阿哥四世，但也有以下三种不同的看法：

（1）小角应该是敌基督（正如翟辅民所说："第八章九至廿七节的小角代表主耶稣再来时所要出现的敌基督"）。[90]

（2）第一至廿二节的小角是安提阿哥四世，而第廿三至廿五节的却指敌基督。[91]

（3）本章有两次的应验，第一次应验在安提阿哥四世身上，第二次应验在敌基督身上。[92]

赞成第三种说法的学者提出两大理由：（a）某些经文的描述不太适用于安提阿哥四世，故会将来应验在敌基督身上；例如"站起来攻击万

---

[88] Ford, 168; Gurney, 79-80; 思高, 128-129。
[89] 这是 argument from silence, 不是最好的证据。
[90] 翟辅民, 72; 何慕义, 106。
[91] J. D. Pentecost, *Things to Come* (Dunham, 1958), 332-334, 他列出多种理由，证明第廿三至廿五节是描写敌基督。
[92] Walvoord, 196; 他认为本章应验在安提阿哥四世身上，也同时预表和应验在敌基督身上。

君之君"(25节)只适用于敌基督;㉝又如"权柄必大,却不是因自己的能力"(24节)指敌基督从撒但那里获得能力(启十三2),故不是描写安提阿哥四世。㉞ 这样的说法显然忽略了启示文学那夸张描写的特色;何况,安提阿哥四世曾经迫害上帝的选民和污秽上帝的圣殿;他所做的是明目张胆地攻击上帝,根本不把上帝放在眼内。(b)第十七节和第十九节的"末后"乃是指末世(提前四1;提后三1),㉟这说法并不吻合上下文,因加百列清楚说明"末后"乃是"恼怒临完"的期间,就是安提阿哥四世迫害("恼怒")的后期,并不是指末世。第十九节"关乎末后的定期"与"恼怒临完"相等。㊱

综上所述,本章所记录的"小角"应该是指安提阿哥四世。

㉝ Stevens, 125; Ironside, 150.
㉞ 胡里昂,103。
㉟ Walvoord (193)认为这是支持"小角"是敌基督的有力证据。
㊱ Young, 177.

玖　但以理的祈祷与七十个七的异象（九1～27）

(I) 但以理祈祷的背景（九1～2）

1 玛代族亚哈随鲁的儿子大流士立为迦勒底国的王元年，
2 就是他在位第一年，我但以理从书上得知耶和华的话临到先知耶利米，论耶路撒冷荒凉的年数，七十年为满。

　　九1　"玛代族亚哈随鲁的儿子大流士立为迦勒底国的王元年，"

　　"亚哈随鲁"　可作波斯皇帝的称号，有如罗马的"凯撒"或埃及的"法老"，不一定是人名。[1] 这里指出大流士是亚哈随鲁的儿子，以免读者把他与后来在公元前 522 年作王的大流士（拉四 24）混淆。此处的大流士与第五章卅一节和第六章一节的是同一个人；"大流士"也可以是一个衔头，而不是人名。[2]

　　"立为迦勒底国的王元年"　公元前 539/538 年；本章所记载的比第六章的叙述更早发生。"迦勒底"是追述的称号，巴比伦已亡，被玛代－波斯代之兴起。

　　九2　"就是他在位第一年，我但以理从书上得知耶和华的话临到先知耶利米，论耶路撒冷荒凉的年数，七十年为满。"

　　"就是他在位第一年"　可能强调他只是第一年登基时采用"大流士"的头衔，以后就不再用了。[3]

---

[1] Wiseman，15.
[2] W. F. Albright，"The Date and Personality of the Chronicler," *JBL*，40：112；Baldwin，163.
[3] Baldwin，164.

"书上" 原是复数,指在但以理时,已被视为是上帝启示的书卷。④

"得知" 指但以理留心观察有所发现,"得知"也可译作"思索"。⑤

"耶和华的话临到先知耶利米,论耶路撒冷荒凉的年数" 指耶利米书第廿五章十一节和第廿九章十节预言犹大地要荒凉,犹太人要服事巴比伦王七十年的事。⑥ "七十年"有两种计算法:第一,从尼布甲尼撒于公元前605年进攻耶路撒冷开始计算(一1),而但以理读到耶利米的预言时是公元前539/538年,则"七十年"尚剩下三至四年。⑦ 第二,把公元前586年耶路撒冷被毁视作"七十年"的开始,那么,公元前516年圣殿重建完毕就是七十年的结束。⑧ 从但以理祷告时焦虑迫切的态度来看,第一种说法比较合理。其实,"七十年"是一个象征数字(可比喻十个安息年、也是十倍的"完全",因"七"象征"完全");所以,七十年只是个"约数",不需按字面的意思解释。⑨

"耶和华" 本书第一次提到此名称,这和下文祷告的内容有关;"耶和华"强调他和选民的关系。

小结

公元前539年,在波斯王朝任高官的但以理,感到十分困惑。他从耶利米书知道犹太人服事巴比伦王的期限只是七十年,现在七十年届满,为什么同胞仍然没有复国或回归故土重建家园的迹象?所以,他感

---

④ Montgomery (360)认为这些书卷乃是先知书;NIV 把此字翻作"圣经"(Scripture);Hartman,241.
⑤ Hartman(241)相信此处的[bînotî]是翻译亚兰文的['eśtakkal],意为"思考"(considered)。
⑥ 上古民族也有提及受他们神明刑罚,以致国土荒凉七十年;亚述王以撒哈顿的碑文记载了巴比伦的神明马杜克惩罚巴比伦人,叫巴比伦城荒凉七十年;E. Lipinski, "Recherches sur leLivre de Zecharie," VT 20:38f.
⑦ Young, 184; Walvoord, 204.
⑧ Hammer, 96; R. Anderson, The Coming Prince (Kregel, 1953),3.
⑨ Lacocque, 178;故此,"七十年"可指公元前587至前520年(亚一12),或公元前587年至前538年(大流士下令准许犹太人归国,代下卅六20~23);C. L. Feinberg, Jeremiah (Zondervan, 1982),176.

到迷惑、焦急，他向上帝献上从心底发生的真诚祷告，求上帝应验他仆人耶利米的预言。

这两节经文说明一个重要的真理，就是读经和祈祷好像连体婴儿，不可分割。读经可以帮助我们祷告（祈祷可以是读经后的一个回应）；另一方面，我们祈祷时要抓住上帝在圣经所承诺的应许，求上帝履行他的诺言。

(II) 但以理祈祷的内容（九3～19）

3 我便禁食，披麻蒙灰，定意向主上帝祈祷恳求。
4 我向耶和华我的上帝祈祷、认罪说："主啊，大而可畏的上帝，向爱主、守主诫命的人守约施慈爱。
5 我们犯罪作孽，行恶叛逆，偏离你的诫命典章。
6 没有听从你仆人众先知奉你名向我们君王、首领、列祖和国中一切百姓所说的话。
7 主啊，你是公义的，我们是脸上蒙羞的；因我们犹大人和耶路撒冷的居民，并以色列众人，或在近处，或在远处，被你赶到各国的人，都得罪了你，正如今日一样。
8 主啊，我们和我们的君王、首领、列祖因得罪了你，就都脸上蒙羞。
9 主，我们的上帝，是怜悯饶恕人的，我们却违背了他，
10 也没有听从耶和华我们上帝的话，没有遵行他藉仆人众先知向我们所陈明的律法。
11 以色列众人都犯了你的律法，偏行，不听从你的话。因此，在你仆人摩西律法上所写的咒诅和誓言，都倾在我们身上，因我们得罪了上帝。
12 他使大灾祸临到我们，成就了警戒我们和审判我们官长的话；原来在普天之下未曾行过像在耶路撒冷所行的。
13 这一切灾祸临到我们身上，是照摩西律法上所写的，我们却没有求耶和华我们上帝的恩典，使我们回头离开罪孽，明白你的真理。
14 所以耶和华留意使这灾祸临到我们身上，因为耶和华我们的上帝在

他所行的事上都是公义,我们并没有听从他的话。

15 主,我们的上帝啊,你曾用大能的手领你的子民出埃及地,使自己得了名,正如今日一样。我们犯了罪,作了恶。

16 主啊,求你按你的大仁大义,使你的怒气和忿怒转离你的城耶路撒冷,就是你的圣山。耶路撒冷和你的子民,因我们的罪恶和我们列祖的罪孽,被四围的人羞辱。

17 我们的上帝啊,现在求你垂听仆人的祈祷恳求,为自己使脸光照你荒凉的圣所。

18 我的上帝啊,求你侧耳而听,睁眼而看,眷顾我们荒凉之地和称为你名下的城。我们在你面前恳求,原不是因自己的义,乃因你的大怜悯。

19 求主垂听,求主赦免,求主应允而行,为你自己不要迟延。我的上帝啊,因这城和这民,都是称为你名下的。"

九3 "我便禁食,披麻蒙灰,定意向主上帝祈祷恳求。"

"禁食,披麻蒙灰" 描写但以理祈祷时那专心和谦卑的态度;"禁食""披麻""蒙灰"表明一个人在上帝面前真心悔改,求他施怜悯(尼九1;斯四1;拿三5~6)。以色列人痛苦难过时会"披麻蒙灰"(伯二12;珥一8),而"禁食"暗示"付代价全心全意地祈祷"。

"定意" 原作"找寻""寻求",指求问上帝的谕言,以致能了解他的心意,可以照着去行(撒下廿一1;何五15)。

"祈祷恳求" "恳求"可形容"祈祷",即恳切的祈祷。⑩ 另一方面,"恳求"可指祈祷诗的"祈求的内容"(本章15~19节),就是诗人求上帝所采取的行动。⑪

九4 "我向耶和华我的上帝祈祷、认罪说:'主啊,大而可畏的上帝,向爱主、守主诫命的人,守约施慈爱。'"

"认罪" 所以但以理要"披麻蒙灰"。

"大而可畏的上帝" 论述上帝显大能刑罚敌人(申七19、21)。但

---

⑩ Hartman, 241.
⑪ Montgomery, 361;有关祈祷诗的结构,参串释,1054。

以理知道自己的同胞犯大罪,被上帝刑罚,遭受国破家亡的痛苦,故认罪时用此句话称呼上帝。

"守约施慈爱" 这是但以理向上帝祈求的基础,因为上帝的属性既然是"守约施慈爱",故他可以求上帝按他与选民所订立的盟约,以慈爱待那些受了刑罚的同胞,带领他们归国重建家园。

九 5 "我们犯罪作孽,行恶叛逆,偏离你的诫命典章。"

"犯罪作孽,行恶叛逆,偏离你的典章" 但以理用五个动词描述他们的罪恶:"犯罪"指射不中靶(士二十 16)、行差踏错(箴十九 2,新译作"失足")、达不到目标(箴八 36)。⑫ "作孽"原作"扭曲"(诗三八 6"拳曲"),形容"颠倒是非"(伯卅三 27)、"心中乖谬"(箴十二 8)。"行恶"是做事不公义,为人行事都背逆上帝的训令。⑬ "叛逆"指故意与上帝作对,多描述以色列全国背逆上帝(尤其是在旷野漂流的那段日子)。⑭ "偏离"在旧约出现过一百九十一次,论述选民离开上帝的行动。⑮ 但以理承认选民不但心中充满邪恶背逆,且付诸行动背弃上帝。

但以理向上帝认罪时提到这五种罪行,其实,是以一概全的作法;他是向上帝承认选民所犯的各种罪恶。⑯

九 6 "没有听从你仆人众先知奉你名向我们君王、首领、列祖和国中一切百姓所说的话。"

"没有听从" 耶利米书也多次指出,选民没有听从上帝打发来的仆人的劝勉和警告(耶七 26,廿五 4,廿六 5,廿九 19,卅五 15,四十四 3)。⑰

---

⑫ W. E. Staples, "Some Aspects of Sin in the Old Testament," *JNES* 6:65–79.
⑬ "行恶"的字根[rāšaʻ]常是"公义"[ṣedeq]的相反词,参 K. Richards, *A Form and Traditio-historical Study of rshʻ* (Ph. D. Dissertation, Claremont, 1970).
⑭ 这字在旧约出现了四十五次,其中四十次都是描写上帝被人叛逆,而叛逆者大多数是以色列全国;*TWOT*,1246.
⑮ Young,185;"偏离"把前面四个动词带至高峰,选民把邪恶的思想付诸行动。
⑯ Stuart,258;"The variety verbs employed here indicates the design of the speaker to confess all sin of every kind in its full extent."
⑰ Lacocque (182)指出马加比时代的作品常常引用耶利米的说话;虽然如此,引用耶利米说话的书卷却不一定源于马加比时代。

"列祖" 直译是"我们的父亲",不是指列祖时代的亚伯拉罕、以撒、雅各(现中此处作"祖先"),乃指被掳子民的先人。另一种解法是把"父亲"视为国中父老,他们与君王和首领一同站在领导的地位。[18]

九 7 "主啊,你是公义的,我们是脸上蒙羞的;因我们犹大人和耶路撒冷的居民,并以色列众人,或在近处,或在远处,被你赶到各国的人,都得罪了你,正如今日一样。"

"你是公义的" 描述上帝是一位公平的法官,大公无私(参代下十二 6;诗十一 7;耶十二 1;哀一 18);[19]故此,选民被掳乃是罪有应得。

笔者在法律界工作时最强烈的感受,就是人有多方面的限制,没有一个法官是百分之百地公正。惟有当我们站在公义的上帝面前,才会得到完全公平的判决。

"脸上蒙羞" 形容做错事被人蔑视和责骂的神情。

"以色列众人" 被亚述灭亡的北国以色列。[20]

"得罪了你" 强调对上帝不忠心,不遵守上帝为他们所订下的律例,不履行上帝与他们所立的盟约。[21]

九 8 "主啊,我们和我们的君王、首领、列祖因得罪了你,就都脸上蒙羞。"

"得罪" 原文与第四节的"犯罪"相同。

九 9 "主,我们的上帝,是怜悯饶恕人的,我们却违背了他,"

"怜悯" 指母亲的肚腹,描写母亲对初生婴儿那种温柔的爱怜(赛十三 18;耶六 23)。[22]圣经作者喜以此词论述上帝对以色列人的拣选(出卅三 19)、饶恕(申十三 17)的大爱。

九 11 "以色列众人都犯了你的律法,偏行,不听从你的话,因此,在你仆人摩西律法上所写的咒诅和誓言,都倾在我们身上,因我们得罪

---

[18] 值得注意的是,这里没有提及"祭司";但在以斯拉记第九章七节和尼希米记第九章卅二节却加上了"祭司";Young(186)认为这可证明但以理书比以斯拉记和尼希米记早完成。
[19] J. A. Bollier, "The Righteousness of God," *Interpretation*, 8:404-413.
[20] Baldwin, 166.
[21] J. L. Palache, *Semitic Notes on the Hebrew Lexicon* (Brill, 1959), 10.
[22] M. Dahood, "Denominative riḥḥam, 'to Conceive, in womb'," *Biblica* 44:204-205. 这里的"怜悯"原是复数,强调其深度(intensity)。

了上帝。"

"偏行" 与第五节的"偏离"同一个希伯来字。

"摩西律法上所写的咒诅和誓言" 指申命记第廿九章二十节"这书上所写的一切咒诅",即申命记第廿八章十五至六十八节(参利廿六14～39)所列明的咒诅。作者用"誓言"描写"咒诅",因申命记原是仿照赫人条约的格式写成,故立约的两方都起誓遵守条约的内容,若背誓,条约里的咒诅就必临到。㉓

"倾在我们身上" 本描绘把金属的溶液倒在地上的图景,这叫人联想到选民受刑罚有如被炽热的溶液倒在身上。

九13 "这一切灾祸临到我们身上,是照摩西律法上所写的,我们却没有求耶和华我们上帝的恩典,使我们回头离开罪孽,明白你的真理。"

"求耶和华我们上帝的恩典" 直译是"使耶和华我们上帝的脸变得温柔"(不再因生气而皱眉绷紧)。㉔ 怎样可以叫耶和华息怒、展欢颜呢? 就是"回头离开罪孽,明白上帝的真理"。"明白"(九25,十一33、35,十二3、10都翻作"智慧")描述真正了解上帝真理的智慧人,必会把真理行出来,对上帝忠贞。

九14 "所以耶和华留意使这灾祸临到我们身上,因为耶和华我们的上帝在他所行的事上都是公义,我们并没有听从他的话。"

"留意" 警惕、时刻作好准备。㉕ 公义的耶和华密切地注意着选民的动态,若他们仍不悔改,便按他仆人的预言降下灾祸。

九15 "主,我们的上帝啊,你曾用大能的手领你的子民出埃及地,使自己得了名,正如今日一样。我们犯了罪,作了恶。"

㉓ 有关申命记与赫人条约(Hittite Treaty)格式相仿,参 M. Kline, *Treaty of the Great King* (Eerdmans, 1963);有关赫人条约和申命记的咒诅,参 K. Kitchen, *The Bible in Its World* (Paternoster, 1977),79-85;P. C. Craigie 曾指出申命记与埃及的条约(比较赫人条约)有更密切的关系;P. C. Craigie, *The Book of Deuteronomy* (Eerdmans,1976),79-83.

㉔ "to soften the face," "to make the face sweet," Young, 197.

㉕ "留意"反映出本段有赫人条约的色彩,这些条约必会列出一批见证人,他们是立约者所敬拜的神明;他们监视着立约者,看立约者有否遵守条约的内容,若没有,则把条约中的咒诅加于背约者身上;参 K. Baltzer, *The Covenant Formulary in Old Testament, Jewish, and Early Christian Writings* (Westminster, 1971),49, n. 55.

"大能的手" 指上帝带领选民出埃及时所行的神迹奇事。

"使自己得了名" "得了名"指显赫的名声。上帝曾应许使亚伯拉罕得大名（创十二2），也曾藉着使红海分开为他自己建立名声（赛六十三12）。由第十五至二十节，但以理不称上帝为耶和华，而只称他为"主"和"上帝"，因为他在此处强调上帝绝对的权能，他是主。

"犯了罪，作了恶" "犯罪"与第五节的"犯罪"同，"作恶"即第五节的"行恶"。

九16 "主啊，求你按你的大仁大义，使你的怒气和忿怒转离你的城耶路撒冷，就是你的圣山。耶路撒冷和你的子民，因我们的罪恶和我们列祖的罪孽，被四围的人羞辱。"

"大仁大义" 原文只有一个字，就是"公义"（复数）。上帝已证实他自己是公义的，但以理求上帝按着他这种公义的属性，怜悯已经受了刑罚的选民。

"圣山" 锡安山，就是圣殿的所在地，耶路撒冷也因此称为"圣城"（24节）。㉖ 当但以理向上帝祈祷的时候，耶路撒冷一片荒凉，剩下的只是光秃的山岭和废墟，到处都是颓垣败瓦。

"被四围的人羞辱" 因为犹太人亡国，耶路撒冷又被巴比伦攻毁；所以，邻国都讥笑犹太人，说他们所侍奉的上帝不能与巴比伦的神相比（赛卅六18～21）。另一方面，犹太人本应是照亮外邦人的光，耶路撒冷应是各国蜂拥前来敬拜上帝的地方；现在却因他们犯罪，他们与耶路撒冷都变成别人轻视的对象。㉗

九17 "我们的上帝啊，现在求你垂听仆人的祈祷恳求，为自己使脸光照你荒凉的圣所。"

"使脸光照" 指"恩待"（民六25；诗四6）。

九18 "我的上帝啊，求你侧耳而听，睁眼而看，眷顾我们荒凉之地和称为你名下的城。我们在你面前恳求，原不是因自己的义，乃因你的大怜悯。"

"称为你名下的城" 即是"属于你的城""你是这城的业主"，上帝

㉖ P. D. Miller, Jr., *Interpreting the Psalms* (Fortress, 1986), 90-91.
㉗ Young, 188.

拥有这城的业权(撒下十二 28)。㉘

小结

本段是一篇感人的祈祷文,可作我们祈祷的楷模。㉙ 但以理的祈祷有下列的特点:

第一,祈祷的态度(3～4 上半节):他是经过准备,专心一致("禁食")地祈祷;而且,他在上帝面前谦卑痛心("披麻蒙灰")、全人投入。㉚ 对他来说,祈祷不是一种无关重要的琐事,乃是十分严肃和重要。

第二,祈祷与敬拜(4 下半节):他首先向上帝表达他心中的敬仰,指出上帝是"大而可畏",并且是"守约施慈爱"的。

第三,祈祷的基础(5～14 节):但以理相信上帝必会垂听他的祷告,因为:(a)他认罪;他承认自己的同胞,无论是"君王、首领、列祖、一切百姓"(没有阶级的限制),或是"耶路撒冷的居民,并以色列的众人,或在近处,或在远处,被赶到各国的人"(没有地域的限制),都犯了罪,得罪了上帝。在第五节但以理开宗明义说"我们犯罪",把他这个八十多岁的老人,㉛都包括在内(20 节),他并没有站在一个旁观者的地位,乃是和同胞认同,一起祈求上帝的饶恕。他历数他们所犯的各种罪行(5、6、8、9、10、11、13～16 节),包括背逆、偏离等罪。值得注意的是,他们明知故犯,因为他们拥有上帝的诫命典章(5 节),和他仆人多次的劝戒,但仍"不听从"(6、10、11、14 节)。(b)他熟悉上帝的属性;他指出上帝是"公义的"(7、14 节)、"怜悯饶恕人的"(9 节)、"有恩典"(13 节)、"大仁大义"(16 节);故此,他恳求上帝按他的属性应允祈祷。(c)他不是只为同胞的好处祈祷,他也为上帝的荣耀祈祷:譬如,他指出他们是上帝的"子民"(15 节)、耶路撒冷是"上帝的城、上帝的圣山"(16 节),即

㉘ Delcor (103)指出在阿玛纳(Amarna)时代(1400 B.C.),当时的人已经用"你名下的房子"表示"你是这房子的拥有者"。

㉙ F. A. Tatford, *The Climax of the Ages* (Marshall, Morgan & Scott, 1953),155。

㉚ 这种"投入"的精神(Pathos),乃是希伯来先知的特点;参 A. J. Heschel, *The Prophets* (Harper & Row, 1962),221 - 231。

㉛ 胡里昂(109)认为但以理是八十二岁。

称为"上帝名下的城"(18节)、圣殿是"上帝的圣所"(17节);而且,"因这城和这民是称为上帝名下的"(19节),上帝会为他自己名的缘故应允但以理的祈祷。

第四,祈祷的内容(15～19节):但以理求上帝垂听他的祈祷(17、18、19节),赦免他自己的子民(19节),不再向他们发怒(10节),施恩和复兴他的圣城和圣殿(17、18节)。但以理提到上帝曾用大能的手领选民出埃及地(15节),他求上帝同样地带领选民出巴比伦重归故土,这是新的出埃及(以赛亚先知也曾经预言选民会像出埃及一样逃离巴比伦)。[32]

(III) 但以理祈祷后所得的启示(九20～27)

20 我说话、祷告,承认我的罪和本国之民以色列的罪,为我上帝的圣山,在耶和华我上帝面前恳求。
21 我正祷告的时候,先前在异象中所见的那位加百列,奉命迅速飞来,约在献晚祭的时候,按手在我身上。
22 他指教我说:"但以理啊,现在我出来要使你有智慧、有聪明。
23 你初恳求的时候,就发出命令,我来告诉你,因你大蒙眷爱,所以你要思想明白这以下的事和异象。
24 为你本国之民和你圣城,已经定了七十个七,要止住罪过,除净罪恶,赎尽罪孽,引进(或译:彰显)永义,封住异象和预言,并膏至圣者(或译:圣所)。
25 你当知道、当明白,从出令重新建造耶路撒冷,直到有受膏君的时候,必有七个七和六十二个七。正在艰难的时候,耶路撒冷城连街带濠都必重新建造。
26 过了六十二个七,那(或译:有)受膏者必被剪除,一无所有,必有一王的民来毁灭这城和圣所,至终必如洪水冲没。必有争战,一直到

---

[32] 参以赛亚书第四十三章十四至廿一节,第五十二章十一至十二节;R. N. Whybray, *The Second Isaiah* (JSOT Press, 1983), 49–50; J. Scullion, *Isaiah 40–66* (Michael Glazier, 1982), 55; J. F. A. Sawyer, *Isaiah II* (St. Andrew, 1986), 135–141.

底，荒凉的事已经定了。

27 一七之内，他必与许多人坚定盟约；一七之半，他必使祭祀与供献止息。那行毁坏可憎的（或译：使地荒凉的）如飞而来，并且有忿怒倾在那行毁坏的身上（或译：倾在那荒凉之地），直到所定的结局。

九21　"我正祷告的时候，先前在异象中所见的那位加百列，奉命迅速飞来，约在献晚祭的时候，按手在我身上。"

"献晚祭的时候"　约在下午三至四点（犹太人的一日是从黄昏开始计算）。

"按手在我身上"　应作"来到我面前"。㉝

九22　"他指教我说：'但以理啊，现在我出来要使你有智慧、有聪明。'"

"他指教我说"　或作"他来对我说"。㉞

九23　"你初恳求的时候，就发出命令，我来告诉你，因你大蒙眷爱，所以你要思想明白这以下的事和异象。"

"就发出命令"　"命令"原作"说话"，指上帝因回应但以理的祷告和读经（耶利米书）所颁布的启示。但以理祈祷，上帝就赐下新的启示。

"大蒙眷爱"　强调但以理在上帝眼中看为宝贵（代下二十25）和可爱，雅歌用同样的字根的名词，描写男女的相爱（歌五16"我的爱人"）。

"思想明白这以下的事和异象"　原作"思想这说话"（本节第二句的"命令"）、"留心这异象"。㉟"异象"可指听见的说话，就是上帝藉着加百列向但以理传递的启示。㊱当加百列吩咐但以理思想上帝的说话，他把智慧和信心放在一起，二者原来是互为关连的。㊲但以理得到上帝的启示，仍要用上帝赐给他的智慧，去思想和探研启示的意思。

九24　"为你本国之民和你圣城，已经定了七十个七，要止住罪

㉝ Lacocque, 187；Hartman, 239；Young, 190.
㉞ 根据七十士译本和叙利亚文译本，把［wayyāben］视作［wayyābō'］。
㉟ "思想"［bîn］和"明白"［hābēn］都源于同一个字根［bîn］。
㊱ "异象"不一定是看见的，也可指听见的信息（俄1和鸿一1都作"默示"）；Baldwin, 168.
㊲ Lacocque（191）认为这是但以理书对旧约神学思想所作的一个重大贡献。

过,除净罪恶,赎尽罪孽,引进(或译:彰显)永义,封住异象和预言,并膏至圣者(或译:圣所)。"

"七十个七" 可指七十个七星期(十2～3的"三个七日")或"七十个七年"(根据上文耶利米所预言的七十年)。㊳ 但是,如果是前者,为什么作者不像第十章二至三节清楚地加上"日"这一词呢? 照样,若是指七十个七年,为何作者不清楚说明呢? 其实,"七十个七"是象征的数字,就如基督对彼得说,要饶恕人"七十个七次"(太十八22),表征无限量的饶恕,不是只饶恕四百九十次之多。㊴ "七十个七"乃是一段不指明期限的时间。以诺壹书(九十三3～10)把人类历史分为十个"七",每个七的年数都不相同。

"止住罪过" "罪过"指选民叛逆上帝与背道(赛五十三5),"止住"是"约束""限制""阻挡",不让一件事或一个行动继续发展下去。㊵ 创世记第八章二节的"闭塞",就是挡住天上的窗户,不让它继续倾倒雨水。"止住"的名词可指"监狱"(王上廿二27),犯人的行动受到限制。

"除净罪恶" 原作"封住罪恶",把罪恶放入箱内盖印封住,不让它猖獗。㊶ 许多学者赞同修改"封住"原文一个字母,把它变成"除净"或了结罪恶。㊷ "罪恶"与第五节的"犯罪"属同一字根。

"赎尽罪孽" "赎尽"本指祭司为选民献上赎罪祭,或上帝赦免罪恶。㊸ 此处没有主词,故可把本句解作"罪孽得解决"。"罪孽"多指暴行如"谋杀"(撒下三34)、"欺压"(参见撒下七10;代上十七9)。

"引进永义" "义"在第七、十四、十六节指上帝那种大公无私的公平,㊹有学者却认为"义"指人与上帝和好的关系。㊺

㊳ 没有一位学者相信这里是七十个七日(即四百九十天);Young, 196.
㊴ D. Hill, *The Gospel of Matthew* (Eerdmans, 1981), 277;他指出此处的希腊原文可作"seventy-seven times"或"seventy times seven"。
㊵ 米勒德,783;[lᵉkallē']源自[kālā'],基本意思是控制和阻挡,不让一件事或动作继续发生下去。
㊶ *TWOT*, 334.
㊷ Baldwin, 168 - 169,把[laḥtom] "to seal up"改成[lᵉḥtom] "to put an end"。
㊸ Young, 199.
㊹ Hartman (244)把[ṣedeq]翻作"justice"。
㊺ Young, 200; Leupold, 414.

“封住异象和预言” “异象”“预言”同义。此句有两种解法:第一,把异象和预言封住,因已不再需要。㊻ 第二,在异象和预言上盖印,证明它们有权柄,必会完全应验。㊼ 两种说法可以并合:异象和预言已经应验,可放在瓶里封住,不再使用。

“并膏至圣者” 可作“并膏至圣所”(参和合本小字),即使圣殿再次成为圣洁。㊽ “至圣者”一词曾被圣经作者用来描述“祭坛”(出廿九37,三十29,四十10),祭坛曾被膏抹(利八11)。

九25 “你当知道、当明白,从出令重新建造耶路撒冷,直到有受膏君的时候,必有七个七和六十二个七。正在艰难的时候,耶路撒冷城连街带濠都必重新建造。”

“从出令重新建造耶路撒冷” 这个“出令”有两种可能性:

第一,它是居鲁士王于公元前538年所颁布的命令:“波斯王居鲁士元年,耶和华为要应验藉耶利米口所说的话,就激动波斯王居鲁士的心,使他下诏通告全国。”(拉一1)㊾居鲁士下令被掳的犹太人可以归国,在耶路撒冷重建圣殿(拉一3)。以下的理由可证明居鲁士王的谕令就是此处所说的“出令”:(a)这谕令在但以理说预言后很快便实现。㊿ (b)以斯拉记第一章一节和但以理的祈祷都与耶利米的预言相关,而这谕令就在耶利米所预言的七十年结束时颁布。(c)本节“重新建造耶路撒冷”正是先知以赛亚预言居鲁士要做的工作(赛四十四28,四十五13)。(51)

第二,它是亚达薛西王于公元前444年颁布的诏书,准许尼希米重

㊻ 从上文“除净罪恶”来看,这种说法比较合理,因同一个动词在一节里多数有相同的意思。

㊼ Baldwin, 169.“异象和预言”可作“先知的异象”(Prophetic vision), Hartman, 244; Leupold (414)也赞同这译法。

㊽ 米勒德,783;“并膏至圣者”原文直译是“膏那最圣洁的”(to anoint the most holy),这句话在旧约都是描述“物”,从未用来形容“人”;Hartman, 244.

㊾ Keil, 351-352; Young, 202-203; Leupold, 418-420; M. Kline, “The Covenant of the Seventieth Week,” in *The Law and the Prophets* (Presbyterian and Reformed, 1974), 462; Baldwin, 169.

㊿ V.S. Poythress, “Hermeneutical Factors in Determining the Beginnings of The Seventy Weeks,” *Trinity Journal* 6:133;他列出多种原因解释但以理的预言为何要很快实现。

(51) “重新建造”原是两个动词(“to restore” and “to rebuild”)。

建耶路撒冷（尼二8〜9）。㊷ 支持这诏书就是但以理所指的"出令"最有力证据，乃是这诏书是唯一明显地论述重建耶路撒冷城的命令，亚达薛西王甚至写信给管理王园林的亚萨，叫他供应建城的材料给尼希米（尼二8）。何况，尼希米重建圣城遇到莫大的阻力和困难，符合"正在艰难的时候"，耶路撒冷城得以重建（25节）。

乍眼看来，第二个可能性比较可取，因为居鲁士的谕令强调重建圣殿，而亚达薛西的诏书却关乎重建耶路撒冷城。但是，有几件事不能忽略：(a)犹太人把圣殿与圣城二合为一，不可分割；例如耶利米预言被掳的犹太人七十年后会回归"此地"（耶廿九10），而但以理以"此地"包括"耶路撒冷"（2、16、18节）和"圣殿"（17节）。对于犹太人来说，重建圣殿与重建耶路撒冷指同一件事。(b)以斯拉记第一章一至四节，只记下居鲁士谕令的一部分，并不是全部；㊳ 故此，以斯拉记第六章三至五节（该谕令另一版本），记载了一些是第二章一至四节所没有的资料。根据约瑟夫的记录，居鲁士王谕令包括了重建耶路撒冷城和圣殿。㊴ 因为以斯拉记第一至第八章偏重于圣殿的重建，故省略了谕令中有关重建耶路撒冷城的那部分。(c)以赛亚预言居鲁士王必"下令建造耶路撒冷，发命立稳圣殿的根基"（赛四十四28），表明居鲁士的谕令不会只是关于圣殿的重建。(d)我们有证据显示，耶路撒冷在居鲁士下谕令后被重建，且有人居住。在尼希米重建城墙之前，耶路撒冷已有不少重建了的房屋（尼三20、21、23、24、25、28、29，七3）。㊵ 远在公元前520年（先知哈该的时代），耶路撒冷已有人居住，故哈该和撒迦利亚"奉以色列上帝的名，向犹大和耶路撒冷的犹太人说劝勉的话"（拉五1）；如果当时的耶路撒冷只不过是没有人居住的废墟，那些参与重建圣殿的人

㊷ A. J. McClain, *Daniel's Prophecy of the Seventy Weeks* (Zondervan, 1940), 17; Walvoord, 225; R. E. Showers, "New Testament Chronology and the Decree of Dan. 9," *Grace Journal* 11：30；Culver, 151; H. W. Hoehner, *Chronological Aspects of the Life of Christ* (Zondervan, 1977),126.

㊳ Poythress, op. cit., 135.

㊴ Josephus, *Antiquities* X, 11；12.

㊵ Walvoord (226)承认居鲁士的谕令导致被掳的犹太人回国重整家园，建设房屋，但他引用尼希米记第二章十二至十五节和第十一章一节证明这些房屋不是在耶路撒冷建造；Walvoord 的论点被 Poythress 逐一反驳，Poythress, op. cit., 138.

住在哪里呢(该一 2～4)？伪经以斯拉壹书第五章四十五节提到："在所罗巴伯的时代,祭司、利未人,和一些市民住在耶路撒冷和邻近的城镇。"总括来说,在尼希米任耶路撒冷省长之前,耶路撒冷已部分重建,有人在那里居住,而尼希米所做的就是重建城墙(尼三至六章),加增城中的人口(尼十一章)。[56]

赞成第二说法的学者,认为如果由公元前 444 年起计算,又假设"七十个七"等于七十个七年,那么第六十九个七与主耶稣基督被钉十字架的时间接近,正吻合他们对第廿六节的解释。但是,七十个七是否相等于四百九十年呢？并且他们解释第廿六节的方法是否准确呢？(见下文)

除了上述两种说法,也有学者主张"出令",乃指大流士王于公元前 519 年所颁发的谕旨(拉六 1);[57]但这谕旨只不过重复居鲁士的谕令。另有一些学者认为,"出令"乃是亚达薛西王于在位第七年(458 B.C.)差派以斯拉回国时所颁布的谕令(拉七 11～26);[58]但这谕旨论及恢复圣殿的献祭和安排管理百姓的长官,对重建耶路撒冷只字不提,难怪赞成这说法的学者硬着头皮说:"改善耶路撒冷属灵的质素就是重建耶路撒冷城。"[59]还有学者认为,"出令"乃指耶利米于公元前 587 年宣告被掳归回的预言(耶三十 18,卅一 38),[60]但耶利米并没有预言重建耶路撒冷。

"直到有受膏君" 皇帝(诗二 2)和祭司都可称为"受膏者"(亚四 14),居鲁士王也是耶和华所膏的(赛四十五 1)。"君"指领袖,包括军事、政府、宗教首领。"受膏者"可指弥赛亚。

"必有七个七和六十二个七" 有两种理论:

---

[56] Poythress, op. cit., 140.
[57] P. D. Feinberg, "An Exegetical Study of Dan. 9:24-27," in *Tradition and Testament* (Moody, 1981), 193.
[58] J. B. Payne, *The Imminent Appearing of Christ* (Eerdmans, 1962), 148-150; G. L. Archer, *Encyclopedia of Bible Difficulties* (Zondervan, 1982), 290.
[59] Feinberg, op. cit., 194.
[60] T. R. McCormisky, "The Seventy Weeks of Dan. against the Background of Ancient Near East," *WTJ* 47:29; F. F. Bruce, *Biblical Exegesis in the Qumran Text* (Tyndale, 1960), 69.

第一，这两句是相连的，即从"出令建造耶路撒冷"，直到"受膏君出现"，共有"七个七和六十二个七"。㉛ 若是这样，为什么要分成两部分（"七个七"和"六十二个七"），而不说"必有六十九个七"呢？

第二，这两句是分开的，即从"出令建造耶路撒冷"，直到"受膏君出现"，只有七个七，后再有六十二个七。到时，耶路撒冷连街带濠都必重新建造，那是一段艰难的时期（参吕本、现中、思高）。㉜ 而六十二个七即由"受膏君"出现，至"受膏者被剪除"之前。

"连街带濠" "街"指城内的广场，㉝"濠"是城外的引水渠道；㉞"街"和"濠"表示城内和城外都重新建造妥当。

九26 "过了六十二个七，那（或译：有）受膏者必被剪除，一无所有，必有一王的民来毁灭这城和圣所，至终必如洪水冲没。必有争战，一直到底，荒凉的事已经定了。"

"受膏者必被剪除" 指第廿五节的"受膏君"被杀害，㉟正如以赛亚所说："他从活人之地被剪除。"（赛五十三8）

"一无所有" 他应有弥赛亚的尊荣，但死时却一无所有，连父上帝都离弃他（太廿七46）。

"一王的民来毁灭这城" 指公元七十年，提多将军带领罗马军兵毁灭耶路撒冷。这"王"与第廿五节的"受膏君"的"君"同字，故本节的"受膏者"和"一王"，与第廿五节的"受膏君"相应。

"荒凉" 与第八章十三节的"毁坏"同希伯来字（参十一31，十二11）。

九27 "一七之内，他必与许多人坚定盟约；一七之半，他必使祭祀与供献止息。那行毁坏可憎的（或译：使地荒凉的）如飞而来，并且有忿怒倾在那行毁坏的身上，直到所定的结局。"

"他必与许多人坚定盟约" "他"是第廿六节的"受膏者"（弥赛

㉛ Pusey, 198；Young, 205；Baldwin, 170；Archer, op. cit., 291.
㉜ Montgomery, 379；Leupold, 417；McCormisky, op. cit., 19–25，他提供最有力的理由支持这两段期间是分开的。
㉝ Porteous, 244.
㉞ Ibid., 170.
㉟ "剪除"可指死刑（利七20）。

亚),"坚定盟约"即是使盟约生效;⑯弥赛亚藉着自己在十字架上的牺牲使新约产生效力,叫信靠他的人与上帝和好。"他"也可指第廿六节的"王"。⑰

"他必使祭祀与供献止息" 新约的真犹太人不用再献祭(来十5~12)。

"那行毁坏可憎的(或译:使地荒凉的)如飞而来" "可憎的"指圣殿成了拜偶像的地方,变得令人憎恶(犹太人称偶像为"可憎之物"),⑱故描写提多将军毁坏了圣殿。"如飞而来"本是"翅膀",指圣殿的殿顶或祭坛的角。新译建议把本节下半部翻作"他必在殿里设立那使地荒凉的可憎的像,直到指定的结局倾倒在那造成荒凉的人身上",这符合原意。

小结

当但以理一开始祈祷,上帝就打发加百列来启导解惑,向但以理传告一个新的启示。加百列将耶利米所预言的"七十年"的更深一层含义告诉但以理。

"七十年"指"七十个七"(这种解释可能根据利未记第廿三章"安息年"的思想)。这七十个七分为三部分:第一部分有七个七,即由居鲁士王下令准许犹太人归国,直到耶路撒冷在尼希米时代重建完毕。第二部分有六十二个七,圣殿重建至基督("受膏君""受膏者")出现。⑲ 第三部分只有一个七,一七之半弥赛亚被杀害,新约生效,祭祀与供献止息。当最后的一个七完毕后,提多将军会率领罗马兵攻毁耶路撒冷(包括那变成可憎的圣殿),而他自己也必经历上帝指定的忿怒。

---

⑯ Young, 213;赞成"他"是指弥赛亚(基督),还有 Kline, op. cit., 463-464.
⑰ Baldwin, 171;从文法结构来看,"他"指"王"比较合适。
⑱ Young, 218.
⑲ W. C. Kaiser, Jr., *Toward an Old Testament Theology* (Zondervan, 1978),248;他认为"受膏君"和"受膏者"都指主耶稣基督。

总结

（一）本章基本上是一篇伟大的祷文，它也描述上帝如何垂听祷告。

但以理是一个祷告的战士：他每日祈祷至少三次，甚至为此付上性命也在所不惜（六章）。他不但自己私底下祈祷，还与三位挚友同心祈祷（二 18）。无疑，但以理能够在巴比伦由始至终坚持他的信仰，因为他注重祷告。[70] 他为同胞恳切祷告，有如基督为耶路撒冷洒热泪，以及保罗为同胞伤痛。

更奇妙的是，上帝不仅立刻应允但以理的祈祷，且把他的视野扩阔（超过他所求所想），由"七十年"变为"七十个七"。[71] 虽然"七十个七"意思深奥不易明白，它的中心思想却十分清晰：上帝掌管着人类的历史，他的旨意必然成就，耶路撒冷必重建，对选民行毁坏者必遭灭绝；故此，本章和第一至八章同样是安慰的信息，鼓励被掳的选民对上帝至死忠心。

（二）有学者认为第四至二十节本不在此章内，因为：第一，这一段祈祷文指出选民被掳是因犯罪背弃了上帝，但本书其他地方并没有类似的说法（本书的异象暗示选民受迫害，只是为了磨炼他们）。第二，如果把这段删去，整段经文更畅顺。因为第一至三节但以理不明白选民被掳已届七十年，而耶利米的预言仍未应验；第廿一至廿七节指出"七十年"原来有另一意思（而 4～20 节的祷文并非关于"七十年"的解释）。第三，本段（4～20 节）的希伯来文比本章其他经节优美。[72]

许多学者已把上述的论点逐一驳斥，此不赘述。[73] 例如，上述第一点忽略了这段祈祷文有它的重点，它补充了其他经文所没有的资料。第二点忽视了但以理本不是要了解耶利米所说的"七十年"的意思，他

---

[70] 有关但以理的祷告生活怎样可以帮助传道人为上帝使用，参 R. Kriese, "The Prayer Life of an Evangelist," *Decision* (February, 1987), 12 - 13.
[71] 贾玉铭（69）指出"读经、祈祷与蒙上帝启示，三件事是紧密相连的"。
[72] 参 Davies, 60 - 61; Porteous, 135.
[73] Leupold, 395 - 399.

只求上帝兑现有关"七十年"的应许,故他为同胞向上帝认罪悔改,盼望上帝采取行动履行诺言。上述第三点忘记了本段主要是引用旧约其他地方的经文,故希伯来文与本章其他经节不同。旧约诗人向上帝祈祷时,也常常引用一些著名的祷文(参考其他祈祷诗)。⑭ 一位在蒙古开荒布道的宣教士,临终前写道:"当我觉得自己无法向上帝祈祷,我便翻开诗篇,推出我的独木舟,让自己顺着圣经的灵修之河而下。这河的潮流常将我带到上帝面前,它的水流常常又深又强。"⑮

总括来说,本段经文在全章的文脉中,有其一致性,不是后人的加笔。

(三)历代以来的学者对于七十个七有五种的解法:

(1)就是上文所采用的诠释:(a)把居鲁士王下谕令至耶路撒冷重建完毕的那一段时间当作第一个的七个七;(b)六十二个七则指耶路撒冷重建至基督降生的那一段时间;(c)最后一个七则包括基督被钉死在十架。当七十个七完结了以后一段日子,提多将军会率兵攻毁耶路撒冷与圣殿,上帝的忿怒至终会倾注在他身上。

这解法有几个问题:(a)根据这说法,第廿四节的"膏至圣者"乃指基督被膏抹(受洗后圣灵降在他身上);但是,"膏至圣者"应该翻作"膏至圣所",这并没有在基督第一次降临时完成。(b)把第廿五节的"受膏君"视为等同第廿六节的"受膏者"是否合理呢? 如果它们指同一个人,为什么作者不用同一个名称呢? (c)把第廿五节的"出令"至"直到有受膏君"当作"七个七和六十二个七"(即六十九个七)的开始和终结,但这不是最好的解释。从"出令"至"有受膏君"只是第一个的七个七的开首和结尾。(d)依据这说法,第廿六节的"一王的民来毁灭这城",乃是七十个七以后才发生的事;但从经文的描述看来,这件事是包括在七十个七之内。(e)把第廿七节的"他"解作第廿六节上半部的"受膏者",与文法结构有冲突;"他"应指第廿节下半部的"一王"。⑯ (f)这说法把第廿七节看作与第廿六节"平行",即是说第廿七节"与许多人坚定盟

---

⑭ 不少学者认为,本段(4~20节)是引自一些当时候的礼仪祷文;Davies, 61 - 62.
⑮ 华勒斯,170。
⑯ Walvoord, 233; Archer, op. cit., 291.

约"等同于"受膏者必被剪除"。这有什么证据支持呢？就文章表达的角度来看，第廿七节不是与第廿六节平行，而是继续描写第廿六节的记载之后所发生的事。⑦（g）基督受死并没有使"祭祀与供献止息"。犹太人继续供献祭祀，直到公元70年亡国才停止。

（2）（a）把第一个的七个七解作从居鲁士的谕令，至基督的第一次降临。(b)六十二个七则从基督第一次降临，直至末世；第廿五节的"耶路撒冷"指属灵的耶路撒冷，就是教会，第廿六节的"受膏者"则是弥赛亚（基督）；因此"受膏者被剪除"乃指基督不再受人尊重，失去了影响力；所以，六十二个七是教会的时代。(c)最后的一个七指敌基督（26节的"一王"和27节的"他"），他带领各国攻击耶路撒冷，又与人订立盟约及不准人敬拜真神。最后，敌基督被上帝消灭。⑱

这解法强调"象征"的解释，这有不少的难处：(a)把第廿四节的"膏至圣所"解作基督与圣徒同在是否合理呢？⑲ (b)把第廿五节第一次所提的"耶路撒冷"解作圣城，而第二次的则解作教会被建立，这不合逻辑；而且本段经文没有任何提示说耶路撒冷象征教会。(c)把第廿六节的"受膏者被剪除"解作耶稣基督不受人尊崇，有过度灵意化之嫌。况且，"剪除"原指被谋杀（赛五十三8）。(d)圣经没有其他地方提到敌基督会与人"坚定盟约"，以及"使祭祀与供献止息"。⑳ (e)把第廿七节看为与第廿六节平行而不是延续，并不合理。

（3）（a）把第一个的七个七解作从耶利米宣告"七十年"的预言开始，直至居鲁士王"受膏君"的出现。(b)六十二个七则从居鲁士至敌基督出现（26节的"受膏者"和"一王"，以及27节的"他"都指敌基督）。(c)最后的一个七所发生的事，包括第廿六和廿七节所记载的。㉛

这说法比较新颖，但它有几个问题：(a)它没有对六十二个七的结尾作出交待。㉜ (b)它假设了第七章廿四节的"小角"和第十一章四十

---

⑦ 米勒德，784。
⑱ Leupold, 403-440.
⑲ Ibid., 416.
⑳ Ford, 201；Young, 210.
㉛ McCormisky, op. cit., 29-35.
㉜ Ibid., 30.

节的"北方的王"是敌基督,故敌基督是一个君王;而此处的"受膏者"应该是一个君王(因为受膏抹),故也是敌基督;这些假设尚待证实。[83] (c)它认为第廿六节的"一无所有",类似第十一章四十五节"无人能帮助他",而第十一章四十五节应该指敌基督,故此处的"受膏者"也是敌基督。[84] 但我们不能确定第十一章四十五节是指敌基督而言,更不能说"一无所有"相等于"无人能帮助他"。(d)如果第廿六节的"受膏者"是敌基督,下文的"一王"也是"敌基督",为什么作者不说"他的民来毁灭这城",而要说"一王的民"呢? 其实,圣经从未称敌基督为"受膏者"。

(4)(a)六十九个七是以斯拉时代(458 B.C.)至基督进入耶路撒冷的时期(即公元 27 年),总数是四百八十三年(六十九个七)。[85] 六十九个七之后,基督被钉在十架,接着有提多将军率兵围攻耶路撒冷(26 节)。(b)最后一个七(27 节),则在末世主耶稣第二次降临之前才发生。当时,敌基督与圣民立盟约,但在七年之一半,他却毁约,压迫圣民。头六十九个七与最后一个七之间有一段很长的间隔期,因为第廿四节所提到的六件事要在主第二次降临时才应验。

绝大部分的中文注释都采取这说法,它的特点是把"七"解作七年;[86]但是,它有几个问题:(a)第廿五节的"七个七和六十二个七"是分开的,故"从出令"至"受膏君"的时候是七个七,并不像这说法所建议的六十九个七。(b)把第廿六节"受膏者被剪除"和"一王的民来毁灭这城"视作在七十个七以外,这是不符合上下文。(c)我们没有任何证据说,这七十个七不是连续而是中间有间隔;我们更不能说最后一个七,

---

[83] Ibid., 32.

[84] Ibid.

[85] 赞成这说法的学者对于"出令"有两种不同的看法,有些人认为是指以斯拉时代(457 B.C.),有些却相信是尼希米时代的谕令(444 B.C.);赞成前者有 Archer, op. cit., 290;胡里昂,115;赞成后者有 Walvoord, 228;McClain, op. cit., 20. 无论支持公元前 457 年或 444 年,都认为第廿五节的"七个七和六十二个七"是连在一起。唐佑之(58)指出,有一些学者认为六十九个七共四百八十三年,每年三百六十日,共十七万三千八百八十天,而六十九个七乃指公元前 445 年 3 月 14 日至公元 32 年 4 月 6 日,也是十七万三千八百八十天,十分准确。

[86] 丁立介,306 - 321;翟辅民,86 - 92;何慕义,124 - 134;贾玉铭,74 - 79;苏佐扬,126 - 130。

乃是关乎主第二次再临,故与前六十九个七隔开。⑧ 赞成这派的学者(时代论者),认为第二、第七、第八章都有间断,故第九章也一样有间断;这是不能成立的,因为那三章是否真有间隔,我们并不能确定。⑧ (d)这说法主张第廿六节的"一王"是提多将军,第廿七节的"他"却是敌基督,这很难成立,因为此处的"一王"和"他"是同一个人;何况,作者既然在上文没有提过敌基督,怎会忽然用"他"来代表敌基督呢?⑧ (e)我们没有证据显示,敌基督会与圣徒"坚定盟约";其实,但以理书第九章一至十九节指出选民背弃上帝与他们所立的约,故第廿七节的"盟约"也与这有关系,不会指敌基督的盟约。

(5)(a)把第一个的七个七,视为由公元前587年耶利米宣告"七十年"的预言算起,⑨直到居鲁士或大祭司约书亚(受膏君)的出现(538 B.C.);⑨居鲁士是"受膏君",因他是君王,且被称为"耶和华所膏的"(赛四十五1)。(b)六十二个七则由居鲁士(538 B.C.)算起,直至大祭司亚尼亚三世(受膏者)于公元前171年被谋杀。亚尼亚三世是大祭司西门二世的儿子,当西门二世于公元前195年逝世后,他便任大祭司,但他弟弟约书亚(后改希腊名"耶孙")拥戴希腊文化,向安提阿哥四世出高价竞求大祭司之职,且许诺在耶路撒冷兴建一座希腊式的体育馆,安提阿哥四世允准他的请求,让耶孙于公元前175年任大祭司。到了公元前171年,耶孙的助手门尼老斯以更高价夺去大祭司之职,他后来

---

⑧ 胡里昂,118。
⑧ 同上;米勒德,784。
⑧ 故此,Gaebelein,McClain,Walvoord,Ironside 唯有说:"一王的民"中的"民"乃是罗马军兵,而"一王"却是敌基督。但是,罗马军于公元70年已经攻陷耶路撒冷,怎可说他们是属于一个到现在还未出现(主第二次降临时才出现)的君王呢?参 Young,211。
⑨ 赞成这说法的学者对于"出令"的日期有不同的意见,有认为耶利米是在公元前587年宣布有关"七十年"的预言(例如 Montgomery,379;Hammer,98;Anderson,114;思高,144),也有认为耶利米说预言是在公元前594年(Hartman,251)。
⑨ 也有学者认为"受膏君"乃是大祭司约书亚(该一1)。他是大祭司,故是被膏抹的,而但以理书第十一章廿二节用此处的"君"[nᵉgîd]描写大祭司亚尼亚三世;故大祭司是"受膏君";Hartman,251;Montgomery,379;Lacocque,194。其实,如果本节的"受膏君"是大祭司约书亚,则与第廿六节称大祭司亚尼亚三世为"受膏者"相应。至于作者为何不称亚尼亚三世为"受膏君"呢? 主要是避免读者把第廿六节的亚尼亚三世误解为约书亚;用两个不同的称号,让读者更易了解他们是两个不同的人物。

偷取圣殿的器皿，以付清答应交给安提阿哥四世的金钱，结果被亚尼亚三世责骂。门尼老斯恼羞成怒，买凶谋杀了亚尼亚三世（马加比贰书第四章）。㊜"一无所有"指亚尼亚三世被杀时，没有人帮助或安慰他，也可指没有人继承他大祭司的职位。(c) 最后一个七乃指亚尼亚三世被杀（171 B.C.），至安提阿哥四世于公元前 164 年忧郁而死。第廿六节的"一王的民"就是安提阿哥四世和他的军兵，曾于公元前 169 和前 168 年侵略耶路撒冷，杀害多人（马加比贰书五 11～26）。第廿七节的"他"也指安提阿哥四世，"他必与许多人坚定盟约"（参十一 30、32）是记述安提阿哥四世与那些拥护希腊文化的犹太人立约（马加比壹书一 11～14；马加比贰书四 12）；但在"一七之半"（168－165 B.C.），安提阿哥四世残酷地迫害犹太人，不准他们献祭，还在圣殿设立那"可憎"的希腊宙斯神像（就是犹太人称为"令人作呕的可憎之物"，马加比壹书一 54～59）。㊝ 最后，安提阿哥四世，这个在祭坛上面设立可憎之毁坏圣殿的人，㊞必照着所定的结局经历上帝的忿怒。

绝大部分的学者都接受安提阿哥四世就是第八章十三节那个"施行毁坏的罪过"的人，故本章那位"行毁坏"的也极可能是指安提阿哥四世（参十一 31，十二 11）。

这说法有几个疑问：(a) 这说法没有兑现第廿四节所提到"七十个七"之六个项目。㊟ (b) 第廿六节的"一王的民来毁灭这城和圣所，至终必如洪水冲没"，与安提阿哥四世的生平不吻合，因他并没有这样毁灭耶路撒冷的"圣所"；他只不过烧毁耶路撒冷城，不准人在圣殿献祭，又

㊜ 有关亚尼亚三世（Onias III）、耶孙（Jason）和门尼老斯（Menelaus）的关系，参谢友王，《两约中间史略》（香港：种籽，1978），256－258；布赖特，《以色列史》（香港：文艺，1971），459－461。

㊝ 腓尼基人称宙斯为"天上的主"[baʿal šāmēn]，犹太人却称它为"令人恶心的可憎之物"[šiqqûs šōmēm]，把"天上"[šāmēn]改作发音相近的[šōmēm]，即是"令人恶心"。

㊞ "那行毁坏可憎的如飞而来"或作"在殿顶上有那行毁坏可憎的"（比较太四 5；路四 9）；Lacocque (198) 却认为[ʿal kinap]应指"在祭坛上"（参马加比壹书一 54）。

㊟ 第廿四节所提的六件事却因基督救赎大功得以完成；参 J. B. Payne, "The Goal of Daniel's Seventy Weeks," JETS 21：97－115；他指出第廿四节的六件事都与第廿五至廿七节所提到的事情有关，且在基督第一次降临时完全应验。

把宙斯神像放在圣殿祭坛原来的地方。⑯（c）安提阿哥四世没有与"许多人坚定盟约"，⑰他只是与许多接受希腊文化的犹太人有协议，准许他们"希腊化"，采用希腊的风俗习惯，兴建希腊式的体育馆，不接受割礼等（马加比壹书一11～14）。安提阿哥四世没有与许多犹太人"坚定"一个先前已订下的盟约。（d）主耶稣自己曾暗示第九章廿七节"行毁坏可憎的"，就是公元70年毁灭耶路撒冷的提多将军（太廿四15；可十三14），故第廿七节的"他"不应该是安提阿哥四世。另一方面，耶柔米也把第廿四至廿七节，视为是预言罗马帝国所发生的事。⑱

上述的疑问并非绝对解决不了的。例如：（a）表面看来，安提阿哥四世灭亡并没有应验了第廿四节所记叙的六件事；但是，本章是用启示文学体裁写成，因此，写作手法比较强调象征和夸张。故此，马加比革命成功，遏止安提阿哥四世的迫害，以及圣殿的重献，都与第廿四节的描写吻合。（b）学者们主张安提阿哥四世并没有"毁灭"圣殿，这却忽视了但以理书的作者，把安提阿哥四世"除掉常献给君的燔祭"，看作"毁坏君的圣所"（八11）；他"除掉常献给君的燔祭"，就相等于"施行毁坏的罪过"（八13）。⑲ 另一方面，他在圣殿设置宙斯神像，他因此被称为"行毁坏可憎的"（九27），原因是宙斯神像污秽了圣殿，即是毁坏了圣殿。故此，安提阿哥四世虽然没有用武力毁灭圣殿，却被看为"将圣所与军旅践踏"（八13）。其实，安提阿哥四世两次掠夺圣殿的财宝（169/168 B.C.），也算是"毁灭圣所"。（c）安提阿哥四世曾否"与许多人坚定盟约"，马加比书的作者指出：当那些日子，以色列的叛逆者说服多人去和外邦人立约，他们朝见安提阿哥四世，获他准许采用希腊人的习俗（马加比壹书一11～14）。毫无疑问，安提阿哥四世与这些拥护希腊文化的犹太人有协议，这协议是采用一个盟约的方式订立。⑳ 只是有学者认为"坚定盟约"不等于"订立盟约"，前者乃是使已订立的盟约

---

⑯ Baldwin，171；McCormisky, op. cit.，31.
⑰ Young，209.
⑱ Jerome，109；Bravermann，104-106.
⑲ Lacocque，197.
⑳ 原文直译："Let us go and make a covenant with The Gentiles."

产生效力。⑩ 但是，这说法不一定准确，因圣经从没有强调"订立盟约"与"坚定已订立的盟约"有分别；有人认为创世记第十二章记载的是上帝与亚伯拉罕订立盟约，而第十五章才是坚定盟约，但第十五章所用的希伯来动词却是"订立盟约"（创十五 18"耶和华与亚伯兰立约"）。⑫ 如果"他必与许多人坚定盟约"只是一般的立约，为什么作者要用"坚定"这一个词呢？⑬ 可能因为旧约圣经作者喜欢用"立约"描述上帝与人的立约，这里却是安提阿哥四世与许多人立约（其实是他的阴谋），故作者故意不用"立约"而说"坚立盟约"。⑭ 另一方面，用"坚定盟约"描写安提阿哥四世的盟约含有很重的讽刺意味，因他不久便毁约，故这盟约是"最不坚定的"，但作者却讽刺地说："他与许多人坚定盟约。"⑮（d）新约圣经暗示"行毁坏可憎的"，与公元 70 年提多将军毁灭耶路撒冷有关，这是无可否认的。但是，新约圣经许多时候引用，或应用旧约有它特别的方法，这并不等于说，新约所表达的意思就是旧约原来的意思。换句话说，"行毁坏可憎的"，本来论及安提阿哥四世所立的宙斯神像，但新约圣经却指出罗马的提多将军所做的事就是安提阿哥四世的"翻版"；在主耶稣的时代，但以理书第九章廿七节已经应验，主耶稣只是预告：公元 70 年要发生的事，就是重复但以理在第九章廿七节的预言而又已经应验的事。⑯

虽然没有人可以真正了解"七十个七"的预言，有一件事却是我们可以肯定的：上帝掌管一切，行毁坏可憎的人必遭灭绝。

---

⑩ Young，213.
⑫ 此处是用"to cut the covenant"，希伯来人常用它描写立约。
⑬ [higbîr]，"to cause to be strong."
⑭ Feinberg, op. cit., 205, 但他认为"他必与许多人坚定盟约"乃指敌基督与人立约。
⑮ Lacocque (198) 认为"盟约"[bᵉrît]是翻译亚兰文的[qᵉyam]，而[qᵉyam]可指"契约"或"法例"，此处应作"他把法例加诸许多人身上"；这理论假设本章是译自亚兰文，而这假设尚待证实。
⑯ R. T. France, *Jesus and the Old Testament* (Tyndale, 1971), 72 - 73; 他说："Jesus is not saying that Daniel's predition will be fulfilled, but rather looking for a repetition of the event in which it has already been fulfilled."

拾　但以理所见大争战的异象（十 1～十二 13）

(I) 异象的背景：天使显现与但以理谈话（十 1～十一 1）

十1 波斯王居鲁士第三年，有事显给称为伯提沙撒的但以理。这事是真的，是指着大争战。但以理通达这事，明白这异象。
2 当那时，我但以理悲伤了三个七日。
3 美味我没有吃，酒肉没有入我的口，也没有用油抹我的身，直到满了三个七日。
4 正月二十四日，我在底格里斯大河边。
5 举目观看，见有一人身穿细麻衣，腰束乌法精金带。
6 他身体如水苍玉，面貌如闪电，眼目如火把，手和脚如光明的铜，说话的声音如大众的声音。
7 这异象惟有我但以理一人看见，同着我的人没有看见，他们却大大战兢，逃跑隐藏，
8 只剩下我一人。我见了这大异象便浑身无力，面貌失色，毫无气力。
9 我却听见他说话的声音，一听见就面伏在地沉睡了。
10 忽然，有一手按在我身上，使我用膝和手掌支持微起。
11 他对我说："大蒙眷爱的但以理啊，要明白我与你所说的话，只管站起来，因为我现在奉差遣来到你这里。"他对我说这话，我便战战兢兢地立起来。
12 他就说："但以理啊，不要惧怕！因为从你第一日专心求明白将来的事，又在你上帝面前刻苦己心，你的言语已蒙应允，我是因你的

言语而来。

13 但波斯国的魔君拦阻我二十一日,忽然有大君(就是天使长;二十一节同)中的一位米迦勒来帮助我,我就停留在波斯诸王那里。

14 现在我来,要使你明白本国之民日后必遭遇的事,因为这异象关乎后来许多的日子。"

15 他向我这样说,我就脸面朝地,哑口无声。

16 不料,有一位像人的摸我的嘴唇,我便开口向那站在我面前的说:"我主啊,因见这异象,我大大愁苦,毫无气力。"

17 我主的仆人怎能与我主说话呢?我一见异象就浑身无力,毫无气息。

18 有一位形状像人的又摸我,使我有力量。

19 他说:"大蒙眷爱的人哪,不要惧怕,愿你平安,你总要坚强!"他一向我说话,我便觉得有力量,说:"我主请说,因你使我有力量。"

20 他就说:"你知道我为何来见你吗?现在我要回去与波斯的魔君争战,我去后,希腊(原文是雅完)的魔君必来。

21 但我要将那录在真确书上的事告诉你,除了你们的大君米迦勒之外,没有帮助我抵挡这两魔君的。"

十一 1 又说:"当玛代王大流士元年,我曾起来扶助米迦勒,使他坚强。"

十一 1 "波斯王居鲁士第三年,有事显给称为伯提沙撒的但以理。这事是真的,是指着大争战。但以理通达这事,明白这异象。"

"波斯王居鲁士第三年" 即第九章所记述的启示后两年,约公元前 537 或前 536 年。当时,第一批归国的犹太人,已在所罗巴伯的率领下返抵故土,年纪老迈的但以理仍留在巴比伦。

有学者认为此处称居鲁士为"波斯王",表明这书是在希腊时代撰写,因波斯时代称居鲁士为"大王",①这理论已被推翻。②

"有事" 原作"说话",吕振中把本句译作"有神言启示"给但以理

---

① Montgomery, 405.
② R.D. Wilson, "The Title King of Persia in Scriptures," *Princeton Theological Review* 15:90-145; Young, 223.

（现中作"信息"）。

"这事是真的" 这话是真实的（八26）；③虽然但以理已届八十多岁高龄，头脑仍十分清晰，且有坚强的信心，深信上帝的启示是真的，④因为来自上帝的启示必定实现。

"大争战" 马丁·路德把此词译作"大挣扎"；⑤它不仅指出上帝的启示是论及将发生的大争战，也暗示但以理获得和明白此启示时所付出的奋斗和挣扎。⑥ 有学者认为本节的"这话"乃指以赛亚的预言（赛四十2），故"大争战"乃论及选民在巴比伦为奴的事；⑦这建议与异象的内容不吻合。

"通达这事" 但以理细心思考这启示（参八5，九2），故"明白这异象"。

十2 "当那时，我但以理悲伤了三个七日。"

"悲伤了三个七日" 但以理悲伤了三个星期；他悲伤可能因得知归国的选民在故土遭遇许多难处，或许是重建圣殿的工作又搁置了（拉四1～5、24）。经文并没有提及他"悲伤"的原因，这都是臆测。⑧ 另一方面，我们可根据第十二节，把"悲伤"解作付出代价，就是第三节所说的禁食，预备好自己接受上帝的启示。⑨ 其实，"悲伤"原文又可解作"枯干"（耶十二4，廿三10；摩一2），⑩但以理因刻苦自己，整个人好像枯萎了。圣经里有不少伟人在接受上帝的启示之前，先刻苦己身，做好准备，最常采用的方法是禁食（代下二十3；拉八21；耶卅六9）。

十3 "美味我没有吃，酒肉没有入我的口，也没有用油抹我的身，直到满了三个七日。"

"美味我没有吃" "美味"指他喜爱的食物，"美"与第十一节的"眷

---

③ 原文直译："真实乃是这话"，把"真实"放在前面，强调上帝的说话真实无误。
④ 唐佑之，64。
⑤ Young, 224, "a great struggle;" Driver, 152, "a great conflict."
⑥ 此异象也关乎选民被迫害时的挣扎；Walvoord, 239；Leupold认为是选民的"大灾难"，443；也可指天使与波斯魔君的争战；Anderson, 120。
⑦ Lacocque（204）把［ṣābā' gādôl］翻作"a great slavery"。
⑧ Walvoord, 240.
⑨ Hartman（262）把［miṭ'abbēl］翻作"afflicted"；参Hammer, 102。
⑩ TWOT, 7.

爱"原文相同。"美味"与选民在逾越节所吃的"困苦饼"恰好相反（申十六3）。

"用油抹我的身" 这是快乐的表记（诗四十五7；摩六6），故不用油抹身乃表示"悲哀"（撒下十四2；赛六十一3）。当选民禁食时，多数不用油抹身（太六17作"梳头"）。

十4 "正月二十四日，我在底格里斯大河边。"

"正月二十四日" 正月十四日是犹太人的逾越节，十五至二十一日是无酵节；故但以理禁食刻苦己身的时间，包括了两大节日。被掳归国的犹太人重视每月的"二十四日"（该一15，二10、18；亚一7），但不知其原因。

"底格里斯大河" 旧称希底结大河。⑪

十5 "举目观看，见有一人身穿细麻衣，腰束乌法精金带。"

"身穿细麻衣，腰束乌法精金带" "细麻衣"是用上等质料织成的白衣。圣经记载祭司（利六10）、天使（结九2；可十六5），以及羔羊的新妇（启十九8）都穿上细麻衣。"乌法"意思不详，可能是"精纯"的意思；也有学者建议把它改成"俄斐"（赛十三12）。⑫ "俄斐"位于阿拉伯半岛南部，以盛产黄金驰名。"乌法精金"是上乘的精金。⑬

启示录掌管七灾的七位天使也是"穿着洁白光明的细麻衣，胸间束着金带"（启十五6）。

十6 "他身体如水苍玉，面貌如闪电，眼目如火把，手和脚如光明的铜，说话的声音如大众的声音。"

"身体如水苍玉" 好像一块闪烁发光的宝石，令人睁不开眼。⑭ 耶和华宝座的轮子形状和颜色也好像"水苍玉"（结一16）。

"手和脚如光明的铜" 原作"手脚如光明的铜的眼"，描写天使的

---

⑪ 叙利亚文的旧约圣经却把"底格里斯"改作"幼发拉底"；参思高，152；这是不需要的。我们不能因为"大河"多指幼发拉底，故假设此处的"底格里斯"写错；底格里斯本身也是一条大河。

⑫ NEB，"Ophir"；思高（152），"敖非尔"。

⑬ Montgomery，408；Young，225；Hartman，263；P. Haupt，"Gold and Silver in Hebrew," *JAOS*，43：116-127.

⑭ "水苍玉"的原文是[taršîš]，与"他施"相近，可能是产于西班牙的宝石；Driver，154；Porteous（152）认为它是一种"yellow jasper"。

手脚如擦亮的铜那么光亮。

"说话的声音如大众的声音" 就像"万民喧哗"(诗六十五 7)、"多国的民聚集哄嚷的声音"(赛十三 4),以及海浪翻腾的声音(耶五十一 42)。天使那响亮有力的铿锵声音,表征着能力。

十 7 "这异象惟有我但以理一人看见,同着我的人没有看见,他们却大大战兢,逃跑隐藏,"

"同着我的人没有看见" 当使徒保罗在大马士革见异象的时候,他见"天上发光"(徒九 3),又听见主的声音,但同行的人"听见声音,却看不见人"(徒九 7)。但以理看见这位威荣的天使,与他在一起的人却没有看见;⑮但他们知道有一些奇异的事发生了(或者感受到天使的荣光),故害怕起来。

但以理书常论述但以理与众不同;譬如,只有他一人能解梦、能读墙上的字,这里也只有他一人看见异象。

十 8 "只剩下我一人。我见了这大异象便浑身无力,面貌失色,毫无气力。"

"只剩下我一人" 当但以理惊慌失措、需要人陪伴和支持时,他的同伴却都走开了,只剩下他一人,独自承受异象显现后所带来的那种恐惧。当主耶稣面对各各他的十字架,最需要人与他同心的时候,他的门徒却各归自己的地方去,留下他独自一人(太二十六 56)。

"面貌失色" 由原来的神采飞扬转变成十分"憔悴"(赛五十二 14,同一个希伯来字)。⑯

十 10 "忽然,有一手按在我身上,使我用膝和手掌支持微起。"

"使我用膝和手掌支持微起" 原作"那手摇动我的膝和手掌使我微起"。但以理本像一只动物伏在地上,现在微起;迟些他会站立起来,恢复人的形象。⑰

---

⑮ Leupold (450)认为他们看不见,因为没有属灵的敏锐力;这只是他的揣测。他们看不见,因为天使只显现给但以理看。

⑯ 这个字的意思是"毁坏"(九 26 作"毁灭"),此处是描写但以理惊慌万分,以致他看起来像"变了形"。

⑰ 此处由"动物"恢复"人"的姿态,叫人不期然联想起尼布甲尼撒怎样得回人心,以及第七章的"四兽"和"人子"的对比。

十 11 "他对我说：'大蒙眷爱的但以理啊，要明白我与你所说的话，只管站起来，因为我现在奉差遣来到你这里。他对我说这话，我便战战兢兢地立起来。'"

"**大蒙眷爱**"　圣经称亚伯拉罕为上帝的"朋友"（代下二十 7），大卫是"合上帝心意的人"（撒上十三 14），但是，被称为上帝所爱的，只有但以理和上帝的独生子主基督（太三 17）。⑱

十 12 "他就说：'但以理啊，不要惧怕！因为从你第一日专心求明白将来的事，又在你上帝面前刻苦己心，你的言语已蒙应允，我是因你的言语而来。'"

"**不要惧怕**"　这是以赛亚书一连串"应许谕言"的开场白（赛四十一 10、14，四十三 1、5，四十四 2，五十四 4）。⑲

"**第一日**"　刻苦己心的第一日。

"**刻苦己心**"　这和"禁食"有关联（拉八 21；诗卅五 13）。

"**我是因你的言语而来**"　"言语"指但以理的祈祷，"而来"原作"被差遣而来"（现中："被差派到你这里而来"；思高："被派到你这里来"），乃指蒙差派传递信息。⑳

十 13 "但波斯国的魔君拦阻我二十一日，忽然有大君（就是天使长；二十一节同）中的一位米迦勒来帮助我，我就停留在波斯诸王那里。"

"**波斯国的魔君**"　波斯国的守护使者，㉑犹如天使长米迦勒是以色列国的守护天使（21 节"你们的大君米迦勒"）。这里暗示"天空属灵界的争战"（弗六 12），㉒也是使徒约翰所说的"在天上的争战"（启十二 7，他看见米迦勒同他的使者与龙〔撒但〕争战）。㉓

---

⑱ 使徒约翰被称为耶稣"所爱的门徒"（约十三 23）。
⑲ 有关这种"应许谕言"（Salvation Oracle）的结构，参 R. N. Whybray, *The Second Isaiah* (JSOT Press, 1983), 29.
⑳ Hartman (264) 指出［šālaḥ］多指"打发信差去传递信息"(to send a messenger with news)。
㉑ Jeffrey, 506－507.
㉒ 以赛亚预言"当那日，耶和华在高处必惩罚高处的众军"，"众军"就是在天上与上帝为敌的恶魔（赛廿四 21）。
㉓ 各国的保护使者的历史，参 D. S. Russell, *The Method and Message of Jewish Apocalyptic 200 B.C.-A.D. 100* (SCM, 1964), 244－249.

波斯国的守护使者，为什么拦阻天使向但以理传递上帝应允他祷告的信息呢？因为天使要宣布的信息，乃关乎波斯国的倾覆，而上古的人认为信息一旦公布，就会立刻兑现，波斯国会覆没；但如果信息不公布，可能还有转机。㉔ 作为波斯国的守护使者，他当然要竭力阻止天使宣布此信息。

"大君中的一位米迦勒" "米迦勒"意思是："谁像上帝？"㉕米迦勒是保佑以色列人的天使长（十二 1），他曾为摩西的尸首与魔鬼争辩（犹 9）。

"我就停留在波斯诸王那里" 这有几种解释：第一，"停留"指"过多的""不必要的"。㉖ 即是说：因有米迦勒的帮助，他可以抽身离开，而不需要留在波斯诸王那里。第二，七十士译本把此处改作"我就留下他在波斯诸王那里"（吕本）。㉗ 第三，把"我就停留"读作"他就停留"。㉘ 第四，把"我就停留在波斯诸王那里"与前一句"拦阻我二十一日"连在一起，即是说，波斯国的魔鬼拦阻了他二十一日，他被逼停留在波斯诸王那里，直至米迦勒来帮助他。㉙ 第五，把"我就停留"解为"我继续停留"；虽然有米迦勒帮助，他仍停留在那里，直到他可以抽身离开，前来找但以理。笔者觉得第二、三、四、五种的说法都可取；这位天使暂时离开波斯的魔君，前来向但以理宣布上帝的信息，任务完毕之后，又会再回去与波斯魔君争战（20 节）。

十 14 "现在我来，要使你明白本国之民日后必遭遇的事，因为这异象关乎后来许多的日子。"

"这异象关乎后来许多的日子" "异象"就是第十一章的内容。

十 16 "不料，有一位像人的摸我的嘴唇，我便开口向那站在我面

㉔ 米勒德，785。
㉕ 以前的学者认为"米迦勒"相等于迦南神明"米迦尔"（Mikal），现通过"亚伯拿"（Ebla）的文献，知道"米迦勒"就是"谁像上帝"之意；G. Pettinato, "The Royal Archives of Tell Mardikh Ebla," *BA* 39：50。
㉖ BDB, 451。
㉗ 把原来的[nôtartî]改成[weʾōtô hôtartî]或[wehôtartîw]，"我留下他"。
㉘ Ginsberg, 60。
㉙ 现中；思高；Lacocque, 203。

前的说:'我主啊,因见这异象,我大大愁苦,毫无气力。'"

"**有一位像人的**" 另外一位天使。

"**摸我的嘴唇**" 但以理像以赛亚(赛六 7)和耶利米(耶一 9)一样,嘴唇获得从天而来的触摸,立刻就可以再次开口说话。

"**我主啊**" 这是仆人对主人的称呼,表示"尊敬"。

"**大大愁苦**" 本是描写妇人生产时的剧痛(撒上四 19),常用来表达最厉害的痛苦,但以理就如一个刚刚经过产难之苦、诞下婴儿的母亲一样"毫无气力"。

十 17 "我主的仆人怎能与我主说话呢?我一见异象就浑身无力,毫无气息。"

"**毫无气息**" "气息"就是上帝吹入亚当鼻孔的"生气"(创二 7);人没有了"气息",就不能生存(不是一个"活人")。但以理描写自己一见异象,就变得如死人一样浑身无力。

十 19 "他说:'大蒙眷爱的人哪,不要惧怕,愿你平安,你总要坚强!'他一向我说话,我便觉得有力量,说:'我主请说,因你使我有力量。'"

"**愿你平安**" 是希伯来人的"问安"(约二十 19、21);这"平安"强调人的"完整"(申廿七 6,书八 31 描写一块"完整"的石头),与上帝、自己和别人都有和谐的关系。㉚

十 20 "他就说:'你知道我为何来见你吗?现在我要回去与波斯的魔君争战,我去后,希腊(原文是雅完)的魔君必来。'"

"**你知道我为何来见你吗**" 天使用这问题加强但以理的好奇心,叫但以理更留心将要听见的事。㉛

"**希腊的魔君**" 希腊国的守护使者。这位传话的天使要与波斯和希腊的魔君争战,不让这两个国家永无止境地折磨上帝的圣民;所以,上帝的圣民最终"必得拯救"(十二 1)。

十 21 "但我要将那录在真确书上的事告诉你,除了你们的大君

㉚ G. von Rad, *Theology of the Old Testament* (SCM, 1975), I, 130, 372. "愿你平安"可作"你有平安"(故"不用惧怕"); Hartman, 265.

㉛ 启示录第七章十三节也是用这方式唤起使徒约翰的注意力。

米迦勒之外,没有帮助我抵挡这两魔君的。"

"真确书" 这是描写上帝记录了过去、现在和将要发生的一切事情(诗一三九 16;玛三 16),上帝有这样的一本记录,显示他掌管万事。[32]

十一 1 "又说:'当玛代王大流士元年,我曾起来扶助米迦勒,使他坚强。'"

"玛代王大流士元年" 就是居鲁士王下令准许犹太人重归故土的那一年。

小结

本段是第十一章那异象的背景。

第一,见异象的时间:居鲁士王第三年。

第二,见异象的人物:称为伯提沙撒的但以理。作者在此处提到居鲁士和但以理的巴比伦名字,回应第一章有关但以理改名(一 7),和但以理到"居鲁士王元年还在"(一 21)的记载。[33]

第三,见异象的原因:但以理刻苦己心和禁食了二十一天,为要获得上帝的启示;他可能因看见自己的同胞重归故土,想更清楚将来要发生的事,故他恳求上帝向他启示。在第九章,但以理因为向上帝认罪而禁食,此处他却是为了获得上帝的信息而禁食。

第四,见异象的地点:就是在底格里斯大河,当时但以理和一些同伴正站在河边。

第五,异象中的天使:(a)他的形象:十分尊荣高贵;他身穿细麻衣、腰束金带、身体如宝石、面貌如闪电、眼目如火炬、手脚如光亮的铜、声音宏亮如多人齐声说话。这天使的形象与启示录描写的基督相似;使徒约翰描写基督是身穿长衣、胸前束金带、面貌如同烈日放光、眼目如火焰、脚好像光明的铜、声音如同众水的声音(启一 13～16)。[34] (b)他

---

[32] Hammer,103.
[33] 这是一种"首尾呼应"(inclusio)的文学技巧;Hartman,277.
[34] 不同的乃是,基督右手拿着七星,从他口中出来一把两刃的利剑。也有学者认为但以理所描述的乃是上帝显现,后来说话的才是一位天使,Walvoord,243;但这说法有许多问题(十二 7),参 Baldwin,180.

的触摸:当但以理看见这奇异的异象,立刻昏倒、不省人事。异象中所见的天使就用手摸他,使他用手和膝支撑着自己微起。但以理脸面朝地,仍说不出话,天使又伸手摸他的嘴唇。最后,天使再摸但以理,使他恢复了力气。㉟ 但以理三次被摸,才重新得力,预备好接受这个最后的异象。天使不但三次触摸但以理,还两次称他为"大蒙眷爱的人";两次鼓励他"不要惧怕"。以利亚在罗腾树下,也被天使两次拍醒(王上十九5、7);主耶稣在客西马尼园面对大争战时,也有天使来加添他的力量(路廿二43~44)。(c)他的身份:有学者认为这天使乃是加百列,因他在第九章也称但以理为"大蒙眷爱"的人(九23),且他已经两次向但以理传递信息(八16,九21);但这里没有像前两次一样提他的名。如果他是加百列,为什么作者不在记载他第一次显现时加以描写,而却在这一次的显现才这样做?㊱ 有学者提议这天使乃是道成肉身之前的基督,因为此处的描述与启示录第一章的描述相仿;㊲但是,这异象中的天使需要米迦勒的帮忙,才可以离开波斯诸王来到但以理那里,我们不禁要问,降生前的基督需要米迦勒帮忙吗?㊳ 而且,他是被差遣(11节)向但以理传递信息,基督在旧约是否站在被差遣的地位呢?㊴ 总括来说,这异象中的天使是一位和加百列同等的天使;㊵作者没有指出他的名字,我们也毋须诸多臆测。

第六,见异象之目的:因为但以理刻苦己心,禁食二十一天,向上帝恳切祈求;上帝听了他的祷告,打发天使来把他同胞日后必遭遇的事预先告诉他。这位天使为什么要等了二十一日才来向但以理传递信息呢?原来他被波斯国的守护使者拦阻,耽搁了二十一天。

有人认为波斯国和希腊国的守护使者都是灵界的活物,是魔鬼的

㉟ 但以理在本章以前已两次被天使抚摸和扶持(八16~18,九21~23)。
㊱ 胡里昂,126。
㊲ Young, 225;苏佐扬,131。
㊳ Walvoord, 247。
㊴ Baldwin, 180。
㊵ Leupold (447-448)认为这位天使与米迦勒同级(即是天使长)。

差役爪牙;故此,他们要与上帝的使者争战,拦阻他履行上帝的盼咐。[41]也有学者指出上古的人认为每国都有守护的使者,[42]他们都是善良而非邪恶的;波斯国的守护天使拦阻传异象的天使前往但以理那处,因这守护天使要护卫所负责守护的国家。

我们没有足够的资料去确定哪种说法是准确的;不过,第一种讲法和"波斯国的魔君"一名较吻合。重要的是,当但以理祷告时,在天上展开了一场属灵界的争战。这场看不见的属灵界的争战,却影响了地上发生的事。

(II) 异象的内容:天使所传递的信息 (十一 2～十二 4)

十一 2　现在我将真事指示你:"波斯还有三王兴起,第四王必富足远胜诸王,他因富足成为强盛,就必激动大众攻击希腊国。

3　必有一个勇敢的王兴起,执掌大权,随意而行。

4　他兴起的时候,他的国必破裂,向天的四方(方:原文是风)分开,却不归他的后裔,治国的权势也都不及他,因为他的国必被拔出,归与他后裔之外的人。

5　南方的王必强盛,他将帅中必有一个比他更强盛,执掌权柄,他的权柄甚大。

6　过些年后,他们必互相连合,南方王的女儿必就了北方王来立约,但这女子帮助之力存立不住,王和他所倚靠之力也不能存立,这女子和引导她来的,并生她的,以及当时扶助她的,都必交与死地。

7　但这女子的本家(本家:原文是根)必另生一子(子:原文是枝)继

---

[41] 胡里昂(128)认为波斯的魔君是"鬼魔邪灵,就是鬼魔之首撒但亲自派来的"。不少学者认为彼得所说的"监狱里的灵"(彼前三 19),就是这些堕落的天使,因为以诺壹书指出他们被上帝监禁起来;曾立华,《在盼望中儆醒》(香港:天道,1986),62。

[42] 他们提出的经文包括出廿三 20,22,卅二 34,卅三 2;书五 14,廿四 15;赛廿四 21;耶四十六 25;林前八 5,十 20,以及申卅二 8,七十士译本的翻译。

续王位，他必率领军队进入北方王的保障，攻击他们，而且得胜；
8 并将他们的神像和铸成的偶像，与金银的宝器掠到埃及去。数年之内，他不去攻击北方的王。
9 北方的王（原文是他）必入南方王的国，却要仍回本地。
10 北方王（原文是他）的二子必动干戈，招聚许多军兵，这军兵前去，如洪水泛滥，又必再去争战，直到南方王的保障。
11 南方王必发烈怒，出来与北方王争战，摆列大军，北方王的军兵必交付他手。
12 他的众军高傲，他的心也必自高，他虽使数万人仆倒，却不得常胜。
13 北方王必回来摆列大军，比先前的更多，满了所定的年数，他必率领大军，带极多的军装来。
14 那时，必有许多人起来攻击南方王，并且你本国的强暴人必兴起，要应验那异象，他们却要败亡。
15 北方王必来筑垒，攻取坚固城，南方的军兵必站立不住，就是选择的精兵（精兵：原文是民）也无力站住。
16 来攻击他的必任意而行，无人在北方王（原文是他）面前站立得住。他必站在那荣美之地，用手施行毁灭。
17 他必定意用全国之力而来，立公正的约，照约而行，将自己的女儿给南方王为妻，想要败坏他（或译：埃及），这计却不得成就，与自己毫无益处。
18 其后，他必转回夺取了许多海岛。但有一大帅，除掉他令人受的羞辱，并且使这羞辱归他本身。
19 他就必转向本地的保障，却要绊跌仆倒，归于无有。
20 那时，必有一人兴起接续他为王，使横征暴敛的人通行国中的荣美地。这王不多日就必灭亡，却不因忿怒，也不因争战。
21 必有一个卑鄙的人兴起接续为王，人未曾将国的尊荣给他，他却趁人坦然无备的时候，用谄媚的话得国。
22 必有无数的军兵势如洪水，在他面前冲没败坏，同盟的君也必如此。

23 与那君结盟之后，他必行诡诈，因为他必上来以微小的军（原文是民）成为强盛。
24 趁人坦然无备的时候，他必来到国中极肥美之地，行他列祖和他列祖之祖所未曾行的，将掳物、掠物和财宝散给众人，又要设计攻打保障，然而这都是暂时的。
25 他必奋勇向前，率领大军攻击南方王，南方王也必以极大极强的军兵与他争战，却站立不住，因为有人设计谋害南方王。
26 吃王膳的，必败坏他，他的军队必被冲没，而且被杀的甚多。
27 至于这二王，他们心怀恶计，同席说谎，计谋却不成就，因为到了定期，事就了结。
28 北方王（原文是他）必带许多财宝回往本国，他的心反对圣约，任意而行，回到本地。
29 到了定期，他必返回，来到南方，后一次却不如前一次，
30 因为基提战船必来攻击他，他就丧胆而回，又要恼恨圣约，任意而行。他必回来联络背弃圣约的人。
31 他必兴兵，这兵必亵渎圣地，就是保障。除掉常献的燔祭，设立那行毁坏可憎的。
32 作恶违背圣约的人，他必用巧言勾引；惟独认识上帝的子民必刚强行事。
33 民间的智慧人必训诲多人，然而他们多日必倒在刀下，或被火烧，或被掳掠抢夺。
34 他们仆倒的时候，稍得扶助，却有许多人用谄媚的话亲近他们。
35 智慧人中有些仆倒的，为要熬炼其余的人，使他们清净洁白，直到末了，因为到了定期，事就了结。
36 王必任意而行，自高自大，超过所有的神，又用奇异的话攻击万神之神。他必行事亨通，直到主的忿怒完毕，因为所定的事必然成就。
37 他必不顾他列祖的神，也不顾妇女所羡慕的神，无论何神他都不顾，因为他必自大，高过一切。
38 他倒要敬拜保障的神，用金、银、宝石和可爱之物敬奉他列祖所不认识的神。

39 他必靠外邦神的帮助，攻破最坚固的保障。凡承认他的，他必将荣耀加给他们，使他们管辖许多人，又为贿赂分地与他们。

40 到末了，南方王要与他交战，北方王必用战车、马兵和许多战船，势如暴风来攻击他，也必进入列国如洪水泛滥。

41 又必进入那荣美之地，有许多国就被倾覆，但以东人、摩押人和一大半亚扪人必脱离他的手。

42 他必伸手攻击列国，埃及地也不得脱离。

43 他必把持埃及的金银财宝和各样的宝物，利比亚人和古实人都必跟从他。

44 但从东方和北方必有消息扰乱他，他就大发烈怒出去，要将多人杀灭净尽。

45 他必在海和荣美的圣山中间设立他如宫殿的帐幕；然而到了他的结局，必无人能帮助他。

十二 1 那时，保佑你本国之民的天使长米迦勒必站起来，并且有大艰难，从有国以来直到此时，没有这样的。你本国的民中，凡名录在册上的，必得拯救。

2 睡在尘埃中的，必有多人复醒，其中有得永生的，有受羞辱、永远被憎恶的。

3 智慧人必发光，如同天上的光；那使多人归义的，必发光如星，直到永永远远。

4 但以理啊，你要隐藏这话，封闭这书，直到末时。必有多人来往奔跑（或译：切心研究），知识就必增长。"

十一 2 "现在我将真事指示你：'波斯还有三王兴起，第四王必富足远胜诸王，他因富足成为强盛，就必激动大众攻击希腊国。'"

"波斯还有三王兴起" "三王"指冈比西斯、㊸大流士一世、㊹亚哈

㊸ 冈比西斯是居鲁士的儿子，于公元前530至前522年作王。

㊹ 大流士一世（Darius I）于公元前522至前486年作王。

随鲁(又名薛西斯)。㊺ 在冈比西斯和大流士一世之间还有一位术士,他在冈比西斯远征巴勒斯坦的时候,假冒自己是冈比西斯的亲兄弟士每第,就是冈比西斯在若干年前秘密暗杀的,㊻这术士只篡位六个月,便被大流士一世杀死。故此,此处并没有把他包括在内。㊼

"第四王" 指亚哈随鲁,他拥有极大的财富,他"从印度直到古实,统管一百二十七省"(斯一1),征收了很多税项,拥有金银制成的床榻和饮酒的器皿(斯一6~8)。

"攻击希腊国" 亚哈随鲁曾于公元前480至前479年,率领强大的军队进攻希腊(参八6的诠释)。㊽

十一3 "必有一个勇敢的王兴起,执掌大权,随意而行。"

"勇敢的王" 即亚历山大大帝(336 - 323 B.C.)。

十一4 "他兴起的时候,他的国必破裂,向天的四方(方:原文是风)分开,却不归他的后裔,治国的权势也都不及他,因为他的国必被拔出,归与他后裔之外的人。"

"向天的四方分开" 参第八章八节的诠释。

"却不归他的后裔" 亚历山大曾娶了骆莎拿为妻,㊾她给他生下一个遗腹子(也取名亚历山大)。亚历山大征服波斯之后,又娶了他蒂拉为妻,她生了希耳古利。㊿两对母子皆先后被杀,他的国因此"不归他的后裔",反倒由四个将军瓜分。

十一5 "南方的王必强盛,他将帅中必有一个比他更强盛,执掌

㊺ 亚哈随鲁原名薛西斯,是大流士一世的儿子,于公元前486至前465年作王,他是皇后以斯帖的丈夫。
㊻ 术士假扮士每第于公元前522年篡位的经过,参布赖特,《以色列史》(香港:文艺,1971),396 - 397。
㊼ Baldwin(185 - 186)却认为此处的"三王"与"四王",乃是希伯来人写作的技巧,用"X"和"X + 1"来代表"全部"或"许多"(参箴三十17~32 的"三样""四样";摩一3~二6的"三番四次");故本节乃指波斯国的富足最终导致希腊国攻击它。
㊽ 相传亚哈随鲁曾在特摩比里(Thermopylae)、撒拉米(Salamis)、迈加尔(Mycale)打败希腊军队;米勒德,785。
㊾ 骆莎拿(Roxana)是西古提领袖奥西雅提(Oxyartes)的女儿。
㊿ 他蒂拉(Sartira)是波斯王大流士三世的女儿,亚历山大重视东西文化合一,不但自己娶波斯人的女儿为妻,又鼓励其他将领娶波斯女士;卜鲁斯,《以色列与列国史》(香港:种籽,1983),164。

权柄，他的权柄甚大。"

"南方的王" 指多利买一世(323－285 B.C.统治埃及)。

"将帅中必有一个比他更强盛" 指西流古一世，他本是巴比伦的总督(321－316 B.C.)，但公元前316年他躲避叙利亚总督安提岗追杀(安提岗想占领亚洲地区，吞并巴比伦)，逃至埃及为多利买一世收留，且任埃及军队的统帅。公元前313年，西流古一世与多利买一世联手，再加上吕西马加(统管小亚西亚及特拉西的君王)的协助，在迦萨击败安提岗的儿子低米丢，西流古一世重返巴比伦。十二年后(301 B.C.)，安提岗被西流古一世击败，西流古一世统治大部分的亚细亚，扩张其版图至印度，名副其实"权柄甚大"。(51)

十一6 "过些年后，他们必互相连合，南方王的女儿必就了北方王来立约，但这女子帮助之力存立不住，王和他所倚靠之力也不能存立，这女子和引导她来的，并生她的，以及当时扶助她的，都必交与死地。"

"过些年后" 大约是在公元前280至前248年，南方(埃及)由多利买二世(285－246 B.C.)执掌王权，北方(叙利亚)的皇帝乃是安提阿哥二世(260－246 B.C.)。多利买二世曾和安提阿哥二世交战，结果胜负难分，彼此言和。(52) 多利买二世在公元前252年把女儿百尼基嫁给安提阿哥二世，(53)大家订立盟约(所罗门作王时，多国的君王要与他建立盟约，故把女儿嫁给他，他"有妃七百，都是公主"，王上十一3)。(54)

"生她的，以及当时扶助她的" "生她的"或作"她所生的"(现中："孩子")；(55)"扶助她"可能是那些设法帮助她逃走的人。(56) 最后，拉奥迪斯立儿子西流古二世为王。

---

(51) 卜鲁斯，165－166。

(52) 多利买二世在安提阿哥一世作王时，曾进攻叙利亚，但被迫撤退。

(53) 百尼基(Berenice)是多利买二世和皇后亚赛诺伊(Arsinoe)所生的女儿。

(54) 这些"政治婚姻"，参 G.H. Jones, *1 and 2 Kings* (Eerdmans, 1984), I, 232－233.

(55) 根据七十士译本和叙利亚文、拉丁文译本，用[wᵉyaldāh]代替原来的[wᵉhayyōlᵉḏāh]，257。

(56) 谢友王，《两约中间史略》(香港：种籽，1978)，232。

“都必交于死地”　安提阿哥二世娶了百尼基后，就休了发妻拉奥迪斯。(57) 当多利买二世于公元前246年死后，安提阿哥二世将百尼基打入冷宫，重新迎回废后拉奥迪斯，并恢复其后位。拉奥迪斯表面上不记旧恨，暗地里却找机会报仇雪恨；最后，她终于毒死亲夫安提阿哥二世(“王和他所倚靠之力也不能存立”)，又派人杀死百尼基和她的儿子，以及百尼基从埃及带来的随从(就是那些“引导她来的”)。

十一7　“但这女子的本家(本家：原文是根)必另生一子(子：原文是枝)继续王位，他必率领军队进入北方王的保障，攻击他们，而且得胜；”

“另生一子”　指百尼基的弟弟多利买三世(246－221 B.C.)。当他得悉姊姊的悲惨下场，便带兵攻打北国，直闯北国首都安提阿，杀了拉奥迪斯；西流古二世被迫求和。

十一9　“北方的王(原文是他)必入南方王的国，却要仍回本地。”

“北方的王”　指西流古二世。他东山再起，于公元前242至前240年带兵进攻埃及，却被多利买三世击退，无功返回首府安提阿。

十一10　“北方王(原文是他)的二子必动干戈，招聚许多军兵，这军兵前去，如洪水泛滥，又必再去争战，直到南方王的保障。”

“北方王的二子”　指西流古三世(226－223 B.C.)和他的弟弟安提阿哥三世(223－187 B.C.)。他们二人计划替父亲雪耻；后因西流古三世在小亚西亚一次战役中被人杀害，报仇的责任落在弟弟安提阿哥三世的肩头上。

安提阿哥三世于公元前218至前217年之间，挥军沿地中海海岸向南进攻，征服了腓尼基和非利士各城，直逼埃及边界的拉非亚(“南方王的保障”)。

当时多利买四世(221－203 B.C.)继父亲多利买三世在南方作王，他率领步兵七万、骑兵五千，以逸待劳在拉非亚把安提阿哥三世击退；这就是第十一节所描述的。

十一12　“他的众军高傲，他的心也必自高，他虽使数万人仆倒，

---

(57) 拉奥迪斯(Laodice)当时已生下两个儿子。

却不得常胜。

"他的众军高傲" 指多利买四世的军队。

"他虽使数万人仆倒" 多利买四世在公元前217年的战役中曾杀灭安提阿哥三世的军队一万五千人,⁵⁸但多利买四世没有乘机北伐,彻底地歼灭安提阿哥三世,也没有占领北国的领土。⁵⁹

十一13 "北方王必回来摆列大军,比先前的更多,满了所定的年数,他必率领大军,带极多的军装来。"

"北方王" 指安提阿哥三世;他在公元前203年(即是多利买四世去世的那一年,年幼的儿子多利买五世刚继位)带兵攻打埃及。多利买五世由公元前203至前181年作南方王。

十一14 "那时,必有许多人起来攻击南方王,并且你本国的强暴人必兴起,要应验那异象,他们却要败亡。"

"许多人起来攻击南方王" 马其顿王腓力和埃及一些叛臣支持安提阿哥三世攻打年轻的多利买五世。

"本国的强暴人" 埃及的犹太人;他们看见埃及形势不大好,就不再支持埃及,转而臣服北国的安提阿哥三世。"强暴人"指不守法的人。

"要应验那异象" 指这些犹太人助纣为虐,帮助安提阿哥三世,以致应验本章第廿至四十节所记载,安提阿哥四世迫害犹太人的异象,只是迫害者终必灭亡,故计划"必要败亡",不会成功。

十一15 "北方王必来筑垒,攻取坚固城,南方的军兵必站立不住,就是选择的精兵(精兵:原文是民)也无力站住。"

"北方王必来筑垒,攻取坚固城" 公元前200年安提阿哥三世大败埃及军,埃及统帅司各巴逃往西顿城,北军筑垒攻城,南方虽加派三位将军援助,仍然无济于事,司各巴终被俘掳。

十一16 "来攻击他的必任意而行,无人在北方王(原文是他)面前站立得住。他必站在那荣美之地,用手施行毁灭。"

"他必站在那荣美之地" 安提阿哥三世大胜埃及军后,控制了叙利亚、巴勒斯坦,直至埃及的边界;他进入耶路撒冷,答允准许犹太人享

---

⁵⁸ 米勒德,786。
⁵⁹ "却不得常胜"解作"却不占领土地";Hartman,267。

有在埃及统治下的权利，且削减税收，并捐款给圣殿。在耶路撒冷被埃及统治了一百多年的犹太人有了新的统治者，也揭开了犹太历史最大惨剧的序幕；他将会“用手施行毁灭”，因为拥有“毁灭”的权柄，他是名副其实地操生死大权。

十一 17　“他必定意用全国之力而来，立公正的约，照约而行，将自己的女儿给南方王为妻，想要败坏他(或译：埃及)，这计却不得成就，与自己毫无益处。”

“将自己的女儿给南方王为妻”　安提阿哥三世为了控制埃及，把女儿克丽奥珮他嫁给多利买五世为妻。(60)

安提阿哥三世本想藉着女儿“败坏”多利买五世，哪知道克丽奥珮他深爱丈夫，不听从父亲的阴谋，反而站在丈夫的一边，鼓励他设法向罗马求助对抗北国(她的祖家)。

十一 18　“其后，他必转回夺取了许多海岛。但有一大帅，除掉他令人受的羞辱，并且使这羞辱归他本身。”

“他必转回夺取了许多海岛”　公元前 197 年，安提阿哥三世曾带兵侵占埃及在小亚细亚的许多城市和岛屿。(61)

“有一大帅”　指罗马将军路西史奇彪。(62) 公元前 191 年安提阿哥三世曾在特摩比里被罗马军击败；翌年，他的海军在爱琴海又吃败仗，罗马兵乘胜追击，在路西史奇彪率领下把安提阿哥三世的军队打得落花流水。安提阿哥三世只好接纳罗马提出的苛刻条件；他除了割让部分领土给罗马外，还要赔款一万五千他连得。他本准备叫罗马受“羞辱”，结果，他反被罗马所“羞辱”。(63)

十一 19　“他就必转向本地的保障，却要绊跌仆倒，归于无有。”

“绊跌仆倒”　安提阿哥三世回国筹募赔款，向各地的庙宇打主意，因为当时的庙宇有如今日的银行，藏有大量财宝；公元前 187 年，他在

---

(60) 相传克丽奥珮他(Cleopatra)嫁给多利买五世时，只有十三岁，故要等五年才可洞房；谢友王，235。

(61) 谢秀雄，212。

(62) 路西史奇彪(Lucius Scipio)还有一个兄弟卜布流史奇彪(Publius Scipio)都是罗马的名将。

(63) Young，240.

彼勒神庙掠取财宝时被人暗杀。(64)

十一20 “那时，必有一人兴起接续他为王，使横征暴敛的人通行国中的荣美地。这王不多日就必灭亡，却不因忿怒，也不因争战。”

“必有一人” 就是安提阿哥三世的儿子西流古四世（187－175 B.C.），他为了按时清还赔款给罗马，派出收税员往各地强课重税、横征暴敛。他派遣亲信希略多路前往耶路撒冷（“国中的荣美地”），掠夺圣殿的财宝（马加比贰书第三章）。

“这王不多日就必灭亡” 西流古四世于公元前175年被人杀死。(65)

十一21 “必有一个卑鄙的人兴起接续为王，人未曾将国的尊荣给他，他却趁人坦然无备的时候，用谄媚的话得国。”

“必有一个卑鄙的人” 指安提阿哥四世；他卑鄙，用不正当的手段抢夺属于侄儿的王位。

“用谄媚的话得国” “谄媚”指狡猾的手段（诗卅五6，七十三18），暗示安提阿哥四世游说别迦摩王尤米尼二世派军帮助他，(66)以及以谄媚的态度说服叙利亚人接受他的统治（虽然他不是合法的王位继承人）。他杀掉希略多路，宣称只会摄政为王，最后必把王位交还他的侄儿，故他大受安提阿哥城的居民欢迎。

安提阿哥四世外表十分谦恭和民主，且慷慨大方，很快就得人的信任和拥戴（雅典人也赐他“荣誉市民”的头衔，立他为地方官）。

十一22 “必有无数的军兵势如洪水，在他面前冲没败坏，同盟的君也必如此。”

“无数的军兵” 指邻国（尤其是埃及）与他作对的军兵。

“同盟的君” 原作“盟约之君”（吕本：“盟约的人君”）。(67)“君”可

---

(64) 彼勒神庙，位于以力买斯（Elymais）。

(65) 相传他是被希略多路（Heliodorus）毒死；胡里昂，140；谢友王，236；史家认为这是安提阿哥四世所计谋的，当时他正在雅典，预备返回叙利亚；谢秀雄，213。

(66) 其实别迦摩王尤米尼二世（Eumenes II）早就预料他会作王，故借军给他时，还顺带送他一些帝王穿用的服饰；卜鲁斯，184。

(67) 原是[nᵉg̱îḏbᵉrîṯ]（prince of covenant），此处的“君”与第九章廿五节“受膏君”的“君”原文同一个字。

指大祭司,而“盟约”指上帝与犹太人所立的约,故“同盟之君”乃是大祭司亚尼亚三世(和合本把此句译作“同盟之君”,很易叫人误会这君与安提阿哥四世同盟,原文却无此意)。(68)

大祭司亚尼亚三世,反对安提阿哥四世所提倡的希腊化政策。所以,公元前 175 年,亚尼亚三世的弟弟耶孙(原名约书亚)向安提阿哥四世保证,如果他被立为大祭司,他会捐出三百六十他连得的银子给王的库房,又大力推动希腊的文化;安提阿哥四世就废除亚尼亚三世,封立耶孙为大祭司。公元前 171 年,耶孙命令助手门尼老斯把税项带去给安提阿哥四世,门尼老斯趁机贿赂王,应允会比耶孙多进贡三百他连得的银子。王就废除了耶孙,立门尼老斯为大祭司。不久,门尼老斯因亚尼亚三世公开谴责他,恼羞成怒,贿赂王的大臣安多尼古杀掉亚尼亚三世。(69) 故此,“同盟之君”亚尼亚三世,在安提阿哥四世面前“冲没败坏”。

十一 23 *“与那君结盟之后,他必行诡诈,因为他必上来以微小的军(原文是民)成为强盛。”*

“与那君结盟之后” 原作“有人与他联盟”(吕本:“由于人跟他联盟的缘故”),这句与上一节不是连接的(和合本的翻译容易让人人误会上一节的“同盟之君”和“与那君结盟”是同一个人)。本节的“那君”乃指埃及王多利买六世(181 - 145 B.C.),他乃是安提阿哥四世的外甥,安提阿哥四世利用二人的联盟,从埃及夺取许多本属于埃及的巴勒斯坦城镇,使北国渐渐富强。(70)

也有学者认为,这里的“结盟”乃指那些接受希腊化的犹太人,他们与安提阿哥四世结盟。(71)

十一 24 *“趁人坦然无备的时候,他必来到国中极肥美之地,行他列祖和他列祖之祖所未曾行的,将掳物、掠物和财宝散给众人,又要设计攻打保障,然而这都是暂时的。”*

---

(68) Baldwin, 192;谢友王(237)却认为这“同盟之君”乃是埃及王多利买六世。

(69) 安多尼古(Andronicus)当时代替安提阿哥四世处理政务,因后者前往基利家平乱;安提阿哥四世回京后,在安多尼古杀死亚尼亚三世的地方把安多尼古处死;卜鲁斯,187。

(70) 谢秀雄,215;谢友王,237。

(71) Lacocque, 127; Hartman, 295.

“散给众人” 相传安提阿哥四世到处抢掠财宝之后，就将财宝分给拥护和跟随他的人（马加比壹书三 30 指出“安提阿哥四世馈赠礼物给随从，比他以前的王都慷慨得多”）。

“保障” 南国埃及的城市。

十一 25 “他必奋勇向前，率领大军攻击南方王，南方王也必以极大极强的军兵与他争战，却站立不住，因为有人设计谋害南方王。”

“率领大军攻击南方王” 公元前 170 至前 169 年，年轻的多利买六世，按照两位大臣欧拉尤斯和列拿尤斯的建议，向安提阿哥四世宣战。安提阿哥四世率领大军迎头痛击埃及军，首先侵占了埃及的边防要塞帕路仙，再乘胜追击至孟斐斯；多利买六世又在两位大臣的怂恿下逃走，结果，被擒获成为安提阿哥四世的阶下囚（马加比壹书一 16～19）。(72)

“有人设计” 指两位大臣的阴谋，其实他们已和安提阿哥四世暗地里订下休战条件。

十一 26 “吃王膳的，必败坏他，他的军队必被冲没，而且被杀的甚多。”

“吃王膳的” 即两位大臣和其他反对多利买六世的臣仆。

十一 27 “至于这二王，他们心怀恶计，同席说谎，计谋却不成就，因为到了定期，事就了结。”

“至于这二王，他们心怀恶计，同席说谎” “二王”指安提阿哥四世和多利买六世；前者俘掳了后者，强迫他签署和约，安提阿哥四世成为埃及地的保护者。

埃及亚历山大城的居民听见这消息，立刻宣称不承认多利买六世是他们的君王，因为他们不能忍受向安提阿哥四世臣服。于是，他们另立多利买的弟弟为王，称号为多利买八世。安提阿哥四世挥军直攻亚历山大城，只是该城的市民众志成城，竭力抵御，他无功而退。

安提阿哥四世于是想利用多利买六世挑拨离间埃及人，故释放多

---

(72) 有关两位大臣欧拉尤斯（Eulaeus）和列拿尤斯（Lenaeus）的阴谋，以及安提阿哥四世占领和攻打帕路仙（Pelusium）和孟斐斯（Memphis）的经过，参谢秀雄，215；思高，163；Hartman，196.

利买六世，设宴款待他。多利买六世心中有数，知道安提阿哥四世满肚子阴谋诡计，故将计就计，表面上同意和安提阿哥四世联手对付多利买八世。所以他们“心怀诡计，同席说谎”。

“计谋却不成就” 多利买六世和多利买八世两兄弟和好如初，共同对抗安提阿哥四世，故他的诡计失败。

“因为到了定期，事就了结” 应作“因为距离所指定的末期，还有一段时间”，即埃及被灭绝的时候未到，故安提阿哥四世的阴谋不能实现。

十一 28 “北方王(原文是他)必带许多财宝回往本国，他的心反对圣约，任意而行，回到本地。”

“他的心反对圣约” 安提阿哥四世占领埃及的阴谋不能得逞，于是班师回国。途中，他停在耶路撒冷。当时有谣传说他战死于埃及之故，前任大祭司耶孙就从约旦河东带领一千人前来攻入耶路撒冷，除掉大祭司门尼老斯的亲信，赶逐门尼老斯离境，重新夺回大祭司的职位。耶孙因大肆屠杀，引起众愤；结果，也被驱逐出城。安提阿哥四世认为这件事证明犹太人背叛他，故他抵达耶路撒冷，再立门尼老斯为大祭司，且在门尼老斯的引导下进入圣殿的圣所，掠去圣殿内许多器皿和宝物，价值一千八百他连得银子(马加比壹书一 20～25；马加比贰书五 11～21)。

十一 29 “到了定期，他必返回，来到南方，后一次却不如前一次，”

“他必返回” 公元前 168 年，安提阿哥四世第二次进攻埃及，他的军队直捣埃及内地，他且在孟斐斯自封为埃及王。但当他围攻亚历山大城的时候，罗马刚刚战胜了希腊，派遣特使老拿斯命令安提阿哥四世撤离埃及。此时罗马的势力正扩充至中东，它要成为埃及的保护国，不能让安提阿哥四世先拔头筹，得了管辖埃及的权利。安提阿哥四世回答老拿斯说，要先和部下商量才能作出答复，老拿斯就在沙地上绕着安提阿哥四世划一圈，威吓他若不答复，就不准走出圈外。(73) 安提阿哥四世没有选择的余地，只好屈服，收拾残军班师回国；他不敢得罪罗马这

(73) 卜鲁斯，192；当安提阿哥四世在罗马为人质时，曾与这位罗马特使老拿斯(Lueius Popillius Laenas)论交。故安提阿哥四世在亚历山大城外曾伸出右手欢迎老朋友，但老拿斯不肯握手，直至他答应退兵，才和他握手。

新兴的超级势力。罗马在短短一个星期内征服了希腊，又成为埃及的保护国。

十一30 “因为基提战船必来攻击他，他就丧胆而回，又要恼恨圣约，任意而行。他必回来联络背弃圣约的人。”

“基提战船” “基提”指居比路（今日的塞浦路斯），当时属罗马管辖，故“基提战船”即是罗马军舰。当安提阿哥四世兵临亚历山大城时，罗马战舰亦驶近亚历山大港口。(74)

“又要恼恨圣约” 安提阿哥四世在埃及受罗马的羞辱怒气膺胸，当他得知耶路撒冷的犹太人不满他推行希腊化政策，更是火上加油。于是，他向犹太人发泄怒气，纵容军队在耶路撒冷大施屠杀，把居民掳去卖为奴仆，并抢掠和破坏全城，城墙也被拆毁，另建亚基拉城堡，控制圣殿地区，派兵长驻该城。(75)

此处的“圣约”与第廿八节的“圣约”都指犹太人，就是与上帝订立盟约的选民。

“回来联络背弃圣约的人” 此句的“圣约”却指上帝和选民所订立的盟约。当时有一群犹太人弃掉自己的信仰，采取希腊的习俗，且游说同胞仿效他们接受“希腊化”；这些投机的犹太人与安提阿哥四世妥协，成了他的帮凶，助他横征暴敛，倒行逆施迫害那些忠于上帝的同胞。

十一31 “他必兴兵，这兵必亵渎圣地，就是保障。除掉常献的燔祭，设立那行毁坏可憎的。”

“就是保障” 安提阿哥四世曾在圣殿以南，为他的驻军建立了亚基拉城堡，故“保障”指圣殿一带。

“除掉常献的燔祭，设立那行毁坏可憎的” 安提阿哥四世清楚知道，犹太人不接受希腊化的政策，主要是因他们信奉上帝；故他决定用最严厉的手段对付犹太人的宗教。公元前167年，他下令废除圣殿一切的礼仪和献祭，毁灭所有律法书，禁止守安息日和其他节期，废弃洁与不洁的饮食条例，又禁止替婴孩行割礼。

---

(74) 谢友王，239。

(75) 亚基拉城堡（Acra Citadel）变成耶路撒冷的保卫城。

同年 12 月，他在圣殿原来摆放祭坛的地方放置了一个新的祭坛，在其上献猪给宙斯神，还设立了宙斯的神像，把圣殿改名为宙斯庙。(76) 这个“可憎”的宙斯神像“毁坏”污秽了圣殿（安提阿哥四世还下令，把猪血涂抹在圣殿的器皿和幔子上）。不但如此，安提阿哥四世又在各地设立了异教的祭坛，命令犹太人向偶像献祭。

十一 32 “作恶违背圣约的人，他必用巧言勾引；惟独认识上帝的子民必刚强行事。”

“认识上帝的” 指那些真心以上帝为独一真神的犹太人。希伯来文的“认识”不仅包括头脑上的“知道”“了解”，更是心里“接受”和“承认”。创世记的作者曾用这个词描写人间最亲密的关系，就是夫妇的性关系（创四 1，“亚当和夏娃同房”原作亚当“认识”夏娃）。(77) 何西阿先知指出：一个真正认识上帝的人，必定遵行他的吩咐（何四 1）。

这些犹太人笃信上帝，忠心至死，不肯敬拜假神宙斯（马加比壹书一 60～63）。他们与那些贪生怕死、只懂向安提阿哥四世谄媚的信仰投机分子形成了强烈的对比。

十一 33 “民间的智慧人必训诲多人，然而他们多日必倒在刀下，或被火烧，或被掳掠抢夺。”

“民间的智慧人” 就是那些“认识上帝”的人，他们不但自己“刚强”，还鼓励同胞刚强壮胆，务要持守列祖留传下来的信仰。

“倒在刀下” 当时候安提阿哥四世下令：凡继续奉行犹太人信仰的人必受重罚，那些为婴孩行割礼、收藏律法书、拒绝在异教祭坛献祭，以及那些不吃在祭坛上献过祭的猪肉的人，都要被杀（马加比壹书一 60～63；马加比贰书六 18～七 42）。忠于上帝的人宁死不屈，甘心舍身殉难。(78)

十一 34 “他们仆倒的时候，稍得扶助，却有许多人用谄媚的话亲

---

(76) 有关安提阿哥四世是否在圣殿设立了宙斯神像，参 H. H. Rowley, “Menelaus and the Abomination of Desolation,” in *Studia Orientalia Ioanni Pedersen* (Einar Munkegaard, 1953), 303 - 315.

(77) D. W. Thomas, “Additional Note on the Root *yd'* in Hebrew,” *JTS* 15:54 - 57.

(78) 此处提到忠心于上帝的人所遭遇的四种灾难，“倒在刀下”“火烧”“掳掠”“抢夺”，为什么是四种呢？参 Jeffery, 533.

近他们。”

“稍得扶助” 指马加比革命渐获胜利，(79)叫忠于上帝的人暂时不受迫害，可喘一口气（马加比壹书二 15～28，三 10～26，四 1～25）。

“许多人用谄媚的话亲近他们” 有一些人参加马加比的革命不是出于真心，只在革命成功时趋炎附势，前来笼络巴结。这些说谄媚话的人参加起义，只因为害怕马加比党的人对他们不客气，故后来看见锋头不对，又再次拥护希腊文化，放弃原有的信仰（马加比壹书九 23）。

十一 35 “智慧人中有些仆倒的，为要熬炼其余的人，使他们清净洁白，直到末了，因为到了定期，事就了结。”

“熬炼其余的人” 这是上帝准许犹太人经历迫害之目的。那些忠贞于上帝的选民，藉着迫害得了磨炼，成为“清净洁白”，而那些不真心“认识”上帝的选民，便在迫害中“仆倒”了。

十一 36 “王必任意而行，自高自大，超过所有的神，又用奇异的话攻击万神之神。他必行事亨通，直到主的忿怒完毕，因为所定的事必然成就。”

“王” 这“王”是谁呢？第一，他是安提阿哥四世。(80) 第二，他是罗马皇帝君士坦丁（A. D. 280－337），这是犹太拉比的看法。(81) 第三，敌基督。(82) 第四，一切与上帝为敌的人。(83)

让我们先看作者如何描述此“王”，然后才下结论指出这“王”究竟是谁？

“任意而行” 作者曾用此句话描写亚历山大（八 4，十一 3），安提阿哥三世（十一 16）。

“超过所有的神” 安提阿哥四世自高自大，以自己为天神显现，他

(79) 有关马加比革命的详情，参卜鲁斯，199－207；谢友王，254－314。

(80) Hartman, 301; Anderson, 141; Zöckler, 251.

(81) 例如伊宾以斯拉（Ibn Ezra），Young, 246.

(82) Walvoord, 272; Jerome, 136.

(83) 唐佑之，70；他指出：“这个人物是历史的，但这个代表性的历史人物不只是在一个人身上，可能在许多人身上实现。”

发行的钱币刻有"神明显明"的字句。[84] 使徒保罗指出那大罪人敌基督要"高抬自己,超过一切称为神的,和一切受人敬拜的"(帖后二4)。

"万神之神"　即耶和华上帝(二47)。安提阿哥四世曾"攻击万君之君"(八25),因他"除掉常献给君的燔祭,毁坏君的圣所"(八11);但历史并没有记述安提阿哥四世"用奇异的话"攻击上帝。"奇异的话"就是叫人感到惊奇的说话,因为王所说的狂妄亵渎上帝的话是人意想不到的。

保罗曾形容那大罪人"坐在上帝的殿里自称是上帝"(帖后二4)。

"行事亨通"　但以理书的作者,曾描述安提阿哥四世"任意而行,无不顺利"(八12、24)。

"主的忿怒完毕"　这王的狂妄是有限期的,到了期限,上帝的忿怒必临到,毁灭此王(参八19的"恼怒临完","恼怒"与此处的"忿怒"同一个希伯来字)。

十一37　"他必不顾他列祖的神,也不顾妇女所羡慕的神,无论何神他都不顾,因为他必自大,高过一切。"

"他必不顾他列祖的神"　安提阿哥四世尊崇希腊的宙斯神,远超过北国叙利亚素来敬拜的神明(例如阿波罗神)。另一方面,他曾掠夺自己神明庙宇的财宝,故是"不顾他列祖的神"。

赞成这"王"是敌基督的学者,对这句话有两种看法:第一,敌基督将会是犹太人,故"列祖的神"指犹太人所敬拜的上帝;[85]第二,敌基督源于将来新兴的罗马帝国,故指罗马所崇拜的神,也就是罗马天主教所崇拜的真神。[86]

"也不顾妇女所羡慕的"　可能是"搭模斯"(结八14),他是迦南人所敬拜的植物神,主管农作物的生长和丰收。安提阿哥四世漠视这位迦南神。另一方面,主张"他"是敌基督的学者却认为"妇女所羡慕的

---

[84] "Theos Epiphanes";有关"超过所有的神"与迦南地宗教的关系,参 R. J. Clifford, "History and Myth in Dan 10－12," *BASOR* 220:23－26.

[85] Young,248;Gaebelein,188.

[86] 胡里昂,145;笔者不明白,"罗马所崇拜的神"怎么可以相等于"罗马天主教所崇拜的真神"?

神”乃是“爱情”,(87)或说所有妇女都羡慕作弥赛亚的母亲,故指弥赛亚。(88) 这两种解释比较牵强,因经文明说是“妇女所羡慕的神”,且从上下文来说,这指“搭模斯”比较合理。

“无论何神他都不顾” 指安提阿哥四世为了筹募送给罗马的赔款,抢掠所有神庙的财宝,(89)显然是不尊敬任何的神明。

十一38 “他倒要敬拜保障的神,用金、银、宝石和可爱之物敬奉他列祖所不认识的神。”

“他倒要敬拜保障的神” 就是宙斯神,安提阿哥四世用大量的金银宝物,为宙斯兴建了宏伟的庙宇。

赞成“他”是敌基督的学者却认为“保障的神”就是战争的神,暗示敌基督性喜争斗,到处与人为敌。而且,他要用“金银宝石”去支持昂贵的战争。

十一39 “他必靠外邦神的帮助,攻破最坚固的保障。凡承认他的,他必将荣耀加给他们,使他们管辖许多人,又为贿赂分地与他们。”

“他必靠外邦神的帮助,攻破最坚固的保障” 这两句话可作“他用外邦神的人民去防守保障”(参现中:“他用信奉异教神明的军队防守他的堡垒”;吕本:“他必使敬拜外人之神的人民做守卫保障者”)。(90) 这回应安提阿哥四世派他的军队,驻守于耶路撒冷的亚基拉城堡(马加比壹书五9、26、27)。(91)

“凡承认他的,他必将荣耀加给他们” 马加比书的作者记述,安提阿哥四世善待那些听从他话的人。有一次,一个犹太妇人与她的六个儿子宁死不屈,不肯依照安提阿哥四世的话放弃敬拜上帝,结果都被杀死。安提阿哥四世对剩下的最年幼孩子说:“如果你肯弃掉你祖先的习俗,我便赐给你许多财富,又给你高位。”(马加比贰书七24)他常用权势和财物拉拢迎合他的小人。

---

(87) Young, 249;胡里昂(145)却认为是妇女所羡慕的美德,例如恩慈、温柔、良善。

(88) Walvoord, 274.

(89) 引申 Polybius xxxvi, 4,10.

(90) 把[ʿim](with)改作[ʿam](people),再把“坚固”[mibṣᵉrê]改为“防守”[mᵉbaṣṣᵉrê],两处的修改都只牵涉母音;Montgomery, 463; Driver, 195.

(91) 虽然杨以德认为这“王”是敌基督,他却承认第卅九节的描写与安提阿哥四世生平吻合;Young, 250.

另一方面，那些认为"他"是敌基督的学者却指出本节叙述敌基督攻打最坚固的保障，战胜后会让那些尊崇他的人管理保障，又分地给他们，以赢取他们对他忠诚。㉜

"又为贿赂分地与他们"　记述安提阿哥四世把耶路撒冷周围的土地分给驻守在亚甲基城堡的军队。㉝

十一 40　"到末了，南方王要与他交战，北方王必用战车、马兵和许多战船，势如暴风来攻击他，也必进入列国如洪水泛滥。"

"到末了，南方王要与他交战"　"末了"指那预定的末期(27、35 节)，"南方王"是埃及王多利买六世；这一次争战安提阿哥四世大获全胜。

有学者却认为，这是描写主耶稣第二次降临前，敌基督和南方王的大争战。㉞

十一 41　"又必进入那荣美之地，有许多国就被倾覆，但以东人、摩押人和一大半亚扪人必脱离他的手。"

"以东人、摩押人和一大半亚扪人"　他们历来都与犹太人为仇，故自然支持安提阿哥四世，也因此不用遭受他攻击。如果"他"是敌基督，他也不会加害那些与选民为敌的人。

十一 43　"他必把持埃及的金银财宝和各样的宝物，利比亚人和古实人都必跟从他。"

"利比亚人和古实人"　"利比亚"位于埃及的西面，"古实"在埃及的南方；作者用这两国表征全埃及都臣服北方王或敌基督。

十一 44　"但从东方和北方必有消息扰乱他，他就大发烈怒出去，要将多人杀灭净尽。"

"东方和北方"　安提阿哥四世临终前，进攻东面的帕提亚和北面的亚美尼亚。㉟

㉜ 胡里昂,145；Walvoord, 276；值得注意的是，一些赞成"他"是敌基督的学者并没有提出本节怎样应验在敌基督身上；Young, 250；Baldwin, 198-199。

㉝ 卜鲁斯,195；耶路撒冷的城墙已拆毁，变成一个没有城墙的城市，像尼希米重建城墙以前一样。

㉞ Young, 251；胡里昂(146)认为"南方的王"是以埃及为首的阿拉伯联盟，"北方的王"则是苏联；这种说法纯属臆测，毫无根据。

㉟ 帕提亚(Parthians)在波斯帝国境内，参 IBD, 1156。

十一45 “他必在海和荣美的圣山中间设立他如宫殿的帐幕；然而到了他的结局，必无人能帮助他。”

“海和荣美的圣山” 地中海和锡安山，在以色列国境内。

“设立他如宫殿的帐幕” 他在以色列国境内，设置坚固壮丽的营房。

“必无人能帮助他” 回应第八章廿五节“至终却非因人手而灭亡”。安提阿哥四世于公元前164年11月20日至12月19日那一段日子，病逝于波斯的塔比。(96) 如果“他”是敌基督，这乃记述敌基督被毁灭（启十九20～21）。

十二1 “那时，保佑你本国之民的天使长米迦勒必站起来，并且有大艰难，从有国以来直到此时，没有这样的。你本国的民中，凡名录在册上的，必得拯救。”

“那时” 指第十一章四十至四十五节所描述的那段时间，即安提阿哥四世末期或主耶稣第二次降临前夕。

“站起来” 保护和辩护（斯八12，九16都提到“站起来保护性命”，参吕本的翻译）。

“大艰难” 指安提阿哥四世的迫害，或末世的大灾难（耶三十7）。

“凡名录在册上的” 名字记在生命册上（诗六十九28；赛四3；腓四3；启三5，十三8，十七8，二十12，廿一27）。死海古卷的文献里也提到“凡名字记在生命册上的必获拯救”。(97) 虽然米迦勒负责保护以色列国的国民，但是，只有名字记在生命册上（就是那些在逼迫中忠于上帝）的人，才得拯救。

十二2 “睡在尘埃中的，必有多人复醒，其中有得永生的，有受羞辱、永远被憎恶的。”

“睡在尘埃中的，必有多人复醒” “尘埃”指坟墓（伯七21，十七16；赛廿六19），“睡在尘埃”指死人。

---

(96) 安提阿哥四世的灭亡记载在大英博物馆第35603号泥板，参 A. J. Sachs and D. J. Wiseman, “A Babylonian King List of the Hellenistic Period,” *Iraq*, 16:202－212.

(97) 4Q Dib Ham, 6,12－14; M. Baillet, “Un recueil liturgique de Qumrân, Grotte 4: Les Paroles des Luminaires,” *RB* 68:195－250.

"多人"可解作"全部"。就如以赛亚书第二章三节"许多国的民"，相等于第二节的"万民"。又如耶稣说："这是我立约的血，为多人流出来的"(可十四 24)，"多人"指全人类(参约壹二 2)。(98) 把"多人"视为"所有"，乃是避免叫人误会有两次的复活。但原文直译是"从睡在尘埃中有多人复醒"，(99)显然不是指"全部"或"所有"睡在尘埃中的人，乃是"从所有睡在尘埃中的人之中"会有多人复活。(100)

那些认为第十一章四十至四十五节乃是描写安提阿哥四世的学者相信：第一，"多人"就是在逼迫中死亡的犹太人(十一 44)；第二，"多人"指那些得永生的人，就是在逼迫中仍然忠贞于上帝的犹太人，而那些背道的人并没有复活("复醒")，只会永远受羞耻和憎恶。(101)

另一方面，那些接受本段乃预言末世的学者，对"多人复醒"有三种看法：第一，赞成前千禧年论的学者，认为本节乃指千禧年开始前的复活(启二十 4～5)。(102) 第二，赞成无千禧年或后千禧年论的学者，有些则坚持"多人"指全部，所有人一起复活。(103) 第三，有些学者却认为，这里本指全人类复活，作者只不过将焦点放在那些在大艰难中逝世的人身上。(104) 第一种看法，假设主耶稣第二次再来前有三次复活，第一次是主再来那些"在基督里睡了的人必先复活"(帖前四 16)，即是所谓灾前的复活；第二次是经过了大灾难在千禧年开始前的复活(启二十 4～5)；第三次是白色大宝座审判之前的复活(启二十 12～15)。圣经是否清楚指出基督第二次再来前有三次复活呢？第二种看法把"多人"解作"全部"，这不是经文最自然的意思。第三种看法比较可取。

"其中有得永生的，有受羞辱、永远被憎恶的" 那些在迫害中仍然

---

(98) V. Taylor, *The Gospel According to St. Mark* (Macmillan, 1963), 546.

(99) "Many of those who sleep in the ground of dust shall awake,"而"of those"的介词是[min]，强调全部中的一部分(partitive significance)。

(100) 有关但以理书的复活与旧约其他论及复活的经文的关系，参 W. Eichrodt, *Theology of the Old Testament* (SCM, 1967), II, 496－529，尤其是 512－516。

(101) Hartman, 307－308; Lacocque, 244；按照此说法，第二节可作"睡在尘埃中，必有多人复醒，他们全得永生；另外一些人(就是那些没有复醒的)会受辱，永远被憎恶"。

(102) 胡里昂，152。

(103) Baldwin, 204.

(104) Young, 256.

忠贞于上帝的人(就是名字记在生命册上的),必会复活承受“永生”,而那些背信的恶人,却要承受永远的“羞辱”和“憎恶”。“憎恶”一词的原文除此处外,只在以赛亚书第六十六章廿四节出现过,那里也是叙述违背上帝的人被“憎恶”。此处是旧约唯一提到“永生”的经文。

十二 3 “智慧人必发光,如同天上的光;那使多人归义的,必发光如星,直到永永远远。”

“智慧人必发光” “智慧人”和第十一章卅三节所提到的相同;他们不但自己对上帝忠贞,且教导人忠于上帝。

“使多人归义” “智慧人”用他们的教训和榜样帮助别人作出正确的生命抉择。

但以理书的作者把这些忠贞于上帝的教师与以赛亚书“耶和华的仆人”相比。耶和华的仆人“行事有智慧”(赛五十二 13),且叫许多人认识他“得称为义”(赛五十三 11),这岂不是本节“智慧人”的写照吗?(105)

“必发光如星” 回应“如同天上的光”,都是描写智慧人如天上的日、月、星宿永垂千古,长志人心(太十三 43)。(106)

十二 4 “但以理啊,你要隐藏这话,封闭这书,直到末时。必有多人来往奔跑(或译:切心研究),知识就必增长。”

“封闭这书” 可参考第八章廿六节“将异象封住”。

“多人来往奔跑(或译:切心研究),知识就必增长” 可根据七十士译本改作“多人就必背道,罪恶就必加增”。(107) 如果不修改,则这两句话论述多人拼命奔跑,以为可以增加知识,但却找不着(摩八 12)。另一方面,这两句话也可指末后上帝的话已显明,那些愿意寻找的必找到,知识因此增多。(108)

---

(105) 坚士伯(Ginsberg)远在 1953 年已指出“智慧人”与耶和华的仆人之关系;H. L. Ginsberg, “The Oldest Interpretation of the Suffering Servant,” *VT* 3:400-403.

(106) 有学者认为这节的“星”乃指天使,暗示智慧人被提高与天使平等,但理由不充分;J. J. Collins, “An Apocalyptic Eschatology as the Transcendence of Death,” *CBQ* 36:33-35.

(107) 把[yᵉšōṭṭû](来往奔跑)改为[yᵉšōṭᵉṭû](背道),把[haddāʿaṭ](知识)视作[hārāʿah](罪恶)。

(108) J.M. Lindenberger, “Dan. 12:1-4,” *Interpretation* 39:184.

小结

（1）本段记下由波斯至安提阿哥四世（甚至到敌基督）的历史。

第一，波斯与希腊交战（十一 2～4）。第二，多利买一世的历史（十一 5～6）。第三，南北二国的冲突（十一 7～9）。第四，安提阿哥三世的生平，特别是他远征埃及的经过（十一 10～19）。第五，西流古四世的简史，他是第一个企图掠夺耶路撒冷圣殿的君王（十一 20）。第六，本段的中心人物安提阿哥四世的生平，包括他的兴起（十一 21～24）、第一次远征埃及（十一 25～28）、第二次攻打埃及（十一 29～30）、迫害犹太人（十一 31～35）、他的狂傲（十一 36～39）和他的败亡（十一 40～45）。第七，天使预言那些在迫害中忠贞于上帝的犹太人，必会复活得永生，而那些背信的恶人，会永远被羞辱和憎恶（十二 1～3）。第八，天使吩咐但以理把预言封住，直到它应验的时候（十二 4）。

（2）究竟第十一章卅六至四十五节是否描写安提阿哥四世呢？有学者认为这是不可能；因为：第一，这十节经文的描述，有不少细节不适用于安提阿哥四世，例如历史并没有记载他第三次攻打埃及（十一 40），此外，他死于波斯的塔比，第廿五节却暗示他在巴勒斯坦灭亡；第二，使徒保罗对大罪人敌基督的描写（帖后二 3～4）和第卅六节相似，该节的"王"应指敌基督。

回答以上两点的疑问，我们可以留意：第一，启示文学的描写比较夸张和富有象征性，不一定按字面的意思逐一应验。第二，有些事在圣经里有记载而历史没有提及，这是可能的，因现有的上古历史记载并不完整。而且，历史并没有记下一切与安提阿哥四世有关的事情，我们不能因为现有的历史没有提到安提阿哥四世第三次攻打埃及，便断定他未曾第三次攻打埃及。更重要的是，我们绝不可因此说圣经的作者的预言是错误的。[109] 第三，安提阿哥四世的确死于波斯的塔比，但第四十五节只提及他在地中海和锡安山之间设置帐幕，并没有说他在该地灭

---

[109] Hartman, 303; Hammer, 112; Lacocque, 232; Anderson, 142.

亡。第四，使徒保罗借用第卅六节描绘敌基督，这不等于说第卅六节的“王”乃是敌基督；(110)保罗只是指出，将要兴起的敌基督有安提阿哥四世那种骄傲狂妄的性格。

总括来说，第卅六至四十五节基本上仍是描写安提阿哥四世，只不过这段经文也可用以描述骄傲自大、与上帝作对和迫害他子民的恶人。(111) 这些人在历代出现，且以不同的方式和形态出现，但最终都会被上帝刑罚、灭绝。敌基督乃是这种恶人最极端的表现，他必会像安提阿哥四世一样被灭绝。

(III) 异象的结束：但以理再与天使谈话（十二 5～13）

5 我但以理观看，见另有两个人站立，一个在河这边，一个在河那边。
6 有一个问那站在河水以上、穿细麻衣的说：“这奇异的事到几时才应验呢？”
7 我听见那站在河水以上、穿细麻衣的，向天举起左右手，指着活到永远的主起誓说：“要到一载、二载、半载，打破圣民权力的时候，这一切事就都应验了。”
8 我听见这话，却不明白，就说：“我主啊，这些事的结局是怎样呢？”
9 他说：“但以理啊，你只管去，因为这话已经隐藏封闭，直到末时。
10 必有许多人使自己清净洁白，且被熬炼，但恶人仍必行恶，一切恶人都不明白，惟独智慧人能明白。
11 从除掉常献的燔祭，并设立那行毁坏可憎之物的时候，必有一千二百九十日。
12 等到一千三百三十五日的，那人便为有福。
13 你且去等候结局，因为你必安歇。到了末期，你必起来，享受你的福分。”

---

(110) 有关使徒保罗对敌基督的描述与拉比文学的关系，参 Bravermann, 124 - 125.
(111) Baldwin, 201；唐佑之，70。

十二 5 "我但以理观看,见另有两个人站立,一个在河这边,一个在河那边。"

"两个人站立" 两位天使以人的形象显现,站在底格里斯河两边(十 4)。

"一个在河这边" "河"的原文在圣经多指埃及的尼罗河,⑫作者采用这词称呼底格里斯河,暗示上帝在出埃及时如何胜过埃及拯救他的百姓,现在会同样拯救他的选民脱离敌人的迫害。

十二 6 "有一个问那站在河水以上、穿细麻衣的说:'这奇异的事到几时才应验呢。'"

"站在河水以上、穿细麻衣的" 指在第十章向但以理显现的那位天使(十 5)。所以,当时共有三位天使;但以理和穿细麻衣的天使站在河的上游,而另外两位天使在河的下游。⑬

"这奇异的事到几时才应验呢" "奇异的事"乃指第十一章卅一节至第十二章三节所记载的残酷迫害。"奇异"与第十一章卅六节"奇异",和第八章廿四节"非常的毁灭"之"非常"同字根,故暗示安提阿哥四世对上帝的亵渎和对选民的迫害。"这奇异的事到几时才应验呢?"原作"这奇异的事的结局何时才临到呢?究竟选民所受的迫害何时才完结呢?"(八 14)

十二 7 "我听见那站在河水以上、穿细麻衣的,向天举起左右手,指着活到永远的主起誓说:'要到一载、二载、半载,打破圣民权力的时候,这一切事就都应验了。'"

"向天举起左右手" 向天起誓。旧约时代的起誓多举起一只手(创十四 22;出六 8;申卅二 40),举起两只手表示起誓的动作特别庄重和严肃,誓言必定应验。

"指着活到永远的主起誓" 上帝永远活着(四 34),故他可保证誓言永远有效,绝不落空。⑭

---

⑫ [hayᵉ'ōr](河)在圣经一律指埃及的尼罗河,除了在约伯记第廿八章十节和以赛亚书第卅三章廿一节;该两处经文用这字的复数记述人工运河。
⑬ Hartman, 274;"河水以上"原作"河水的高处",指河的上游。
⑭ A. Kwong, *The Initiatory Oath of the Dead Sea Scrolls* (Unpublished M. A. Thesis, Wheaton, 1972),12.

“一载、二载、半载” 参第七章廿五节。

“打破圣民权力的时候” 圣民受迫害差不多完全被灭绝，以致力量消失。

十二8 “我听见这话，却不明白，就说：‘我主啊，这些事的结局是怎样呢？’”

“我主啊” 对别人有礼貌和尊敬的称呼（十16），也是仆人对主人常用的称呼。

“这些事的结局是怎样呢” 但以理不明白，天使为何只指出圣民受苦要到“一载、二载、半载”，却没有提到那迫害圣民的人之结局，故向天使咨询。

十二9 “他说：‘但以理啊，你只管去，因为这话已经隐藏封闭，直到末时。’”

“你只管去” “去”乃是天使教训但以理不要过分好奇，也不要追问，只管把疑难放下；[115]有些事不会在当时应验，故没有解释的必要。但以理虽然亲耳听见此启示，却不完全明白；对他来说，启示仍是“隐藏封闭”。主耶稣也曾吩咐使徒彼得，不要探听有关约翰的事情，只管自己专心跟从他（约廿一21～22）。

十二10 “必有许多人使自己清净洁白，且被熬炼，但恶人仍必行恶，一切恶人都不明白，惟独智慧人能明白。”

“惟独智慧人能明白” 虽然但以理不明白，但这些“封闭”的启示，有一天会成为在迫害中的圣民的帮助，他们必因明白而有力量经过迫害的“熬炼”，成为“清净洁白”（十一35指出智慧人被熬炼而清净洁白，此处却说那些人在熬炼中成为清净洁白，乃因他们有智慧）。

十二11 “从除掉常献的燔祭，并设立那行毁坏可憎之物的时候，必有一千二百九十日。”

“一千二百九十日” 和下一节“一千三百三十五日”，可有三种解释：

第一，接受时代论的学者认为本段（十二5～13）论述末世的情景。“一载、二载、半载”乃指七年大灾难的后三年半。“一千二百九十日”比

---

(115) Wood，325.

三年半多出三十天，那三十天就是基督第二次降临，审判世界所需的时间（太廿五 31～46）；即是说，一千二百九十天是从大灾难中期计算，直至审判完毕。"一千三百三十五日"比"一千二百九十日"多出四十五天，这四十五天用来建立及安排千禧年国度的组织。[116]

第二，有学者认为"一千二百九十日"象征安提阿哥四世至敌基督的迫害，"一千三百三十五日"则象征整个迫害的时期直至上帝的国完全建立。[117] 犹太人以三百六十天为一年，故"三年半"乃是一千二百六十天，而一千二百九十和一千三百三十五，都只比三年半（完全数目"七"的半数）稍长，显示圣民只会受迫害一段时间。另一方面，第七章廿五节（十二 7）本说："圣民必交付他手一载、二载、半载"（一千二百六十日），这里却指出实际的苦难要比预期多（一千二百九十日），甚至还要更多（一千三百三十五日）。故此，圣民务要"忍耐到底，必然得救"（可十三 13）。能够忍受长时期苦难的，便是有福的人。[118]

第三，赞成第十二章一至四节，乃是论到安提阿哥四世迫害犹太人的学者，却相信"一千二百九十日"表征那一段由他不准犹太人献祭直至他死亡的日子，"一千三百三十五日"所多出的四十五天，乃表征那一段他死后，直至建立新社会制度，以及筹备圣殿奉献礼的日子。[119] 另有学者认为"一千二百九十日"所多出的三十天，乃是作者撰写第十至十二章所用的时间，"一千三百三十五日"所多出的四十五日乃是但以理书出版所用的时间；[120] 这理论没有任何证据支持。

十二 13 "你且去等候结局，因为你必安歇。到了末期，你必起来，享受你的福分。"

"你且去等候结局" 但以理再被吩咐要"去"（9 节），"去"走完他人生的旅途，然后安息（赛五十七 2）。到了末期，他必复活，起来承受上帝为他预备的产业（士一 3；西一 12）。[121]

---

[116] 胡里昂，155。
[117] Young，263.
[118] 唐佑之，76。
[119] Hammer，119；谢秀雄，222。
[120] Lacocque，250.
[121] 唐佑之，76。

小结

本段乃是最后一个异象的结束。但以理首先听见两位天使对话，他们显现，为了证实穿细麻衣的那位天使所起的誓，因旧约的法律规定两三个的见证才有效（申十九 15）。

穿细麻衣的天使起誓，指出圣民被迫害要到"一载、二载、半载"才完结。但以理想问清楚，天使却不回答，只告诉他在迫害中有些智慧人会洁身自爱，忠贞持守信仰，但也有些人仍然行恶，因不明白上帝的启示。

天使跟着提及两个不易懂的数字（"一千二百九十日"和"一千三百三十五日"），并指出那些忍耐到底的必然蒙福。

最后一节是天使给但以理的应许和祝福，他是一位智慧人，故终必复活（十二 1～3），承受上帝的产业。

总结

（一）这个最后的异象（十至十二章），首先记叙但以理刻苦己心，预备接受上帝的信息。上帝听了他的祷告，打发天使向他传递信息。天使先向他显现，跟着与他对话。(122)

天使把波斯至安提阿哥四世的历史向但以理启示（与第八章相仿），强调圣民虽然会遭受安提阿哥四世的迫害，但真正认识上帝的人，不但自己刚强持守信仰，且会教导鼓励其他人对上帝忠贞。

这些忠于上帝的人，虽然为信仰付上了生命的代价，有些被杀死、烧死、被抢夺、俘掳（十一 33）；但是，他们会复活，承受永远的生命（十二 2）。那些背道离教的信仰投机分子，将会永受羞辱和憎恶。

另一方面，迫害圣民的安提阿哥四世最大的毛病乃是他狂妄骄傲；

---

(122) 这种先显现后对话（epiphany with an angelic discourse）的传信息方式也在以西结书第一章和启示录第一章十三至十五节出现过；参 S. Niditch, "The Visionary," in *Ideal Figures in Ancient Judaism*, ed. J.J. Collins (Scholar, 1980), 153 - 179.

他自以为比上帝高超，甚至以妄言亵渎上帝，终必受刑罚被灭绝。所有自以为了不起的恶人（尤其是大罪人"敌基督"）都会因攻击上帝和他的子民而灭亡，没有人可以帮助他们；因为"所定的事，必然成就"（十一36）。

对于被掳的犹太人来说，这个异象又是极大的安慰；原来一切都在上帝的掌管中，故他可以准确地预言南北两国的交战，以及安提阿哥四世的迫害（以赛亚指出耶和华是真神，因他可以预告将要发生的事，而巴比伦的假神却不能预告未来，赛四十一 21～24）；不过，他不会容让圣民的仇敌向他们继续不断地施行迫害，他必定会刑罚那些与他为敌又折磨圣民的恶人。他所定下的旨意必会成就，圣民无论落在什么迫害中，仍然要矢志不渝，持守对上帝的信心和忠心。如果他们对上帝忠贞，就算在迫害中丧命，上帝也会使他们复活，得着永远的生命。这种有关义人会复活得永生的观念，是但以理书其他地方没有提及的。值得注意的是：这里把迫害与复活放在一起，忍受迫害导致复活。

（二）第十二章二节提到义人复活，乃是但以理书对旧约神学一个重大贡献。许多人认为旧约论及死人复活的经文只有四处：

（1）约伯记第十九章廿六节"我这皮肉灭绝之后，我必在肉体之外得见上帝"；这节经文与身体复活没有关系，主要是说到约伯深信有一日可在上帝审判台前向上帝陈明他的案件。[123]

（2）以西结书第卅七章一至十四节描写平原的骸骨复活，此处的骸骨复活是比喻犹太人重归故土与复国，并不是真正讨论死人复活的问题。[124]

（3）以赛亚书第廿六章十九节"死人要复活，尸首要兴起"；这两句话是诗歌体裁，本来着重描写被掳的选民归国和复兴，[125]但也暗示公义

---

[123] N.C. Habel, *The Book of Job* (SCM, 1985), 297; A. van Selms, *Job* (Eerdmans, 1985), 78.

[124] A. Cody, *Ezekiel* (Michael Glazier, 1984), 175; P.C. Craigie, *Ezekiel* (St. Andrew, 1983), 260-261.

[125] 可参考 RSV, NEB, JB 的翻译；J.F.A. Sawyer, *Isaiah* I (St. Andrew, 1984), 220-221.

的犹太人会复活,[126]列国的恶人却没有同时复活;这与帖撒罗尼迦前书第四章十三至十八节的描述相似。

(4)但以理书第十二章二节"睡在尘埃中的,必有多人复醒",是旧约最清楚论及死人复活的经文,其重点乃是:透过复活,那些在迫害中对上帝忠贞的人将得到奖赏,放弃信仰的恶人却因此永远蒙羞。[127] 这里不是讨论整体性的复活,而是那些应受奖赏和惩罚者的复活(但此处也没有否认全部死人复活,只不过这不是此处的重点)。[128]

全部死人复活的教义,要到新约时代才清楚教导(林前十五 20～28;启二十 4～5、11～15)。[129] 当主再来,全人类都要复活,"行善的复活得生,作恶的复活定罪"(约五 29);这两句话与但以理书第十二章二节的思想吻合。

(三)这个最后的异象让我们看见,地上发生的事与天上的争战有密切的关系,因为每个国家在天上都有一位护卫的使者。[130] 许多学者认为:

(1)申命记第卅二章八节指出,每一个国家有一位护卫的使者("以色列人的数目"七十译本作"天使的数目")。

(2)约书亚记第五章十三至十五节指出,耶和华军队的元帅为以色列人争战。

(3)士师记第五章十九至二十节把"君王争战"和"星宿从天上争战"放在一起。

(4)以赛亚书第廿四章廿一节论到耶和华"在高处惩罚众军,在地上惩罚列王"。

(5)但以理书第十章十三、二十至廿一节却最为明显地把地上列

---

[126] J. D. W. Watts, *Isaiah 1–33*(Word, 1985),342;他还探讨了整本以赛亚书的"复活"观,343–344。

[127] G. W. E. Nickelsburg, *Resurrection, Immortality, and Eternal Life in Intertestamental Judaism*(Harvard, 1972),19.

[128] 德克达神父(M. Dahood)曾在他诗篇诠释中指出诗篇有许多关于生命不朽和复活的思想,但他的看法得不到多数学者支持;M. Dahood, *Psalms* I(Doubleday, 1965),106.

[129] 有关基督徒身体复活的特性,参 B. Milne, *Know the Truth*(IVP, 1982),270.

[130] 有关这方面的讨论,参 P. D. Miller, Jr., *The Divine Warrior in Early Israel*(Harvard, 1973),以及 P. D. Hanson, *The Dawn of Apocalyptic*(Fortress, 1975),292–324.

国的关系和天上各国的护卫使者的关系连在一起。天上的事影响和控制地上要发生的事。可是，让我们不要忘记，但以理书第十章乃用启示文学的体裁撰写，充满象征的意义，不一定需要按字面的意思解释。

另一方面，圣经记载了天使如何帮助和保护属上帝的人，例如以利沙（王下六 14～17）和彼得（徒十二 5～11）。在这个最忽视天使的世代里，让我们谨记，上帝会按他的旨意，打发他的天使保护敬畏他的人。[131]

（四）这个最后的异象有多处的描写与以赛亚书类似：

（1）智慧人"使多人归义"（十二 3），与以赛亚书的耶和华的仆人"使多人因认识他得称为义"（赛五十三 11）相似。智慧人藉着他们的教导和榜样使多人归义，耶和华的仆人却因受苦使多人得称为义。[132]

（2）耶和华的仆人"必被高举上升，成为至高"（赛五十二 13），但以理书的智慧人"必发光如同天上的光"（十二 3）。

（3）第十二章二节的"复活"与以赛亚书第廿六章十九节有关系，后者的复活偏重于得拯救和受刑罚（赛廿六 19～21），本书第十二章二节也同样强调义人复活是得拯救（有永生），恶人却是复活受刑罚。

（4）第十二章二节恶人"被憎恶"，可能是源于以赛亚书六十六章廿四节，两处都说明恶人的结局。[133]

（五）最后的异象指出，那些对上帝忠贞的犹太人是"认识"上帝的子民（十一 32），他们必会从"尘埃中"复醒，且得"永生"。这叫人立刻联想到亚当、夏娃犯罪的过程，他们犯罪乃因为要像上帝一样拥有全部的知识（创三 5），[134]结果人要归于"尘土"（创三 19），且不能吃"生命树"上的果子（创三 22）。亚当、夏娃犯罪乃因背逆上帝，而智慧人却在最困难的环境之下仍然顺从上帝，这真是强烈的对比。

---

[131] 马太福音第十八章十节"他们的使者"好像暗示每一个人有一位保护他的使者；B. Graham, *Angels* (Doubleday, 1975), 88.

[132] Davies, 110.

[133] Lacocque (243-244) 甚至用以赛亚书第六十六章廿四节支持他的观点，就是恶人并没有复活，因为以赛亚书提到恶人的尸首腐化，故但以理书的恶人也没有身体复活。

[134] "分别善恶"（创二 17）原作"善恶的知识"，用"善恶"两个对比表示"全部的知识"。

附录：哪一国是真正的第四国？

但以理书在第二、第七章采用了"四国"描绘人间的国度；考古学的发现证实巴比伦国时已用这样的形式描述人类历史。①

正如上文所指出，第二章和第七章的四国与第八、第九、第十至十二章有密切的关系，了解这四国究竟是哪些国家，将会影响我们对整本但以理书的解释。

历代以来，学者们对这四个国家有三种看法。

(I) 传统的看法

传统的看法认为，但以理书的四国乃是巴比伦、玛代-波斯、希腊、罗马。

依据这看法，第二章那大像的头指巴比伦，胸膛和膀臂指玛代-波斯，肚腹和腰指希腊，腿和脚指罗马，大石乃指基督第一次的降临。

第七章的狮子指巴比伦，熊指玛代-波斯，豹指希腊，第四头的无名兽乃是指罗马，"十角"指由罗马至主耶稣再来前的所有国度，"小角"则指敌基督（它会折磨圣民"一载、二载、半载"），"像人子的"则是主耶稣，他在第二次降临时会得国，成为万王之王。

第八章的公绵羊指玛代-波斯，公山羊指希腊，"四角"指亚历山大的四个将军，"小角"则指安提阿哥四世。

第九章的七十个七分为三个阶段；第一个的七个七指居鲁士至尼希米重建城墙，六十二个七由尼希米至主耶稣道成肉身，最后一个七发生了基督被钉死的悲剧；过了七十个七，提多将军将会于公元70年率兵攻毁耶路撒冷。

第十一章记载波斯至安提阿哥四世的历史，第卅六至四十五节则描写敌基督与多国争战，第十二章是主耶稣第二次降临时将发生的事。

---

① G. F. Hasel, "The Four World Empires of Daniel 2 aginst Its Near Eastern Environment," *JSOT* 12:17-30.

根据这看法,但以理书的异象包括了安提阿哥四世的毁灭和基督第一次降临,以及敌基督的毁灭和基督第二次降临。这看法强调但以理书的数字有象征的意义,不须按字面解释。

这看法有几个问题:

(1) 第二章指出第二国不及第一国(二 39),而玛代-波斯并没有"不及"巴比伦。

(2) 基督第一次降临时,罗马国并没有如第二章那大像的脚被粉碎,反而渐渐进入全盛时期。

(3) 第七章的"十角"生在第四兽头上,乃属于第四国;故此,怎可以说这"十角"表征由罗马至主再来前所有国家的君王呢?极其量只能说,"十角"代表罗马帝国亡国之后至主再来的罗马君王。

(4) 第七章的"小角"也长在第四兽头上;那么,"小角"(敌基督)必是罗马的君王;圣经有没有其他地方支持这说法呢?

(5) 把第七章廿五节的"一载、二载、半载"视作与"三年半"全无关系,这是否合理呢?

(6) 第八章的"小角"毫无疑问是安提阿哥四世,它的特征包括"毁灭圣民""自高自大、攻击万君之君""至终却非因人手而灭亡",而第七章的"小角"也是"折磨圣民""向至高者说夸大的话""至高者坐着行审判、它的权柄必被夺去、毁坏、灭绝"。这样,我们有什么证据认为这两个"小角"截然不同呢?

(7) 第九章廿七节的"他"应该就是第廿六节的"一王",怎可以硬说"他"指主基督呢?而且,他在两方面与第八章和第十一章所描绘的安提阿哥四世相似:第一,他"使祭祀与供献止息"(比较八 13 和十一 31"除掉常献的燔祭");第二,他设立"行毁坏可憎的"(比较十一 31"设立那行毁坏可憎的")。故此,"他"看来是安提阿哥四世。

(8) 第九章廿六和廿七节"毁灭这城和圣所",应发生在最后一个七,怎可说是七十个七完结了才发生呢?

(9) 第十一章卅六节的"王"怎可是敌基督呢?是否在卅五和卅六节中间有一段间隔期呢?

(10) 最重要的两个问题乃是:(a)第二章和第七章对第二、第三、第四国的描述真与玛代-波斯、希腊、罗马吻合吗?(b)但以理书那折磨圣民的恶君,怎可以有时候指安提阿哥四世,有时又指敌基督呢？作者的叙述真是这样不一致吗？

(II) 时代论的看法

时代论主张四个国家乃是巴比伦、玛代-波斯、希腊、罗马(包括以前的罗马帝国和将要兴起的新罗马)。

依据这看法,第二章那大像的头指巴比伦,胸膛和膀臂指玛代-波斯,肚腹和腰指希腊,腿和脚趾指罗马帝国,脚趾指末世的十个君王,大石乃表征主耶稣第二次降临所建立的千禧年国。脚和脚趾之间有一空隔,就是现今的年代。

第七章的狮子指巴比伦,熊指玛代-波斯,豹指希腊,第四头的无名兽乃指罗马帝国,"十角"指末世新兴罗马的十个君王,他们同时掌权,②"小角"指敌基督,"像人子"的得国乃指主耶稣第二次降临所建立的千禧年国。第四兽和"十角"之间有一空隔,就是现今的世代。

第八章的公绵羊指玛代-波斯,公山羊指希腊,"四角"指亚历山大的四个将军,第九至十三节的"小角"则指安提阿哥四世,第廿三至廿五节的"一王"乃是敌基督。本章第廿二和廿三节之间有一空隔,就是现今的世代。

第九章的七十个七分为三个阶段;第一个的七个七乃是指由以斯拉(458 B.C.)至耶路撒冷全部重建完毕(409 B.C.),六十二个七乃由公元前409年至基督受洗开始传道(A.D. 26),过了六十九个七(即是A.D. 26之后)会有两件事发生,就是基督被钉死,以及提多将军率兵毁灭耶路撒冷。最后一个七乃指主耶稣第二次降临时那七年大灾难,首先敌基督(27节的"他")与犹太人("多人")立约,但过了三年半,他破坏条约,不准犹太人在将来重建的圣殿献祭,③又在圣殿设置偶像。本章第廿六至廿七节之间有一空隔,就是现今的世代。

---

② 胡里昂,89。
③ 胡里昂,119;他认为犹太人重建圣殿就是在头三年半,当时他们与敌基督立了盟约,故可以不受搅扰安心重建圣殿。

第十一章的记录包括由波斯至安提阿哥四世的历史，但第卅六至四十五节则描写敌基督，第十二章一至十三节乃叙述大灾难及千禧年国度的建立。

依据这看法，但以理书这几章描述人类历史两个时期：第一，巴比伦至罗马帝国；第二，末世将要兴起的罗马帝国与敌基督。两个时期之间有一空隔，就是教会的时代。

这看法的特点就是对这几章经文的解释十分一致（除了在第八章接受"小角"的双重应验），都强调主耶稣第二次降临。对数字的解释也接纳字面的数值，不视为蕴藏了象征的意义。

这看法有以下值得商榷的地方：

（1）有什么证据显示第二章的"脚"和"脚趾"是分开的，指两个不同的时期？

（2）有何理由把第七章的第四兽和它头上的"十角"视作两个不同的时期呢？

（3）如果第七章的"小角"指敌基督，他岂不是必定是新兴罗马的一个君王呢？

（4）第八章二十至廿六节乃是天使向但以理解释第三至十四节的异象，怎可以把第九至十四节的"小角"视作安提阿哥四世，而第廿三节的"一王"却指敌基督呢？"一王"明显与"小角"相同，天使告诉但以理，那"小角"表征"一王"。如果"小角"是安提阿哥四世，"一王"也必是安提阿哥四世。

（5）有何理由支持第九章廿六节"受膏者必被剪除"和"一王的民来毁灭这城"乃在六十九个七与最后一个七之间发生呢？这两件事岂不是发生在最后一个七吗？

（6）第九章一至廿六节都未提及"敌基督"，第廿七节的"他"怎么会是敌基督呢？

（7）第八章用"除掉常献给君的燔祭"（11节）描述安提阿哥四世，第十一章也说他"除掉常献的燔祭，设立那行毁坏可憎的"（31节），为什么第九章廿七节"使祭祀与供献止息"和"设立那行毁坏可憎的"（参该节的诠释）不是同样描写安提阿哥四世呢？

（8）有什么证据说明第十一章卅六节的"王"，不是第廿一至卅五节的安提阿哥四世呢？

(9) 最重要的问题有二：(a)第二章和第七章对第二、第三、第四国的描写，果真吻合玛代-波斯、希腊、罗马三大帝国的历史吗？(b)有什么证据说第二、第七、第九、第十一章的叙述，都蕴藏了一个"间隔期"，就是由罗马帝国灭亡至末世呢？圣经记载的年数岂不都是连续的吗？

(III) 希腊派的看法

希腊派主张但以理书的四国乃是巴比伦、玛代、波斯、希腊。

（一）依据这看法，第二章大像的头指巴比伦，胸膛和膀臂指玛代，肚腹和腰指波斯，腿和脚指希腊，大石指基督第一次的降临。理由如下：

(1) "头"指尼布甲尼撒和他代表的巴比伦，这是但以理的解释（38节"你就是那金头"），不容置疑。

(2) "胸膛和膀臂"指玛代，虽然玛代国和巴比伦是同时期在中东掌权，玛代并不是接续巴比伦兴起。但是，有几件事不能忽略。

(a) 本章所说的一国接着一国，乃指帝国最强盛的时期，④并不是指各国的创立和兴起，更不是说第一国灭亡了，第二国才兴起，因为正如第七章显示，第一、第二、第三头兽有一段时期是共存的。换言之，此处乃是说巴比伦国最兴盛的时候过去之后，玛代国成为最兴盛，接着是波斯和希腊兴盛。巴比伦成为超级大国之后，到玛代，再到波斯，最后到希腊成为中东最强大的国家。

(b) 但以理明显说第二国"不及于你"（39节），不及尼布甲尼撒和他掌权时的巴比伦国；即是说，第二国最兴盛的时候仍不及尼布甲尼撒，不包括他以后的巴比伦王。故此，第二国最兴盛的时候是在尼布甲尼撒之后，不是要等到巴比伦亡国。尼布甲尼撒死于公元前562年，玛代到了公元前550年才为居鲁士并吞；尼布甲尼撒逝世后，玛代在中东

---

④ 其实，第九章廿七节"有忿怒倾在那行毁坏的身上，直到所定的结局"也回应第八章十九节"恼怒临完必有的事，因为这是关乎末后的定期"，以及第十一章卅六节"直到主的忿怒完毕，因为所定的事必然成就"；Gurney, 30.

称霸有十二年之久，玛代的强盛期确是紧接着尼布甲尼撒之巴比伦国。⑤

（c）玛代国最强盛的时候仍远远比不上尼布甲尼撒的势力，名副其实地"不及"他（39节）。

（3）"肚腹和腰是铜的"指波斯，这国最大的特色，乃是"掌管天下"（39节），有最大的版图。上古波斯帝国所管辖的地区最庞大；居鲁士最先吞占了玛代国，以及在小亚西亚占地甚广的吕底亚、⑥巴比伦国、叙利亚一带，甚至攻入今天阿富汗境内，远达查克萨提。⑦后来登位的波斯君王（尤其是大流士一世），继续扩充国土，占领埃及，⑧以及波斯东部更多的土地，远征至印度河谷⑨和欧洲。⑩另一方面，但以理书也强调波斯国土庞大，大流士要立一百二十个总督治理通国（六1）。以斯帖记也指出波斯王亚哈随鲁"从印度直到古实，统管一百二十七省"（斯一1）。

但以理用短短两句话形容第二和第三国，且把它们连在一起，说它们是玛代和波斯，远比说玛代－波斯和希腊更吻合经文的意思。在但以理书内，作者很少详细描述玛代和波斯，但对于希腊却很仔细地详述。如果本章的第三国乃是希腊，为什么作者不像其他地方（就像在没有争论的第八章和第十一章）那样详尽地提说呢？

或许有人觉得亚历山大岂不是攻占了许多地方吗？无可否认，他曾攻打不少城市，只是他占据和管辖的土地比波斯帝国少。波斯最强盛的时候，统占了当时的人所认识的全世界。⑪此外，波斯国管辖这广

---

⑤ Gurney，31.
⑥ 居鲁士本来只统治波斯湾东岸的一小幅土地，后来向西伸延，经过美索不达米亚北部，直达小亚西亚的吕底亚（Lydia），该地本属玛代国统管，现却全部（包括首府撒狄）都落在居鲁士手里；在小亚西亚爱琴海沿岸的希腊城市，本来属吕底亚所管治，都向居鲁士臣服；参卜鲁斯，《以色列与列国史》（香港：种籽，1983），131－132.
⑦ 查克萨提是 Jaxertes；参布赖特，《以色列史》（香港：文艺，1971），377.
⑧ 波斯王冈比西斯在公元前525年攻占了埃及，收入波斯国的版图。
⑨ 谢友王，《两约中间史略》（香港：种籽，1978），59.
⑩ 大流士一世曾向西进攻特拉西（Thrace），又渡多瑙河攻击欧洲的西古提人（Scythians）；正因为他占领了特拉西、马其顿和小亚西亚西岸的希腊殖民地，才导致日后波斯、希腊之战；谢友王，59.
⑪ IBD，1199；除了希腊的伯罗奔尼撒（Peloponese），故引发了伯罗奔尼撒战争。

大的版图达二百多年，希腊国最强盛的时候只有九年，国家跟着便分为四。

（4）"铁腿"指亚历山大的希腊帝国，它的特点就是"打碎克制百物，也必打碎压制列国"（40节）。这正是亚历山大的最佳写照，他战无不胜，粉碎敌人的势力，就算离岸的推罗岛，以为有险可守，不会被攻破，想不到亚历山大下令筑长堤直达该岛，占取了推罗。他被誉为中东历史上最聪明的军事家。

"脚和脚指头一半是窑匠的泥，一半是铁"（41节），描写亚历山大死后国家陷入混乱状态，最后分为四部分。亚历山大最大心愿就是同化被征服的国家，以致它们的文化可以和希腊文化共冶一炉；他的目标却达不到，"那国民也必与各种人搀杂，却不能彼此相合"（43节），希腊国民不能与被征服的人融合。到了公元前175年，安提阿哥四世也尝试把统辖的人民"希腊化"，尤其是企图用希腊文化同化犹太人，他失败了，且引发马加比的革命。另一方面，"铁与泥"相合，也可指南北（从安提阿哥三世开始，北国是铁，南国是泥）二国企图相合，却不能成功（参十一6、17）。

无论是从文化和军事来看，亚历山大死后的希腊帝国正像铁与泥的脚和脚趾，有强（希腊）有弱（被征服者），且不能相合。

另一方面，罗马帝国并不吻合逢战必胜的描述。罗马帝国是逐渐变为强大的，它不是所向无敌，也尝过败绩，只是顽强地作战，经过了一段时间后终成了中东的一等强国。例如罗马曾派兵攻打小亚细亚北部的米提沙达六世，但他战术高明，这几场战争在胶着状态中拖了二十五年。⑫ 又如罗马的克拉索于公元前53年领了一支三万五千人的大军，在哈兰为帕提亚战败，全军覆没，克拉索也阵亡。⑬ 凯撒大帝和他的三千军队也曾被埃及军围困在亚历山大城，整整过了一个冬天。⑭ 后来安东尼执政时，又被帕提亚击败。⑮ 正如蒙哥马利公爵所说："如果罗

---

⑫ 米提沙达六世（Mithridates VI）是亚沙薛朝（Arsacid Dynasty）最后及最伟大的一个王；他是于公元前28年向罗马发动战争的；参卜鲁斯，244。
⑬ 克拉索（Crassus）本与庞培（Pompey）和凯撒大帝（Caesar Julius）同为罗马帝国三大巨头。
⑭ 时为公元前48至前47年；卜鲁斯，250。
⑮ 安东尼（Antonius）于公元前82至前30年掌权；谢友王，345。

马军和亚历山大的希腊军交战,必定会战败,因为罗马的骑兵不够优良。"⑯还有,第四国"打碎压制"(40 节)前三国并不适用于罗马,因为罗马并没有占领巴比伦、玛代、波斯;而希腊却侵占了这三国,真正"打碎压制"它们。

此外,"铁和泥"不能相合,怎样应验在罗马帝国的历史里呢?

(5)"非人手凿出来的石头打在这像半铁半泥的脚上,把脚趾砸碎"(34 节),与第八章廿五节"非因人手而灭亡",都是指上帝奇妙地毁灭安提阿哥四世和他所代表的希腊帝国。

"上帝必另立一国,永不败坏"乃指主耶稣第一次降临所开创的天国(太十二 28;路十七 21)。有人会觉得第四十四节"当那列王在位的时候"暗示上帝在第四国诸王执政时建立此永远的国,而基督是在罗马帝国降生,第四国因此必是罗马。其实,此处的"列王"乃指世上所有国度的君王,⑰即是第四十四节所说"一切国"(所有属世的国)。⑱ 另一方面,"列王"或指本章那四个国家的君王,⑲就是上帝的国要取而代之的四国,这四国表征人的国度,与上帝的国成一对比。

(二)第七章的狮子指巴比伦,熊指玛代,豹指波斯,第四头无名兽是指希腊。

(1)学者们都承认,"狮子"表征尼布甲尼撒所代表的巴比伦,与第二章大像的金头一样。

(2)"熊"乃描写玛代。(a)"熊"行动缓慢和笨拙不灵活,这不可能是描写波斯国,因居鲁士曾迅速地征服多国。(b)此熊"旁跨而坐"(5 节),准备向前扑出去;这正吻合玛代本准备好攻打巴比伦国,却不得成功。(c)"三根肋骨"(5 节)乃指与玛代联手攻击巴比伦的三个国家,就是亚拉腊、米尼、亚实基拿(耶五十一 27~29)。亚拉腊于公元前 605 年为玛代征服,⑳米尼于亚述国灭亡后被玛代占领,㉑亚实基拿被玛代

---

⑯ Gurney, 36;引自 B. L. Montgomery, *A History of Warfare* (Collins, 1968).
⑰ J. H. Walton, "The Four Kingdoms of Daniel," *JETS* 29:35, n. 47.
⑱ 谢秀雄,155.
⑲ Anderson, 24; Montgomery, 178.
⑳ R. Ghirshman, *Iran* (Penguin, 1954), 113.
㉑ E. Yamauchi, *Foes from the Northern Frontier* (Baker, 1982),43.

王居亚撒列二世所胜。㉒ "起来吞吃多肉"指玛代被激动去攻击巴比伦（赛十三 17；耶五十一 11）。

（3）"豹"指波斯。它的"四个翅膀"（6 节）描写波斯征服地的四方（诗一〇四 3；亚二 6），暗示此国版图很大；"四头"（6 节）乃指波斯的四个君王（十一 2）。㉓ 其实，居鲁士称自己为"地的四方之大王"，在他皇宫大门上雕刻了一只有四对翅膀的动物，头上有两角（八 3）。"四个头"代表波斯的居鲁士、冈比西斯、大流士一世、亚哈随鲁，他们在位期间，波斯不断扩充，故"得了权柄"（6 节）。

（4）"第四兽"指希腊。（a）"第四兽甚是可怕，极其强壮，大有力量。有大铁牙，吞吃嚼碎"（7 节），是亚历山大的写照；他所向无敌，粉碎抵挡他的人。㉔（b）"这兽与前三兽，大不相同"，暗示希腊源于西方，与东面的巴比伦、玛代、波斯都不相同。另一方面，如果第四国是罗马，这句话不适切，因为罗马和希腊都是欧洲的国家，有很多相同的地方。

"十角"（7 节）指北国的十个君王。㉕ "小角"（8 节）指安提阿哥四世；他除掉了三个政敌，又"说夸大的话"攻击至高者（25 节，比较八 25，十一 36）。安提阿哥四世战胜和折磨圣民，改变圣民的节期和律法（21、25 节，比较八 11~12，九 26~27，十一 31）。"圣民必交付他手一载、二载、半载"，指安提阿哥四世由公元前 167 年开始宗教上迫害圣民，直至公元前 164 年 12 月 25 日重献圣殿（亦指 168－165 B.C.）。㉖

（5）小角和第四头兽被毁灭（11 节），指安提阿哥四世灭亡。"其余的兽，权柄都被夺去，生命却仍存留"（12 节），描写第四兽的希腊国虽被毁灭，但巴比伦、玛代、波斯（前三兽）却不被包括在罗马的版图内，

㉒ Ghirshman, op. cit., 106；E. Yamauchi, op. cit., 80.

㉓ 谢秀雄（182－183）认为"翅膀"指波斯国拥有机动性的军力，"四头"是完善的国家组织和政策。

㉔ 波斯国（尤其是居鲁士）以善待战败国驰名："践踏嚼碎"可指亚历山大的希腊化政策；谢秀雄，187。

㉕ Walton, op. cit.（32－33）建议把"十角"解作亚历山大死后希腊国土所划分的十个区域（由四个将军统管），安提阿哥四世曾侵占或管辖了三个区，故把"三角"拔出。

㉖ 谢秀雄，187－188。

仍旧是独立的国家。"国度、权柄和天下诸国的大权,必赐给至高者的圣民"(27节),描述基督第一次降临,带进了上帝的国度,但要在他第二次降临时,这国度才完全被建立在地上。到时候,他的圣民与他永远在地上作王(启五9~10)。

（三）第八章的公绵羊指波斯（包括了玛代），公山羊指希腊,"四角"指亚历山大死后分国的四个将军,"小角"指安提阿哥四世。

为什么不再提及"玛代"国呢？因为就是在伯沙撒第三年（八1），即是公元前550年,居鲁士王并吞了玛代,玛代不再独立生存,成为波斯国的一部分。㉗

"公山羊"与第七章的第四兽有以下类似的地方：

（1）公山羊"遍行全地"（八5），第四兽"吞吃全地"（七23）。

（2）公山羊"大发忿怒"（八6），第四兽"甚是可怕"（七7）。

（3）公山羊"折断"公绵羊的"双角"（八7），第四兽"吞吃嚼碎"（七7）。"折断"和"嚼碎"都指"粉碎"。

（4）公山羊"用脚践踏"（八7），第四兽"用脚践踏"（七7）。

根据天使的解释,"公山羊"乃是指希腊,第七章的第四国岂不也是指希腊吗？

（四）第九章的第一个的七个七乃从耶利米说预言（587 B.C.）开始,直到居鲁士或大祭司约书亚的时候（538 B.C.）。六十二个七指居鲁士或约书亚到大祭司亚尼西三世（171 B.C.）。最后一个七（171 - 164 B.C.），则包括亚尼亚三世被杀,安提阿哥四世的军队毁灭耶路撒冷,掠夺圣殿的财物;这个残恶的君王于公元前168年开始在信仰上迫害圣民,禁止他们献祭,更在圣殿设立那可憎的宙斯偶像。但是,上帝会预定期限,必定毁灭安提阿哥四世。

第廿七节的"他"指第廿六节的"一王",而这王"使祭祀的供献止息",设立那行毁坏可憎的,这正是安提阿哥四世所做的事（八11,十一31）；绝大部分的学者都承认这两段经文乃描写安提阿哥四世。

（五）依据这说法（即第四国为希腊），第十一章预言由波斯至安提

㉗ 米勒德,780。

阿哥四世的事迹（包括十一 40～45）。㉘ 第十二章一至四节指出，那些在迫害中对上帝忠贞的圣民，虽然被杀，仍会复活得着永远生命。第十二章五至十三节劝勉读者忍耐到底，而但以理因对上帝忠贞，在末期必会复活，享受上帝所预备的产业。

(IV) 希腊派看法的评估

(一) 把第四国当作是希腊，有几方面的好处

(1) 第二章和第七章有关第二、第三、第四国的描述，吻合历史上的玛代、波斯、希腊。

(2) 天使在第八章指出公绵羊与公山羊乃是波斯和希腊，而关于此两国的异象乃是"末后的异象"（17 节），以及"关乎末后的定期"（19 节）。如果这两国只是第二和第三国，第八章的异象怎是关乎末后的事呢？㉙

(3) 天使在第八章清楚指出"小角"就是安提阿哥四世，他的特点就是：(a) 自高自大攻击上帝（25 节）；(b) 迫害圣民、污秽圣所，除掉常献给上帝的祭祀（11、13 节）。第十一章加上"设立那行毁坏可憎"的宙斯神像（十一 31）。

第七章的"小角"也是：(a) 向至高者说夸大的话（七 8、25）；(b) 折磨圣民、改变节期和律法（七 25）。

第九章的"一王"：(a) 毁灭圣民和圣所（九 26）；(b) "使祭祀与供献止息"（九 27）；(c) 设立"行毁坏可憎的"（九 27）。因此，第七章的"小角"和第九章的"一王"，岂不也是安提阿哥四世吗？这吻合"希腊派"的解释。

(4) 根据"希腊派"的解释，但以理书的异象有清晰的渐进性和一致性。

第二章是尼布甲尼撒所做的梦，概括地描绘了巴比伦、玛代、波斯、

㉘ 笔者不赞成把第十一章一至卅九节视作事情发生后的记载，只是用预言的形式写成（vatcinia ex eventu），更不同意第四十至四十五节是不准确的预言；有关此方面的讨论，请参第十至十二章的总结。

㉙ Walton, op. cit., 36.

希腊的兴起与衰落。第七章是伯沙撒王元年，但以理所见的异象，除了提到上述的四个国家，也指出第四国希腊将有一王（安提阿哥四世）兴起，他会折磨圣民，不准他们献祭和遵守上帝的律法。第八章是伯沙撒第三年但以理看见的异象，当时巴比伦快亡国，玛代又为波斯并吞，故只论述波斯和希腊两个国家，也再次指出安提阿哥四世会迫害圣民，除掉他们常献的祭祀，污秽圣殿。第九章是大流士（即是波斯王居鲁士）元年，但以理所得到"七十个七"的启示，包括由居鲁士至安提阿哥四世的历史，再次提说安提阿哥四世会毁灭耶路撒冷的圣殿，使祭祀与供献止息，又设立那行毁坏可憎的宙斯神像。波斯王居鲁士元年，玛代已被并吞，巴比伦又亡国，故此，这异象并没有提及它们。第十至十二章是但以理在居鲁士第三年所见的异象，预言由波斯至安提阿哥四世会发生的事情，十分详尽地描写他的生平和恶行，包括毁灭耶路撒冷和圣殿，除掉常献的祭祀，设立那行毁坏可憎的。

无可否认，这几个异象把焦点由原来的四国转到波斯和希腊，又再收窄，越来越详细和清楚地预言安提阿哥四世如何迫害选民。

如果接受希腊派的解释，这几章的内容可制表如下：[30]

章	巴比伦	玛代	波斯	希腊	南北	安提阿哥四世	上帝刑罚	上帝胜利
二	金	银	铜	铁	……铁与泥		大石砸碎大像	大石变成大山
七	狮	熊	豹	第四兽	十角	小角	兽被杀	"像人子的"得国
八			公绵羊	公山羊	四角	小角	小角非因人手灭亡	
九			……六十九个七……			一王	忿怒倾在他身上	九24那六件事
十至十二			四王	勇敢的王	南北交战	卑鄙的人	结局时无人能帮助	圣民得救复活

---

[30] 可比较 J. Goldingay, *How to Read the Bible* (Oliphants, 1977), 125.

(二) 把第四国当作是希腊,有以下的问题

(1) 玛代是在巴比伦以后的一个独立国家吗?

许多学者认为玛代和巴比伦是同时代的国家,并不是巴比伦之后才崛起。但有几件事值得注意:

(a) 当巴比伦王拿波尼度执政时,玛代已在亚士帖基领导下渐渐强大,占领了以拦和书珊城,且侵占巴比伦所统治的叙利亚和巴勒斯坦一带。㉛ 拿波尼度曾派兵攻打在叙利亚的玛代军,且与安珊的居鲁士（即是后来的波斯居鲁士）结盟,对抗玛代军,后来居鲁士并吞了玛代,拿波尼度转而与吕底亚和埃及结盟。㉜

这证明玛代是巴比伦尼布甲尼撒死后日渐强盛,有十多年之久乃是当时最强大的独立国家,巴比伦和安珊的居鲁士也要联手对抗它。正如上文所建议,第二章和第七章所记述的四国,不是一国灭亡,第二国才兴起,乃指该四个国家最强盛时候的先后次序。㉝

(b) 先知也曾指出玛代是随着巴比伦之后,准备征服巴比伦。正如以赛亚的预言:"我必激动玛代人来攻击巴比伦"(赛十三 17),"以拦哪,你要上去! 玛代啊,你要围困巴比伦!"(赛廿一 2)耶利米也指出:"耶和华定意攻击巴比伦,将他毁灭,所以激动了玛代君王的心"(耶五十一 11),耶和华"使列国和玛代君王都预备攻击巴比伦"(耶五十一 28)。这两位先知都暗示玛代是巴比伦以后的一个独立国家,当它还未成功地侵占巴比伦之前,自己先被波斯吞并。

(c) 其他采用四国描写历史的古代文献也把玛代当作一个独立帝国。第一,罗马一位史家提到一份公元前 189 至前 171 年的文献曾列出:亚述、玛代、波斯、希腊。㉞ 第二,一位犹太学者在公元 80 年,引用公元前 140 年的资料同样列出:亚述、玛代、波斯、希腊。㉟ 第三,希腊史家希罗多德于

㉛ G.C. Cameron, *History of Early Iran* (Chicago, 1936), 221.

㉜ 卜鲁斯, 126 - 132。

㉝ R.J.M. Gurney, "The Four Kingdoms of Dan. 2 & 7," *Themelios* (1977) 2: 39 - 45.

㉞ Aemilius Sura; 参 Hasel, op. cit., 19.

㉟ Fourth Sibylline Oracle; 参 D. Flusser, "The Four Empires in the Fourth Sibyl and in the Book of Daniel," *Israel Oriental Studies* (1972) 2: 148 - 175.

公元前第五世纪,已经提到三个连续的国家,就是亚述、玛代、波斯。㊱第四,多比传(十四4～15)也列出亚述、巴比伦、玛代、波斯。

(d)有学者认为但以理书至少有三处经文,把玛代和波斯当作是一个国家(五28,六8,八20);㊲因此,玛代不是一个独立的国家。但是,有一件事我们不能忽视,这三处经文都是描写公元前550年以后所发生的事。当时,玛代和波斯已经并合了,故把它们视为一个国家十分合理。居鲁士不但称为"波斯王",更常称自己为"玛代王居鲁士"。㊳

(2)基督降生(上帝的国来临)乃在罗马时代,故第四国必定是罗马。

有几件事不能忽视:

(a)第二和第七章指出,第四国(特别是安提阿哥四世)必先毁灭,上帝的国才临到。基督降生是罗马进入巅峰时期,它不可能是第四国。另一方面,希腊在公元前27年被罗马并吞,故基督降生(上帝的国降临),乃在第四国希腊被毁灭之后,这又吻合"希腊派"的看法。

(b)启示文学的预言有时候是分两个层面应验,�439就如主耶稣第一次降生是上帝的国度开始,但要达到高峰却须等到他第二次再临。安提阿哥四世被毁灭已是恶势力被消灭的应验,但要达到高峰却须待撒但被消灭。又拿第二章的石头作例子,它本指以色列人(诗一一八22;赛五十一1),故描述马加比的革命,后却完成在基督身上(太廿一42)。

(c)启示文学的预言重点并不在乎"时间",乃在乎预言必会应验。上帝藉着但以理预言第四国必毁灭,上帝的国必临到。上帝必会在他指定时间内实现他的预言,但至于何时实现,却说得不很清楚。例如第二章描述上帝用一块非人手凿出来的石头打碎大像,建立他永恒的国度。这预言的要义不在说明上帝的国建立的时期,乃确定上帝的国必会获得胜利。㊵

㊱ Walton, op. cit., 34.
㊲ J. Goldingay, "The Book of Daniel: Three Issues," *Themelios* (1977) 2:47.
㊳ J. McDowell, *Prophecy: Fact or Fiction. Daniel in the Critic's Den* (Campus Crusade, 1979), 67.
㊴ "应验"(fulfilment)和"完成"(consummation)。
㊵ 思高, 74。

（3）主耶稣自己把但以理书第九章廿七节，应用在罗马将军提多身上（太廿四 15），故第四国必是罗马。㊶ 何况，保罗（帖后二 3～4）和约翰（启十三章），都用但以理书第七章的"小角"描述敌基督。

这是反对第四国是希腊最有力的理由。问题的症结乃是我们常常误会了新约引用旧约的特性。㊷ 其实，新约作者引用旧约有时候只是借用或应用，而不是应验。例如马太（太二 15）引用何西阿书第十一章一节"从埃及召出我的儿子来"，描写婴孩主耶稣因逃避希律杀害前往埃及。这并不是说，何西阿原来就是预言基督要从埃及返回以色列地，因每一位学者都承认，何西阿原是提说以色列人出埃及的经过。

故此，我们可以说：但以理书第九章廿七节原是描述安提阿哥四世，主耶稣借用他预言提多将军，因为他们都同样残酷地迫害圣民。主自己因此暗示，昔日安提阿哥四世如何毁灭耶路撒冷和污秽圣殿，提多将军也会同样攻毁耶路撒冷和圣殿。㊸ 使徒保罗和使徒约翰也用但以理书第七章的安提阿哥四世叙述要来的敌基督，因为他们都是自高自大，说狂妄亵渎的话，又迫害圣民。安提阿哥四世乃是第九章廿七节、第十一章卅一节的应验，而敌基督却是此预言的高峰与完成。

（4）有学者指出，早期犹太人的作品和教父都认为第四国是罗马。㊹

这是因为当时他们都是生活在罗马时代，故把第四国应用在罗马，就如撰写死海古卷的团体，把旧约一些预言视作应验在他们身上。㊺ 其实，早已有许多福音派学者指出，第四国乃是希腊。㊻

㊶ Young，293.
㊷ 邝炳钊，"实用旧约解经法"，《初熟之果》（香港：中神，1979），12–15。我们是否可以仿效新约作者解释旧约的方法？参 R. N. Longenecker，"Who is the Prophet Talking About? Some Reflections on the New Testament's Use of the Old," *Themelios*(1987)1:7–8; R. N. Longenecker, "Three Ways of Understanding Relations between the Testaments Historically and Today," in *Tradition & Interpretation in the New Testament* (Eerdmans, 1987), 22–32; M. Silva, *Has the Church Misread the Bible* (Zondervan, 1987), 107.
㊸ R. T. France, *Jesus and the Old Testament* (Tyndale, 1971), 72–73.
㊹ Walton, op. cit., 26–27; B. S. Childs, *Introduction to the Old Testament* (Fortress, 1978), 619.
㊺ C. F. Pfeiffer, *The Dead Sea Scrolls and the Bible* (Baker, 1975), 116–120.
㊻ G. J. Wenham, "Daniel: The Basic Issue," *Themelios* (1977)2:51.

（Ⅴ）为什么部分福音派学者不赞同第四国是希腊？

最主要的原因乃是，接受第四国是希腊的学者，多数相信但以理书是公元前第二世纪的作品；这是许多福音派学者不接受的（参本书的"绪论"）。

其实，接受但以理书写于公元前第六世纪的学者，可以同时候赞同第四国是希腊，两者并不冲突。㊼

另一方面，有一些福音派的学者相信第四国乃指希腊，以及本书乃是在公元前第二世纪所写，不是因为他们否定圣经的预言，只是觉得本书的信息与公元前第二世纪犹太人的经历有更密切的关系；举世闻名的卜鲁斯便是一个代表人物。

笔者在本注释内，采纳了传统的解释；但是，我们应该重新思想"希腊派"的解释，分析它的长短，看看是否可以被接纳？

无论第四国是希腊或是罗马，最重要的乃是谨记，基督道成肉身后，"我们已进入了一个新的时代，就是一个末世性的救赎时代。这时代是来世与今世的重叠，是今世的终局阶段，也是新生的序幕。基督徒都应有此特有的时代感，使我们不甘作个普通人，采纳普通人的价值观和生活方式"。㊽

㊼ 明显的例子有 Gurney 和 Walton.
㊽ 何郑爱晖，"时候满足"，《播道神学院院讯》（2/1988），2。

参考书目

一、英文书刊

Albright, W. F., "The Date and Personality of the Chronicler," *JBL* 40:112.
Anderson, A. A., *Psalms* II. Oliphants, 1972.
Anderson, B. W., *The Living World of the Old Testament*. Longman, 1978.
Anderson, R., *The Coming Prince*. Kregel, 1953.
Anderson, R. A., *Signs and Wonders: A Commentary on the Book of Daniel*. Eerdmans, 1984.
Archer, G. L., *A Survey of Old Testament Introduction*. Moody, 1973.
——. *Encyclopedia of Bible Difficulties*. Zondervan, 1982.
——. "The Aramaic of the Genesis Apocryphon Compared with the Aramaic of Daniel," in *New Perspectives on the Old Testament*, ed. Barton Payre. Word, 1970.
Armending, H. T., *A Word to the Wise*. Tyndale, 1980.
Aune, D., *Prophecy in Early Christianity and the Ancient Mediterranean World*. Eerdmans, 1983.
Avi-Yonah, M. and Kraeling, E. G., *Our Living Bible*. Jerusalem, 1962.
Backus, W., *Finding the Freedom of Self-Control*. Bethany House Publishers, 1987.
Baillet, M., "Un recueil liturgique de Qumrân, Grotte 4: Les Paroles des Luminaires," *RB* 68:195 – 250.
Baldwin, J., *Haggai, Zechariah, Malachi*. IVP, 1972.
——. *Lamentation to Daniel*. Scription Union, 1984.
Baldwin, J. G., *Daniel*. TOTC. IVP, 1978.
——. "Is there Pseudonymity in the Old Testament," *Themelios* 4:6 – 12.
Baltzer, K., *The Covenant Formulary in Old Testament, Jewish, and Early Christian Writings*. Westminster, 1971.

Baring-Gould, S., *The Book of Were-Wolves*. London, 1865.
Barr, J., "Daniel," in *Peake's Commentary*. Nelson, 1962.
Barton, G. A., *Archaeology and the Bible*. American Sunday School Union, 1937.
Bauckham, R. J., "The Rise of Apocalyptic," *Themelios* 3:10-23.
Beale, G. K., "The Influence of Daniel upon the Structure and Theology of John's Apocalypse," *JETS* 27:413-424.
Beasley-Murray, G. R., *Revelation*. Eerdmans, 1974.
——. "The Interpretation of Daniel 7," *CBQ* 45:44-58.
Beeks, M. A., *Das Danielbuch*. Leyden, 1935.
——. "Zeit, Zeiten und halbe Zeit," in *Festsch, Th. Vriezen*. Wageningen, 1966.
Behrmann, G., *Das Buch Daniel*.
Bentzen, A., *Daniel*. HAT. Mohr, 1952.
Berman, H. J., *The Interaction of Law and Religion*. SCM, 1974.
Bevan, A. A., *A Short Commentary on the Book of Daniel*. Cambridge University Press, 1892.
Black, M., "The Christological Use of the Old in the New," *NTS* 18:12.
Boadt, L., *Jeremiah 26-52, Habakkuk, Zephaniah, Nahum*. Michael Glazier, 1982.
——. *Reading the Old Testament*. Paulist, 1984.
Bollier, J. A., "The Righteousness of God," *Interpretation* 8:404-413.
Boutflower, C., *In and Around the Book of Daniel*. Zondervan, 1963.
Bravermann, J., *Jerome's Commentary on Daniel*. Catholic Biblical Association, 1978.
Bright, J., *A History of Israel*. SCM, 1981.
Brown, R. E., "The Pre-Christian Semitic Concept of Mystery," *CBQ* 20:417-443.
Brownlee, W. H., *The Meaning of the Dead Sea Scrolls*. Oxford, 1964.
Bruce, F. F., *Biblical Exegesis in the Qumran*. Tyndale, 1960.
——. "The Background to the Son of Man Sayings," in *Christ the Lord*, ed. H. H. Rowden, IVP, 1982.
Burrell, D. R., "The Insane Kings of the Bible," *American Journal of Insanity* (1894), 493-504.
Cameron, G. C., *History of Early Iran*. Chicago, 1936.
Campbell, D. K., *Daniel: Decoder of Dreams*. Victor, 1977.
Caquot, A., "Les quatre bêtes et le fils d'homme," *Semitica* 17:35-71.

Carson, D. A., "The Personal God," in *Lion's Handbook of Christian Belief*. Lion, 1982.
Cartledge, S. A., *A Conservation Introduction to the Old Testament*. Zondervan, 1943.
Casey, M., *Son of Man*. SPCK, 1979.
Charles, R. H., *Pseudepigrapha*.
Childs, B. S., *Introduction to the Old Testament*. Fortress, 1978.
Churchill, W., *The Eloquence of Winston Churchill*. Signett, 1957.
Clifford, R. J., "History and Myth in Dan 10–12," *BASOR* 220:23–26.
Clines, D., *Ezra, Nehemiah, Esther*. Morgan, Marshall & Scott, 1984.
Clouse, R. G. ed., *The Meaning of the Millennium*. IVP, 1977.
Cody, A., *Ezekiel*. Michael Glazier, 1984.
Cook, S. A., "The Articles of Dress in Dan. 3:21," *Journal of Philology* 26:306–313.
Cooke, G., *A Text Book of North Semitic Inscriptions*. Oxford, 1903.
Collins, A., *Schemes of Literary Prophecy Considered*. London, 1927.
Collins, J. J., *Daniel, 1–2 Maccabees*. Michael Glazier, 1981.
——. "An Apocalyptic Eschatology as the Transcendence of Death," *CBQ* 36:33–35.
——. "Daniel and His Social World," *Interpretation* 39:131–143.
——. "The Son of Man and the Saints of the Most High in the Book of Daniel," *JBL* 93:50–66.
——. "Apocalyptic Genre and Mythic Allusions in Daniel," *JSOT* 21:83–100.
Colloins, J. J., *Daniel*. FOTL. Eerdmans, 1984.
Coxon, P. W., "Greek Loan-Words and Alleged Greek Loan Translations in the Book of Daniel," in *Transactions of Glasgow University Oriental Society* 25:24–40.
——. "Daniel III 17: A Linguistic and Theological Problem," *VT* 26:400–405.
Craigie, P. C., *Ezekiel*. St. Andrew, 1983.
——. *The Book of Deuteronomy*. Eerdmans, 1976.
——. *The Twelve Prophets*. II. St. Andrew, 1985.
Crenshaw, J. L., *Old Testament Wisdom*. SCM, 1981.
Criswell, W. A., *Daniel*. Zondervan, 1970.
Cross, F. M., *The Ancient Library of Qumran and Modern Biblical Studies*. Doubleday, 1961.

——. "Editing the Manuscript Fragments from Qumran," *BA* 19:83–86.
——. "New Directions in the Study of Apocalyptic," *JTC* 6:161f.
Cullmann, O., *The Christology of the New Testament*. SCM, 1959.
Culver, R., *Daniel and the Latter Days*. Moody, 1962.
Dahood, M., *Psalms* I. Doubleday, 1966.
——. "Denominative riḥḥam, to Conceive, in womb," *Biblica* 44:204–205.
Davies, P. R., *Daniel*. JSOT Press, 1985.
de Vaux, R., *Ancient Israel*. McGraw-Hill, 1965.
Delcor, M., *Le livre de Daniel*. Gabalda, 1971.
D'Envieu, J. F., *Le Livre De Prophéte Daniel*. 4 Vols. Paris, 1888–1891.
Dougherty, R. P., *Nabonidus and Belshazzar*. Yale, 1929.
Driver, S. R., *An Introduction to the Literature of the Old Testament*. World Publishing Co., 1956, reprint.
——. *The Book of Daniel*. Cambridge University Press, 1900.
Dupont-Sommer, A., *Dead Sea Scrolls: A Preliminary Study*. Blackwell, 1952.
——. *Ecrits Esséniens*.
Eichrodt, W., *Theology of the Old Testament*. SCM, 1967.
Eissfeldt, O., *The Old Testament: An Introduction*. Blackwell, 1965.
——. "Die Menetakel Inscrift und ihre Bedeutung," *ZAW* 63:105–114.
Ellis, P. F., *The Men and the Message of the Old Testament*. Liturgical, 1975.
Emerton, J. A., "The Origin of the Son of Man Imagery," *JTS* 9:225–242.
Erickson, M. J., *Contemporary Options in Eschatology*. Baker, 1977.
Fage, J. D., *A Short History of Africa*. Penguin, 1960.
Feinberg, C. L., *Jeremiah*. Zondervan, 1982.
Feinberg, P. D., "An Exegetical Study of Dan. 9:24–27," in *Tradition and Testament*. Moody, 1981.
Finegan, J., *Handbook of Biblical Chronology*. Princeton University, 1964.
Finkelstein, J. J., "Ulai and Its Topography," *JNES* 21:89.
Flusser, D., "The Four Empires in the Fourth Sibyl and in the Book of Daniel," *Israel Oriental Studies* (1972) 2:148–175.
Ford, D., *Daniel*. Southern Publishing, Association, 1978.
France, R. T., *Jesus and the Old Testament*. Tyndale, 1971.
Frank, R. M., "The Description of the Bear in Daniel 7:5," *CBQ* 21:505–507.
Free, J., *Archaeology and Bible History*. Scripture Press, 1969.
Freedman, D. N., "The Prayer of Nabonidus," *BASOR* 14:31–32.
Frost, S. B., *Old Testament Apocalyptic*. London, 1952.
Gadd, C. J., "The Harran Inscriptions of Nabonidus," *Anatolian Studies* 8:

35 – 92.
Gaebelein, A. C., *The Prophet Daniel*. Our Hope Publisher, 1911.
Gammie, J. G., *Daniel*. Knox, 1983.
——. "A Journey Through Danielic Spaces," *Interpretation* 39:144 – 156.
——. "The Classification, Stages of Growth and Changing Intention in the Book of Daniel," *JBL* 95:191 – 204.
Gaster, M., "The Son of Man and the Theophany in Daniel Ch. VII: A New Interpretation," *The Search* 1:15 – 30.
Ghirshman, R., *Iran*. Penguin, 1954.
Ginsberg, H. L., *Studies in Daniel*. Jewish Theological Seminary, 1948.
——. "The Oldest Interpretation of the Suffering Servant," *VT* 3:400 – 403.
Glueck, N., *Hesed in the Bible*. Trans. by A. Gottschalk. Hebrew Union College, 1967.
Goldingay, J., *How to Read the Bible*. Oliphants, 1977.
——. "The Book of Daniel: Three Issues," *Themelios* (1977)2:45 – 49.
Gordon, C. H., *The Common Background of Greek and Hebrew Civilizations*. Norton Library, 1965.
——. *The World of the Old Testament*. London, 1960.
Graham, B., *Angels*. Doubleday, 1975.
Gray, J., *I and II Kings*. SCM, 1963.
Grayson, A. K., *Babylonian Historical – Literary Texts*. Toronto, 1975.
Green, J. B., *How to Read Prophecy*. IVP, 1984.
Greenberg, M., "The Hebrew Oath Particle *hay/he*," *JBL* 76:34 – 39.
Gurney, R. J. M., *God in Control*. H. E. Walter, 1980.
——. "The Four Kingdoms of Dan. 2 & 7," *Themelios* (1977)2:39 – 45.
Guthrie, D., *The Relevance of John's Apocalypse*. Eerdmans, 1987.
Habel, N. C., *The Book of Job*. SCM, 1985.
Hammer, R., *The Book of Daniel*. Cambridge University Press, 1976.
Hampton, C., *Criminal Procedure*. Sweet & Maxwell, 1982.
Hanson, P. D., *The Dawn of Apocalyptic*. Fortress, 1975.
Harris, R. L., "The Last Days in the Bible and Qumran," in *Jesus of Nazareth, Saviour and Lord*, ed. Carl Henry. Eerdmans, 1966.
Harrison, R. K., *Introduction to the Old Testament*. Eerdmans, 1969.
Hartman, L. F., "The Great Tree and Nabuchodonosor's Madness," in *The Bible in Current Catholic Thought*, ed. J. L. Mckenzie. Herder & Herder, 1962.
Hartman, L. F. and Di Lella, A. A., *The Book of Daniel*. AB. Doubleday,

1978.
Hasel, G. F., "The Identity of the Saints of the Most High," *Biblica* 56: 173-192.
——. "The Four World Empires of Daniel 2 against Its Near Eastern Environment," *JSOT* 12:17-30.
Hauck, P., *How to Do What You Want to Do*. Westminster, 1976.
Haupt, P., "Gold and Silver in Hebrew," *JAOS* 43:116-127.
Hayes, J. H., *Introduction to the Bible*. Westminster, 1976.
Heaton, E. W., *The Book of Daniel*. SCM, 1956.
Hengel, M., *Judaism and Hellenism*. V. I. Fortress, 1974.
Heschel, A. J., *The Prophets*. Harper & Row, 1962.
Hill, D., *The Gospel of Matthew*. Eerdmans, 1981.
Hoehner, H. W., *Chronological Aspects of the Life of Christ*. Zondervan, 1977.
Hooker, M., *The Son of Man in Mark*. McGill, 1967.
Hsieh, A., *Some Problems in the Aramaic Portions of the Book of Daniel*. Th. M. Thesis, Talbot Theological Seminary, 1961.
Humphreys, W. L., "A Life-style for Diaspora: A Study of the Tales of Esther and Daniel," *JBL* 92:211-213.
Ironside, H. A., *Lectures on Daniel the Prophet*. Loizeaux, 1920.
Jackson, R., "Closing Address in the Nurembery Trial," in *19 Proceedings in the Trial of the Major War Criminals Before the International Military Tribunal*, 1948.
James, F., *Personalities of the Old Testament*. N. Y., 1939.
Jastrow, M., *Dictionary of the Targumim*.
Jeffery, A., "The Book of Daniel," *IB* 6. Abingdon, 1956,339-549.
Jenkins, E., *The Authorship of Daniel*. Th. M. Thesis, Talbot Theological Seminary, 1955.
Jephet, I. A., *Commentary on Daniel*. ed. D. S. Margoliouth. Oxoniensia, 1889.
Jepsen, A., "Bemerkungen zum Danielbuch," *VT* 11:386-391.
Jerome, *Jerome's Commentary on Daniel*. Baker, 1958.
Jones, G. H., *1 and 2 Kings*. Eerdmans, 1984.
Jones, O. R., "The Concept of Holiness," in *TDNT* V,489-493.
Josephus, *Antiquities*.
Jouon, P. P., *Grammaine de L'Hebreu Biblique*.
Jung, C. G., *Man and His Symbols*.
Kaiser, W. C. Jr., *Toward an Old Testament Theology*. Zondervan, 1978.

Keil, C. F., *Daniel*. Eerdmans, 1976, reprint.
Kelso, J. L., "The Ceramic Vocabulary of the Old Testament," *BASOR* Supplementary Studies, No. 5 – 6.
Kempton Heuitt, C. M., "Guidelines to the Interpretation of Daniel and Revelation," in *Dreams, Visions and Oracles*. Baker, 1977.
Kim, S., *"Son of Man" as Son of God*. Tübingen, 1983.
King, G. R., *Daniel*. Eerdmans, 1966.
Kitchen, K., *The Bible in Its World*. Paternoster, 1977.
Kitchen, K. A., "The Aramaic of Daniel," in *Notes on Some Problems in the Book of Daniel*, D. J. Wiseman, et al. Tyndale, 1965.
Kliefoth, T., *Das Buch Daniel*. 1868.
Kline, M., *Treaty of the Great King*. Eerdmans, 1963.
———. "The Covenant of the Seventieth Week," in *The Law and The Prophets*. Presbyterian and Reformed, 1974.
Knight, G. A. F., *Isaiah 40 – 55*. Eerdmans, 1984.
Koch, R., "Spirit," *Sacramentum Verbi* 3:869 – 877.
Koldewey, *Das Wieder esstehende Babylon*.
Kraeling, E. G., *Rand McNally Bible Atlas*. Rand McNally, 1966.
———. "The Handwriting on the Wall," *JBL* 63:11 – 18.
Krahmalkov, C., "An Ammonite Lyric Poem," *BASOR* 223:55 – 57.
Kriese, R., "The Prayer Life of an Evangelist," *Decision* (February, 1987), 12 – 13.
Kugel, J. L., *The Idea of Biblical Poetry*. Yale University, 1981.
Kwong, A., *The Initiatory Oath of the Dead Sea Scrolls*. Unpublished M. A. Thesis, Wheaton, 1972.
Labuschagne, C. J., "Ugarit BLT and BILTI in Isa. 10:4," *VT* 14:97 – 99.
Lacocque, A., *The Book of Daniel*. John Knox, 1979.
———. "The Stranger in the Old Testament," *Migration Today* 15.
Lang, G. H., *The Histories and Prophecies of Daniel*. Oliphants, 1942.
Langton, E., "The Reality of Evil Powers Furthered Considered," *HTR* 132:605 – 615.
Lenglet, A., "La Structure Littéraire de Daniel 2 – 7," *Biblica* 53:169 – 190.
Leupold, H. C., *Exposition of Daniel*. Baker, 1969.
Levi, D. V. G., "'El' Elyon in Gen. 14:18 – 20," *JBL* 63:1 – 9.
Lidzbarski, M., *Altaramäische Urkunden aus Assur*. 1921.
Lindenberger, J. M., "Dan. 12:1 – 4," *Interpretation* 39:181 – 186.
Lipinski, E., "Recherches sur le Livre de Zecharie," *VT* 20:38.

Lohmeyer, E., *Lord of the Temple*. Oliver and Boyd, 1961.
Longenecker, R. N., "Who is the Prophet Talking About? Some Reflections on the New Testament's Use of the Old," *Themelios* (1987) 1:4 – 8.
——. "Three Ways of Understanding Relations between the Testaments Historically and Today," in *Tradition and Interpretation in the New Testament*. Eerdmans, 1987.
Luck, G. C., *Daniel*. Moody, 1958.
Machae, G. W., "Eschatology," in *A Pastoral Guide to the Bible*. Gill and Macmillian, 1979.
Martin, W. J., "The Hebrew of Daniel," in *Notes on Some Problems in the Book of Daniel*. D. J. Wiseman, et al. Tyndale, 1965.
McClain, A. J., *Daniel's Prophecy of the Seventy Weeks*. Zondervan, 1940.
McCormisky, T. E., "The Seventy Weeks of Dan. against the Background of Ancient Near East," *WTJ* 47:18 – 45.
McDowell, J., *Prophecy: Fact or Fiction. Daniel in the Critic's Den*. Campus Crusade, 1979.
McKeating, H., *Studying the Old Testament*. Epworth, 1979.
Mckenzie, J. L., *Second Isaiah*. Doubleday, 1968.
Meier, P., "Spiritual and Mental Health in the Balance," in *Renewing Your Mind in a Secular World*, ed. J. D. Woodbridge. Moody, 1985.
Meinhold, J., *Das Buch Daniel*. C. N. Beck, 1889.
Meissner, B., *Babylonien und Assyrien*. 1920 – 1925.
Mickelsen, A. B., *Daniel & Revelation: Riddles or Realities*. Thomas Nelson, 1984.
Migne, J. P. ed., *Patrologial Cursus Completus: Series Graeca*. Paris, 1912.
Milik, J. T., *Ten Years of Discovery in the Wilderness of Judea*. SCM, 1959.
Millard, A. R., "Daniel 1 – 6 and History," *EQ* 49:67 – 73.
Miller, P. D. Jr., *Interpreting the Psalms*. Fortress, 1986.
——. *The Divine Warrior in Early Israel*. Harvard, 1973.
Milne, B., *Know the Truth*. IVP, 1982.
Mitchell, T. C. and Joyce, R., "The Musical Instruments in Nebuchadrezzar's Orchestra," in *Notes on Some Problems in the Book of Daniel*, D. J. Wiseman, et al. Tyndale, 1965.
Moberly, W., *The Crisis in the University*. SCM, 1949.
Montgomery, B. L., *A History of Warfare*. Collins, 1968.
Montgomery, J. A., *The Book of Daniel*. ICC. T. & T. Clark, 1927.
Montgomery, J. W., *The Law above the Law*. Dimension Books, 1975.

Moore, C. A., *Daniel, Esther and Jeremiah: The Additions*. Doubleday, 1977.
Moore, G. F., *Judaism* II. Harvard, 1946.
———. *Judaism in the First Century of the Christian Era*. Harvard University Press, 1927－1930.
Morkholm, O., *Antiochus IV of Syria*. Gyldendalske Boghandel, 1966.
Moscati, S., "The Wind in Biblical and Phoenician Cosmogony," *JBL* 66: 305－310.
Moule, C. F. D., *The Origin of Christology*. Cambridge University Press, 1977.
———. "From Defendant to Judge," *BSNTS* 3:40－53.
Muilenberg, J., "The Son of Man in Daniel and the Ethiopic Apocalypse of Enoch," *JBL* 79:197－209.
Narramore, C. M., *Encyclopedia of Psychological Problems*. Zondervan, 1966.
Nicholls, B., "Time and Eternity," in *Lion's Handbook of Christian Belief*. Lion, 1982.
Nickelsburg, G. W. E., *Resurrection, Immortality, and Eternal Life in Intertestamental Judaism*. Harvard, 1972.
Niditch, S., "The Visionary," in *Ideal Figures in Ancient Judaism*, ed. J. J. Collins. Scholar, 1980.
Niditch, S. and Doran, R., "The Success Story of the Wise Courtier: A Formal Approach," *JBL* 96:179－197.
Niebuhr, R., *The Nature and Destiny of Man*. Nisbet, 1944.
Noth, M., *The History of Israel*. Harper & Row, 1960.
———. "The Holy One of the Most High," in *The Laws in the Pentateuch and Other Essays*. Fortress, 1967.
O'Connor, M. P., *Hebrew Verse Structure*. Winona Jake, 1980.
Oppert, *Expédition Scientifique en Mésopotamie*.
Otto, R., *The Idea of the Holy*. Oxford, 1926.
Palache, J. L., *Semitic Notes on the Hebrew Lexicon*. Brill, 1959.
Payne, J. B., *The Imminent Appearing of Christ*. Eerdmans, 1962.
———. "The Goal of Daniel's Seventy Weeks," *JETS* 21:97－115.
Pentecost, J. D., *Things to Come*. Dunham, 1958.
Pettinato, G., "The Royal Archives of Tell Mardikh-Ebla," *BA* 39:44－50.
Pfeiffer, C. F., *The Dead Sea Scrolls and the Bible*. Baker, 1975.
Philip, J., *By the Rivers of Babylon*. Didasko Press, 1972.
Plöger, O., *Das Buch Daniel*. Gütersloh, 1965.
Porten, B., *Archives from Elephantine*, Berkeley, 1968.
Porteous, N., *Daniel*. OTL. SCM, 1965.

Poythress, V. S. , "Hermenutical Factors in Determining the Beginnings of the Seventy Weeks," *Trinity Journal* 6:131-149.
——. "The Holy Ones of The Most High in Dan. 7," *VT* 26:208-213.
Prince, J. D. , *Mene Mene Tekel Upharsin*. Johns Hopkins, 1893.
Pusey, E. B. , *Daniel the Prophet*. Funk & Wagnalls, 1985.
Rabbi, I. J. , *The Aramaic Section of Ezra and Daniel*. Hebrew Union College, 1982.
Raven, J. H. , *Old Testament Introduction*. Fleming H. Revell, 1910.
Richards, K. , *A Form and Traditio-historical Study of rsh'*. Ph. D. Dissertation, Claremont, 1970.
Robinson, J. A. T. , *But That I Can't Believe*. N. Y. , 1967.
Rogerson, J. W. , "The Hebrew Conception of Corporate Personality. A Reexamination," *JTS* 21:1-16.
Rosenthal, F. , *A Grammar of Biblical Aramaic*. O. Harrassowitz, 1961.
Rowe, R. D. , "Is Daniel's Son of Man Messianic?" in *Christ the Lord*, ed. H. H. Rowden. IVP, 1982.
Rowley, H. H. , *Darius the Mede and the Four World Empires in the Book of Daniel*.
——. *The Relevance of Apocalyptic*. Association Press, 1963.
——. "The Historicity of the Fifth Chapter of Daniel," *JTS* 32:12-31.
——. "Menelaus and the Abomination of Desolation," in *Studia Orientalia Ioanni Pedersen*. Einar Munkegaard, 1953.
——. "The Unity of the Book of Daniel," in *The Servant and Christian Apocalypse from Daniel to the Revelation*. Blackwell, 1965.
Rushdoony, R. J. , *Thy Kingdom Come*. Thoubum, 1978.
Russell, D. S. , *Daniel*. Westminster, 1981.
——. *The Method and Message of Jewish Apocalyptic 200 B. C.- A. D. 100*. SCM, 1964.
Sabourin, L. , "The Biblical Cloud," *Biblical Theology Bulletin* 4:290-311.
Sachs, A. J. and Wisman, D. J. , "A Babylonian King List of the Hellenistic Period," *Iraq* 16:202-212.
Saggs, H. W. F. , *The Greatness that was Babylon*. Sidgwick and Jackson, 1962.
Sahlin, H. , "Antiochus IV Epiphanes und Judas Maccabaeus Einzige Geschichtspunkte zum Verständnisse des Daniel-buches," *Study of Theology* 23:41-68.
Sakenfeld, K. D. , *The Meaning of Hesed in the Hebrew Bible: A New Inquiry*. Scholar Press, 1978.

Sawyer, J. F. A., *Isaiah* I. II. St. Andrew, 1984, 1986.
Schmid, H., "Daniel, der Menschensohn," *Judaica* 27:192-220.
Schmidt, N., "The Son of Man in the Book of Daniel," *JBL* 19:22-28.
Scullion, J., *Isaiah 40-66*. Michael Glazier, 1982.
Segal, J. B., "Numerals in the Old Testament," *JSS* 10:2-20.
Sellers, O. R., "Musical Instruments of Israel," in *Biblical Archaeological Reader*.
Showers, R. E., "New Testament Chronology and the Decree of Dan. 9," *Grace Journal* 11:30.
Silva, M., *Has the Church Misread the Bible*. Zondervan, 1987.
Snaith, N., *Distinctive Ideas of the Old Testament*. Sehocken, 1964.
Sokoloff, M., "Lamb's Wool," *JBL* 95:277-279.
Staples, W. E., "Some Aspects of Sin in the Old Testament," *JNES* 6:65-79.
Steinmann, J., *Daniel: Text Francais, Introduction et Commentaires*. Desclée de Brouwer, 1961.
Stevens, W. R., *The Book of Daniel*. Bible House of L. A., 1949.
Strauss, L., *The Prophecies of Daniel*. Loizeaux Brothers, 1969.
Stuart, M., *A Commentary on the Book of Daniel*. Crocker & Brewster, 1850.
Swim, R. E., "Daniel" in *Beacon Bible Commentary*. Beacon Hill Press, 1969.
Tadmor, H., "Chronicles of the Last Kings of Judah," *JNES* 15.
Tatford, F. A., *The Climax of the Ages*. Marshall, Morgan & Scott, 1953.
Taylor, V., *The Gospel according to St. Mark*. Macmillan, 1963.
Thiele, E. R., *A Chronology of the Hebrew Kings*. Zondervan, 1977.
Thomas, D. W., "Additional Notes on the Root yd'in Hebrew," *JTS* 15:54-57.
Thomas, W. H. G., "The Purpose of the Fouth Gospel," *BS* 125:253-262.
Thomson, J. E. H., "Daniel," in *The Pulpit Commentary*. Funk & Wagnalls, 1909.
Torrey, C. C., "Notes on the Aramaic Part of Daniel," in *Transactions of the Conn. Academy of Arts and Sciences 1909*.
Towner, W. S., *Daniel*. Knox, 1984.
——. "The Preacher in the Lion's Den," *Interpretation* 39:157-169.
Tournier, P., *The Strong and the Weak*. Highland Books, 1963.
Unger, M. F., *Unger's Commentary on the Old Testament*. II. Moody, 1981.
van Selms, A., *Job*. Eerdmans, 1985
Vermes, G., *Jesus the Jew*. Collins, 1973.

—— "The Use of כדנש/כדנשא in Jewish Aramic," in *An Aramaic Approach to the Gospels and Acts*, ed. M. Black. Oxford, 1967.
Vogt, E., "Mysteria in textibus Qumran," *Biblica* 37:247-257.
von Rad, G., *Theology of the Old Testament*. I. SCM, 1975.
von Soden, W., *Grundriss der akkadischen Grammatik*.
Walker, W.O. Jr., "Dan. 7:13-14," *Interpretation* 39:176-181.
Waltke, B.K., "The Date of the Book of Daniel," *BS* 133:319-329.
Walton, J.H., "The Four Kingdoms of Daniel," *JETS* 29:25-36.
Walvoord, J.F., *Daniel: The Key to Prophetic Revelation*. Moody, 1971.
Ward, W.A., "Egyptian Title in Genesis," *BS* 114:40-59.
Watts, J.D.W., *Isaiah 1-33*. Word, 1985.
Wenham, G.J., "Daniel: The Basic Issue," *Themelios* (1977) 2:49-52.
Westermann, C., *Isaiah 40-66*, SCM, 1978.
Wharton, J.A., "Dan. 3:16-18," *Interpretation* 39:170-176.
Whitcomb, J.C., *Darius the Mede*. Presbyterian and Reformed Publishing Co., 1975 (Third Printing).
Whitlock, G.S., "Structure of Personality in Hebrew Psychology," *Interpretation* 14:3-13.
Whybray, R.N., *Isaiah 40-66*. Oliphants, 1975.
——. *The Second Isaiah*. JSOT Press, 1983.
Wilson, J.D., *Did Daniel Write Daniel?* Cook, n.d.
Wilson, R.D., *Studies in the Book of Daniel*. Putnam's Sons, 1917.
——. "The Title King of Persia in Scriptures," *Princeton Theological Review* 15:90-145.
Wiseman, D.J., *Chronicles of Chealdean Kings*. British Museum, 1956.
——. "Some Historical Problems in the Book of Daniel," in *Notes on Some Problems in the Book of Daniel*, D.J. Wiseman, et al. Tyndale, 1965.
Wolff, H.W., *Anthropology of the Old Testament*. Fortress, 1974.
Wood, F.M., *The Dilemma on Daniel*. Broadman, 1985.
Wood, L.J., *A Commentary on Daniel*. Zondervan, 1973.
——. *The Bible and Future Events*. Zondervan, 1976.
Wordsworth, C., "Daniel," in *Commentary on the Holy Bible*. VI. Rington, 1876.
Wright, W., *A Grammar of the Arabic Languages*. 1898.
Wyngarden, M.J., *The Syriac Version of the Book of Daniel*. Drugulin, 1923.
Yadin, Y., *The Art of Warfare in Biblical Lands*. Weidenfeld and Nicolson, 1963.

Yamauchi, E., *Foes From the Northern Frontier*. Baker, 1982.
Yamauchi, E., *Greece and Babylon*. Baker, 1967.
Young, E. J., *The Messianic Prophecies of Daniel*. Eerdmans, 1954.
———. *The Prophecy of Daniel*. Eerdmans, 1949.
Youngblood, R. F. "Qohelet's Dark House," *JETS* 29:397–410.
Zöckler, O., "Daniel," in *Lange's Commentary on the Holy Scripture*. XIII. Zondervan, 1960.
Zuck, R. B., "The Practice of Witchcraft in the Scriptures," *BS* 128:352–360.

二、中文书刊

丁立介:《但以理书考详》。绍人丛书编辑处,1965(第三版)。
卜鲁斯:《以色列与列国史》。香港:种籽,1983。
王天丽:《新造的人》。香港:艺人之家,1986。
史密斯:《神合用的工人》。印尼:圣道,1963。
布赖特:《以色列史》。香港:文艺,1971。
米勒德:《现代中文圣经注释》。香港:种籽,1984(再版)。
何慕义:《但以理书预言的亮光》。香港:中华神学院,1970。
伯来基:《圣经历史手册》。香港:道声,1965。
居佛:《圣咏》。香港:华明,1978。
胡里昂:《但以理书研经导读》。香港:天道,1985。
房志荣:"四首赞美天主的圣咏"。《神学论集》33:335–346。
思高:《思高:达尼尔,十二小先知》。香港:思高圣经学会,1954。
韦瑟:《韦氏旧约导论》。香港:道声,1967。
唐佑之:《永恒》。香港:浸信会,1984(再版)。
夏里斯:《圣经的灵感与正典》。香港:种籽,1976。
陈方:《预言之钥:但以理书预言之研究》。新加坡:加恩,1983。
华勒斯:《万王之王》。台湾:校园,1981。
曾立华:《在盼望中儆醒》。香港:天道,1986。
曾立华:《从上而来的文献》。香港:学生福音团契,1983。
张明佑等:《与希伯来哲士对话》。台湾:长老会青年事工委员会,1980。
冯荫坤:《腓立比书注释》。香港:天道,1987。
杨以德:《旧约导论》。香港:道声,1974。
贾玉铭:《但以理书新讲义》。台湾:少年归主社,1972(再版)。
翟辅民:《但以理书释义》。香港:宣道,1954。
励德厚、陈金镛:《旧约历史》。香港:辅侨,1965。
邝炳钊:《实用旧约解经法》。《初熟之果》。香港:中神,1979。

谢友王:《两约中间史略》。香港:种籽,1978。
韩承良:《圣经中的制度和习俗》。香港;思高,1982。
戴业劳:《旧约以色列民族史》。台湾:光启,1951。
谢秀雄:《爱与希望的信息》。香港:文艺,1987。
苏佐扬:《但以理书》。香港:天人,1983。

三、杂志(英文)

Paula Chin, "Mystics, Money and Power," *Newsweek*, July, 1987, 10-13.
"One for the Heart," *Newsweek*, June 29, 1987, 42-43.
"Saving Souls — On a Ministry," *Newsweek*, July, 1987, 44.
"Taking Blame," *Newsweek*, July, 1987, 22.

四、文献

Enuma Elish
Song of Songs Rabbath
Midrash Psalms
Abot de Rabbi Natan A

五、杂志(中文)

何郑爱晖:"时候满足"。《播道神学院院讯》,1988年2月,页2。
杨牧谷:"性陷阱"。《教牧分享》,1986年7月,页7-9。
彭鹏:"大律师拟弃假发"。《明报》,1987年8月31日。
鲁宗:"相对论"。《突破》,1987年8月,页22。

史丹理基金公司　识

　　1963年菲律宾史丹理制造公司成立后，由于大多数股东为基督徒，大家愿意把公司每年盈利的十分之一奉献，分别捐助神学院、基督教机构，以及每年圣诞赠送礼金给神职人员，史丹理制造公司也因此得到大大祝福。

　　1978年容保罗先生与笔者会面，提起邀请华人圣经学者著写圣经注释的建议，鼓励笔者投入.这份工作。当时笔者认为计划庞大，虽内心深受感动，但恐心有余而力不足，后来决定量力而为，有多少资金就出版多少本书。出版工作就这样开始了。

　　1980年11月，由鲍会园博士著作的歌罗西书注释交给天道书楼出版，以后每年陆续有其他经卷注释问世。

　　1988年史丹理制造公司结束二十五年的营业。股东们从所售的股金拨出专款成立史丹理基金公司，除继续资助多项工作外，并决定全力支持天道书楼完成出版全部圣经注释。

　　至2000年年底，天道书楼已出版了三十六本圣经注释，其他大半尚待特约来稿完成。笔者鉴于自己年事已高，有朝一日必将走完人生路程，所牵挂的就是圣经注释的出版尚未完成。如后继无人，将来恐难完成大功，则功亏一篑，有负所托。为此，于2001年春，特邀请天道书楼四位董事与笔者组成一小组，今后代表史丹理基金公司与天道书楼负责人共同负起推动天道圣经注释的出版工作，由许书楚先生及姚冠尹先生分别负起主席及副主席之职，章肇鹏先生、郭志权先生、施熙礼先生出任委员。并邀请容保罗先生担任执行秘书，负责联络，使出版工作早日完成。

　　直至2004年，在大家合作推动下，天道圣经注释已出版了五十一册，余下约三十册希望在2012年全部出版刊印。

　　笔者因自知年老体弱，不便舟车劳顿，未能按时参加小组会议。为此，特于6月20日假新加坡召开出版委员会，得多数委员出席参加。愚亦于会中辞去本兼各职。并改选下列为出版委员会委员——主席：姚冠尹先生；副主席：施熙礼先生；委员：郭志权博士、章肇鹏先生、容保罗先生、楼恩德先生；执行秘书：刘群英小姐——并议定今后如有委员或秘书出缺，得由出版小组成员议决聘请有关人士，即天道书楼董事，或史丹理基金公司成员担任之。

至于本注释主编鲍会园博士自 1991 年起正式担任主编，多年来不辞劳苦，忠心职守，实令人至为钦敬。近因身体软弱，敝委员会特决议增聘邝炳钊博士与鲍维均博士分别担任旧、新约两部分编辑，辅助鲍会园博士处理编辑事项。特此通告读者。

至于今后路线，如何发展简体字版，及配合时代需求，不断修订或以新作取代旧版，均将由新出版委员会执行推动之。

许书楚　识

2004 年　秋

天道圣经注释出版纪要

由华人圣经学者来撰写一套圣经注释，是天道书楼创立时就有的期盼。若将这套圣经注释连同天道出版的《圣经新译本》、《圣经新辞典》和《天道大众圣经百科全书》摆在一起，就汇成了一条很明确的出版路线——以圣经为中心，创作与译写并重。

过去天道翻译出版了许多英文著作；一方面是因译作出版比较快捷，可应急需，另一方面，英文著作中实在有许多堪称不朽之作，对华人读者大有裨益。

天道一开始就大力提倡创作，虽然许多华人都谦以学术研究未臻成熟，而迟迟未克起步，我们仍以"作者与读者同步迈进"的信念，成功地争取到不少处女作品；要想能与欧美的基督教文献等量齐观，我们就必须尽早放响起步枪声。近年来看见众多作家应声而起，华文创作相继涌现，实在令人兴奋；然而我们更大的兴奋仍在于寄望全套"天道圣经注释"能早日完成。

出版整套由华人创作的圣经注释是华人基督教的一项创举，所要动员的人力和经费都是十分庞大的；对于当年只是才诞生不久的天道书楼来说，这不只是大而又难，简直就是不可能的事。但是强烈的感动一直催促着，凭着信念，下定起步的决心，时候到了，事就这样成了。先有天道机构名誉董事许书楚先生，慨允由史丹理基金公司承担起"天道圣经注释"的全部费用，继由鲍会园博士以新作《歌罗西书注释》（后又注有《罗马书》上下卷，《启示录》）郑重地竖起了里程碑（随后鲍博士由1991年起正式担任全套注释的主编），接着有唐佑之博士（《约伯记》上下卷，《耶利米哀歌》）、冯荫坤博士（《希伯来书》上下卷，《腓立比书》，《帖撒罗尼迦前书》，《帖撒罗尼迦后书》）、邝炳钊博士（《创世记》一二三四五卷，《但以理书》）、曾祥新博士（《民数记》，《士师记》）、詹正义博士（《撒母耳记上》一二卷）、区应毓博士（《历代志上》一二卷，《历代志下》，《以斯拉记》）、洪同勉先生（《利未记》上下卷）、黄朱伦博士（《雅歌》）、张永信博士（《使徒行传》一二三卷，《教牧书信》）、张略博士（与张永信博士合著《彼得前书》,《犹大书》)、刘少平博士(《申命记》上下卷,《何西阿书》,《约珥书》,《阿摩司书》)、梁康民先生(《雅各书》)、黄浩仪博士(《哥林多前书》上卷,《腓利门书》)、梁薇博士(《箴言》)、张国定博士(《诗篇》一二三四卷)、邵晨光博士(《尼希米记》)、陈济民博士(《哥林多后书》)、赖建国博士(《出埃及记》上下卷)、李保罗博士(《列王纪》一二三四卷)、钟志邦博士(《约翰福音》上下卷)、周永健博士(《路得记》)、谢慧儿博士(《俄巴底亚书》,《约拿书》)、梁洁琼博士(《撒母耳记下》)、吴献章博士(《以赛亚书》三四卷)、叶裕波先生(《耶利米书》上卷)、张达民博士(《马太福音》)、戴浩辉博士(《以西结书》)、鲍维均博士(《路加福音》上下卷)、张玉明博士(《约书亚记》)、蔡金玲博士(《以斯帖记》,《撒迦利亚书》,《玛拉基书》)、吕绍昌博士(《以赛亚书》一二卷)、邝成中博士(《以弗所书》)、吴道宗博士(《约翰一二三书》)、叶雅莲博士(《马可福音》)、岑绍麟博士(《加拉太书》)、胡维华博士(《弥迦书》,《那鸿书》)、沈立德博士(《哥林多前书》下卷)、黄天相博士(《哈巴谷书》,《西番雅书》,《哈该书》)等等陆续加入执笔行列,他们的心血结晶也将一卷一卷地先后呈献给全球华人。

当初单纯的信念,已逐渐看到成果;这套丛书在 20 世纪结束前,完成写作并出版的已超过半数。同时,除了繁体字版正积极进行外,因着阅读简体字读者的需要,简体字版也逐册渐次印发。全套注释可望在 21 世纪初完成全部写作及出版;届时也就是华人圣经学者预备携手迈向全球,一同承担基督教的更深学术研究之时。

由这十多年来"天道圣经注释"的出版受欢迎、被肯定,众多作者和工作人员协调顺畅、配合无间,值得我们由衷地献上感谢。

为使这套圣经注释的出版速度和写作水平可以保持,整个出版工作的运转更加精益求精,永续出版的经费能够有所保证,1997 年 12 月天道书楼董事会与史丹理基金公司共同作出了一些相关的决定:

虽然全套圣经六十六卷的注释将历经三十多年才能全部完成,我们并不以此为这套圣经注释写作的终点,还要在适当的时候把它不断地修订增补,或是以新著取代,务希符合时代的要求。

天道书楼承诺负起这套圣经注释的永续出版与修订更新的责任,由初版营收中拨出专款支应,以保证全套各卷的再版。史丹理基金公司也成立了圣经注释出版小组,由许书楚先生、郭志权博士、姚冠尹先生、章肇鹏先生和施熙礼先生五位组成,经常关心协助实际的出版运作,以确保尚未完成的写作及日后修订更新能顺利进行。该小组于2004年6月假新加坡又召开了会议,许书楚先生因年事已高并体弱关系,退居出版小组荣誉主席,由姚冠尹先生担任主席,施熙礼先生担任副主席,原郭志权博士及章肇鹏先生继续担任委员,连同小弟组成新任委员会,继续负起监察整套注释书的永续出版工作。另外,又增聘刘群英小姐为执行秘书,向委员会提供最新定期信息,辅助委员会履行监察职务。此外,鉴于主编鲍会园博士身体于年初出现状况,调理康复需时,委员会议决增聘邝炳钊博士及鲍维均博士,并得他们同意分别担任旧约和新约两部分的编辑,辅助鲍会园博士处理编辑事宜。及后鲍会园博士因身体需要,退任荣誉主编,出版委员会诚邀邝炳钊博士担任主编,曾祥新博士担任旧约编辑,鲍维均博士出任新约编辑不变,继续完成出版工作。

21世纪的中国,正在走向前所未有的开放道路,于各方面发展的迅速,成了全球举世瞩目的国家。国家的治理也逐渐迈向以人为本的理念,人民享有宗教信仰自由,全国信徒人数不断增多。大学学府也纷纷增设了宗哲学学科和学系,扩展国民对宗教的了解和研究。这套圣经注释在中国出版简体字版,就是为着满足广大人民在这方面的需要。深信当全套圣经注释完成之日,必有助中国国民的阅读,走在世界的前线。

容保罗　识
2011年　春

天道圣经注释有限公司拥有天道圣经注释全球中文简体字版权
授权上海三联书店于中国内地出版本书，仅限中国内地发行和销售

图书在版编目(CIP)数据

但以理书注释/邝炳钊著. —上海：上海三联书店，2017.12(2024.11重印)
"天道圣经注释"系列
主编/邝炳钊　旧约编辑/曾祥新　新约编辑/鲍维均
ISBN 978-7-5426-5315-4

Ⅰ.①但… Ⅱ.①邝… Ⅲ.①《圣经》-故事 Ⅳ.①B971

中国版本图书馆 CIP 数据核字(2015)第 210240 号

但以理书注释

著　　者／邝炳钊
策　　划／徐志跃
责任编辑／邱　红　陈泠珅
特约编辑／徐　艳
装帧设计／徐　徐
监　　制／姚　军
责任校对／张大伟　王凌霄

出版发行／上海三联书店
　　　　　(200041)中国上海市静安区威海路 755 号 30 楼
邮　　箱／sdxsanlian@sina.com
联系电话／编辑部：021-22895517
　　　　　发行部：021-22895559
印　　刷／上海惠敦印务科技有限公司

版　　次／2017 年 12 月第 1 版
印　　次／2024 年 11 月第 4 次印刷
开　　本／890mm×1240mm　1/32
字　　数／300 千字
印　　张／10.5
书　　号／ISBN 978-7-5426-5315-4/B·434
定　　价／58.00 元

敬告读者，如发现本书有质量问题请与印刷厂联系 13917066329